美学的
误区与重构

赵惠霞 著

中国社会科学出版社

图书在版编目（CIP）数据

美学的误区与重构／赵惠霞著 . —北京：中国社会科学出版社，2023. 8
ISBN 978 - 7 - 5227 - 2315 - 0

Ⅰ.①美… Ⅱ.①赵… Ⅲ.①美学—研究 Ⅳ.①B83

中国国家版本馆 CIP 数据核字（2023）第 139846 号

出 版 人 赵剑英
责任编辑 朱华彬
责任校对 谢 静
责任印制 张雪娇

出 版 中国社会科学出版社
社 址 北京鼓楼西大街甲 158 号
邮 编 100720
网 址 http://www.csspw.cn
发 行 部 010 - 84083685
门 市 部 010 - 84029450
经 销 新华书店及其他书店

印 刷 北京君升印刷有限公司
装 订 廊坊市广阳区广增装订厂
版 次 2023 年 8 月第 1 版
印 次 2023 年 8 月第 1 次印刷

开 本 710×1000 1/16
印 张 21
插 页 2
字 数 321 千字
定 价 128. 00 元

序言　回眸与展望

　　人类探索未知事物的道路从来都不会是一条直线，但是像传统美学这样，以两千多年的跨度绕一个大圈又回到起点，付出的代价还是太过于惨烈。然而最可悲的还在于，时至今日，相当多的研究者依然还在这个圈子内徘徊，无数的后来者仍旧在沿着同样的轨迹前行。

　　当代英国美学家哈罗德·奥斯本认为："今天的美学虽然已经有了大量的、愈加成熟的著作，但无论是演讲或者著作中，关于美的问题的论述，比起柏拉图所生活的那个时代来却并不具有更多正确的意义，而无意义的胡扯倒是不少的。"① 为什么美学研究会出现这样的窘况呢？始作俑者当推柏拉图。在现实生活中，人欣赏美的事物产生美感是一种普遍现象，柏拉图作为一个伟大的思想家，却在这种司空见惯的现象中发现了一个非常深刻的问题——美的事物为什么美？他要寻找这种现象产生的原因。于是，柏拉图开启了对于审美现象的理性研究，这种研究最终发展为美学，柏拉图因此被誉为美学鼻祖。然而，柏拉图按照古希腊时期占主流地位的本体思维方式，把美的事物之所以美的原因，设想为事物中存在的一种叫作"美"的元素，认为美学研究的目的就是寻找这种"美"。"美"的概念，在现实生活中本是对事物的评价，而柏拉图臆想的作为一种元素的"美"，在现实世界却是不存在的，这样的研究目的最终把美学引入了两千多年的误区。两千多年来无数研究者费尽心血寻找"美"，描述"美"的存在形式，猜想"美"如何引发人的情感……这种

---

①　朱狄：《当代西方美学》，人民出版社 1984 年版，第 165 页。

对于不存在的事物的描述和证明，不管理论多么高深，言辞多么美妙，事实上都如同巫师捉鬼时口中的念念有词，能有多少有价值的认识？

大约从 18 世纪开始，西方美学研究者便开始意识到传统美学的弊端，探索改变柏拉图以来美学研究的发展路径，这就是美学现代转型的滥觞。美学现代转型的标志，首先表现为对传统美学的基础——"美本质"问题的怀疑和否定，分析美学是这方面的代表。然而，分析美学按照分析哲学的研究思路，不仅否定了"美"的存在，而且还否定了美学研究的必要性和合理性，这进一步加剧了美学研究的分歧。其次表现为美学研究对象的转变。鲍姆嘉通（Baumgarten）为美学命名，把美学的研究对象确定为人的感性认识，把美学的研究目的确定为对感性认识的完善。夏夫兹博里（Shaftesbury）和哈奇生（Hutcheson）为代表的英国经验主义美学，采用心理学的方法研究美学，使得心理美学轰动一时。这两个事件改变了柏拉图开辟的传统美学的研究方向，因此，18 世纪被人们称为传统美学与现代美学的分水岭。柏拉图认为"美"是美的事物中的一种元素，所以传统美学只能在美的事物中寻找"美"。鲍姆嘉通和英国经验主义美学把美学研究引向主体心理，主体心理中自然不可能有"美"的元素，这就在一定意义上改变了传统美学的研究目的和研究方向。然而，心理美学虽然改变了研究对象和方法，却没有跳脱传统美学基本问题的窠臼，虽然热闹一时，留下众多不同名称的理论，却没有一种理论可以对审美现象的发生做出科学合理的解释。20 世纪以后，随着美本质问题被证伪，美学研究失去了重心，除了传统的从哲学、心理学、社会学和艺术学领域研究美学以外，在语言、伦理、传播、政治、经济、法律等领域，也纷纷出现以美学的名义从事本领域相关问题研究的现象。这种现象虽然可以看作美学现代转型探索的继续，但其中蕴含着一种危险的倾向，即淡化乃至放弃使美学成为一门现代学科的努力。

纵观美学发展的历程，对于每一个现代美学研究者而言，关键是解决好两个问题：一是如何走出传统美学研究的误区，二是如何重构现代美学的理论体系。两个问题密切联系，前者是后者的前提条件，后者是前者研究思路的延伸。作为从事美学 40 余年的研究者，笔者最深刻的体会就是，对于现代美学研究者而言，最大的难处还在于如何走出各种传统美学理论形成的"八卦阵"。在这个问题上，笔者花费了近 20 年的时间，最终才认识到：不同的认识结果是不同思维方式的产物，传统美学基本问题的产生是西方传统的本体论思维方式的产物，走出传统美学的误区，关键的问题是改变思维方式，或者说摆脱本体论思维方式。西方心理美学在现代转型中之所以功亏一篑，根本的原因就在于没有完成思维方式的转变。而对于非哲学专业的研究者而言，靠自身力量完成思维方式的转变，实在是一件十分艰巨的任务。然而，完成思维方式转变却是建构现代美学理论体系的前提条件，只有在此基础上，才能够开始对审美现象发生机理和基本规律的研究，这方面的研究结果构成现代美学的基础理论。只有弄清楚审美现象发生的机理和基本规律，才能够开始对不同领域的审美现象进行专门的研究，对于专门领域审美现象活动规律的研究结果，构成现代美学理论体系中的部门美学。在研究部门美学的过程中，一定要警惕传统美学中的一种偏颇认识，即把艺术作为美学唯一的研究对象。因为这种认识在一定程度上会形成对研究的误导，使美学研究偏离正确的方向。艺术审美是一种特殊的审美现象，艺术美学属于部门美学，如果不了解一般审美现象发生的机理和规律，就无法对作为特殊审美现象的艺术审美做出科学合理的解释。

本书内容选自以往发表的论文，记录了笔者 40 年间研究美学走过的路程。第一部分论述了如何走出传统美学误区的探索过程。与许多研究者的不同之处在于，笔者把研究重点不是放在传统美学的不合理性上，而是放在对传统美学基本问题是如何产生的分析上，通过揭示产生"美本质问题"所依赖的思维方式的不合理性、产生过程的不合理性、现实研究中产生的不合理性，最终说明传统美学研究目的和研究思路的不合理性。这种研究主要是建立在这样的认识基础之上：人类的任何认识总是从一定角度观察的结果，只有说明观察角度的局限性和不合理性，才能说明认识结果的不合理性。这就如同"盲人摸象"故事中盲人对大象的不同认识，关键的问题在于观察角度，观察角度的局限性导致认识结果的局限性。第二部分是对审美现象发生机理和基本规律的研究结果。借助现代神经生理学和心理学关于人的神经系统活动的研究成果，结合以往美学的相关研究成果，笔者发现，美感的产生，源于人们在对功利物的欣赏过程中，事物形式的信号在人大脑皮层的视觉区（或听觉区）与快感区之间建立了新的稳定的联系通道，从而引起原本由事物的功利作用才能引起的快感。笔者把人的大脑皮层这种事物形式与快感之间新的稳定的联系通道称为审美心理，认为审美现象发生的机理在于事物的形式符合了人的审美心理从而引发美感的产生，并在此基础上探索和总结了审美心理形成和变化的基本规律。其余部分分别是对艺术美学、美育理论、广告美学、爱情美学以及哲学相关问题的研究结果，主要是运用审美现象发生的机理和基本规律，对不同领域的审美现象发生及变化规律的研究和总结，对一些长期争论不休的问题从美学的角度给予科学阐释。

美学的现代转型从 18 世纪开始，至今尚未完成，上述探索结果因此也就具有了结集出版的价值。

感谢中国社会科学出版社以及责任编辑朱华彬先生，使得这些研究成果得以系统地与读者见面，希望能对美学同人和美学的现代转型研究有所助益。

赵惠霞

2022 年 11 月 22 日于西安

目　　录

第一部分　传统美学误区的走出

第二部分　现代美学基础理论建构

第三部分 艺术美学发微

第四部分 美育理论发微

第五部分 广告美学、爱情美学发微

第六部分 哲学问题探微

第一部分

传统美学误区的走出

美本质问题研究批判[*]

　　柏拉图（Plato）"什么是美"的提问，是人类从感性审美活动进入理性审美研究的标志。两千多年来，"美是什么"作为美的本质问题，受到审美研究者的重视和关注。王朝闻在《美学概论》中指出："由于与哲学基本问题的密切联系，美的本质问题成为美学领域的基本理论问题。""美本质问题的解决，是解决美学中其他问题的基础和前提。"① 可以说，20 世纪以前两千多年审美研究的历史，就是美本质问题的研究史。

一

　　海森伯（Heisenberg）在谈及量子论的历史时指出，20 世纪 20 年代量子力学取得突破的一个重要方法，"是改变问题的提法"。物理学家经过几十年的探索，"才学会提出正确的问题，而提出正确的问题往往等于解决了问题的大半"。现代物理学这一经验教训的启示在于：有些问题长期得不到解决的原因，往往在问题本身。这颇类似于数学中形形色色的无解题，或违反公理，或给错条件，或条件不足，任你费力再大，也不会有什么结果。

　　分析美学正是循着这样的思路，从对美本质问题本身的反思开始的。分析哲学的基本理论是：图像与世界是对应的，这种对应性决定了命题

---

* 原刊于《西安石油学院学报》（社会科学版）2001 年第 2 期，人大复印报刊资料《美学》2001 年第 8 期转载。

① 王朝闻主编：《美学概论》，人民出版社 1981 年版，第 11 页。

的可证实性。一切命题都可以分为可证实的和不可证实的。可证实的命题，与事物或世界是对应的，是有意义的；不可证实的命题，就没有对应物，是无意义的。按照分析哲学的理论，图像必须与现实存在相对应，命题必须可证实。由与现实存在相对应的图像构成的命题，可以证实，是有意义的；在现实中无对应物的图像是虚假的图像，由此构成的命题是不可证实的，因而也是无意义的。对于无意义的命题是不能"说"的。"疑问只存在于有问题存在的地方，只有有答案的地方也才有问题，而一个答案也仅仅在于有东西可说的地方。"① 维特根斯坦（Wittgenstein）用一句格言作为其早期代表作《逻辑哲学论》的结束语："对于不能说的事情就应当沉默。"这可以说是分析哲学的基本观点。

按照这种思维方式，分析美学不像传统美学那样研究美是什么，而是首先提出"美是什么"属于哪一类命题。很显然，美在现实世界没有对应物。柏拉图早就说过，美的事物不是美，所以具体的审美对象不是美的对应物；说美是审美对象后面的共相，至今人们仍然不知这共相存在于何方，以何形式存在。这样，分析美学理所当然地把美本质问题划归无意义的命题之列，作为不能说的问题拒斥在研究范畴之外。维特根斯坦说："哲学中的绝大部分命题和问题并不是假的，而是无意义的，因此我们根本不能回答这一类问题，我们只能认为它们是荒谬的。哲学家们的大多数问题和命题是由于不能理解语言中的逻辑而来的。无论善与美有多大的同一性，它们都属于这类问题。"②

为什么美本质问题两千多年来会被作为一个真问题来讨论呢？分析美学认为在于对语言的误解。维特根斯坦认为，当人们说某一事物"美"的时候，实际上是作为形容词来使用的。而在对语言的理解中，却把这种形容当作事物的属性，认为事物有美的本质。他说，"美的"这个形容词完全可以换成感叹词，说"晚霞是美的"，也就是说"晚霞，真美呀！"而后者与"晚霞，啊！"表达的是同样的感情。如果我们对许多不同的东西说"美"时，总想要找出一种这些东西的"美"的本质，那么当我们

---

① 朱狄：《当代西方美学》，人民出版社 1984 年版，第 105 页。
② 朱狄：《当代西方美学》，人民出版社 1984 年版，第 105 页。

对这些东西说"啊"的时候，是否也要找出一种"啊"的本质呢？

美的事物有没有共同的特性？维特根斯坦后期注意到这个问题。如果说没有，它们何以共同被称为"美的事物"；如果说有，这种共同的特性就可以作为美的本质。而这正是柏拉图以来人们追求美本质问题的基础。维特根斯坦认为，以往从美的事物中归纳美本质之所以不能成功，其根本在于方法上的错误。众多的美的事物之所以这样被称呼，不是因为它们有共同的本质，而是因为它们具有相似点。这种相似不是一种共同的特征，而是"家族相似"。一个家族的成员相似，但不是集中在某一点上，甲与乙眼睛相似，乙与丙鼻子相似，丙与丁嘴巴相似……因此你不可能用一个共同本质来定义它。美没有固定的本质，没有固定的外延。这种结论的潜台词是：人们不可能认识美。如果说维特根斯坦早期是用图像与现实对应的理论否定了美本质问题存在的意义，那么晚期则是用"家族相似"否定了美本质问题研究的意义。

分析美学由于分析哲学的影响，加之迎合了许多美学研究者在美本质问题上困惑迷惘寻找出路的心理，因而在美学研究中产生了很大的影响。但是，分析美学同以往各种哲学美学学派一样，都是批判传统理论有力，建设新理论不足。同时，其哲学理论的片面性，也导致了其审美研究结论的片面性。

这种片面性首先表现在关于图像与现实相对应的观点上。图像与现实相对应是分析哲学的基础，它是西方文化中一直占统治地位的实体论的反映。这种以实体论为根基的对应论，对于帮助哲学、美学等人文学科建立现代科学的精确性和严密性是有益处的，但其忽视和排斥人类在认识事物中抽象思维能力的成果和意义却是片面的。从认识实践的角度看，抽象思维能力及其成果是人类认识和把握外部世界的重要方式。离开抽象思维能力及其成果，人类将无从认识和把握外部世界；否定抽象思维能力及其成果，将否定人类以往的所有认识。譬如为分析哲学认可的人、马、山、水等实体概念，也是人抽象思维的结果。现实生活中只有具体的人、马、山、水，而没有作为一个整体的人、马、山、水。早在两千多年前，我国著名哲学家公孙龙在其有名的"白马非马"论中，对此就做了细致的区分。如果人、马、山、水这样的抽象概念可以与现实对应，那么人们为什么不可以从不同的实体中抽象出"物质"，从不同的游戏方式中抽象出"游戏"，从不同的艺术形式中抽象出"艺术"，从不同的美的事物中抽象出"美"呢？为什么这些概念或"图像"就不能与现实相对应呢？事实上一些美学研究者早就对分析美学这种观点提出批评，例如，莫里斯·曼德尔鲍姆就对维特根斯坦的"游戏"不能下定义和莫里斯·韦兹的"艺术"不能下定义的看法提出了批评；乔治·迪基也认为，韦兹的不可能给"艺术"下定义的观点是错误的。①

其次，维特根斯坦的"家族相似"在理论上存在明显缺陷，在实践中对审美研究百无一用。维特根斯坦晚期之所以提出这种观点，显然是意识到否定美本质问题并不能否定审美现象的普遍性，而对审美现象的普遍性的研究必然最终要回到美本质问题上来。他提出"家族相似"理论，表面上看是建设性的，实质上仍是破坏性的，仍然是为了否定美本质问题。这种理论忽视了人类认识和把握外部世界活动的一个最基本的特点，即不是孤立地根据事物的外部特征，而是在与其他事物的比较中，根据事物的本质特征来认识和把握它们。人们说某些人属于同一家族成员，绝不是根据他们鼻子、眼睛、嘴巴、身材等某些外部特征的相似，而是根据他们的血缘。同样，我们说某些事物是美的事物，说某些活动属于游戏、艺术，也绝不是根据它们外部特征的相似，而是其内在的、不同于其他事物和活动的特性。这些特性是什么？正是美学和艺术理论等研究的问题，我们不能因为其尚未有明确答案便放弃研究。当然，有些错误的命题必须放弃或重新修正，正如数学中形形色色的无解题一样，但分析美学却不能使我们对美本质问题得出这样的结论。

二

为了弄清美本质问题长期无解的原因，我们必须追本溯源，首先看看柏拉图是怎样提出这一问题的。

毫无疑问，柏拉图是一位伟大的思想家。但他在论辩中却有一个不

---

① 朱狄：《当代西方美学》，人民出版社 1984 年版，第 118 页。

好的习惯。对此，罗素（Russell）在《西方哲学史》中一针见血地指出："他假装是在跟随着论证并且用纯粹理论的标准下判断的，但事实上他却在歪曲讨论，使之达到一种道德的结论。他把这种恶习引到哲学里面来，从此之后哲学里就一直存有着这种恶习。"① 这种所谓的"恶习"，就是违反逻辑，利用语言表达中的一些不规范的习惯，采取偷换概念的方法，使讨论达到自己的目的。柏拉图在《大希庇阿斯篇》中提出美本质问题，采取的就是这样的方法。

文章开篇首先提出"美"的概念。他借苏格拉底（Socrates）的口说："近来在一个讨论会里，我指责某些东西丑，赞扬某些东西美。"很显然，这里的"美"，指的是对事物的评价。

接着，柏拉图借他人之口问："苏格拉底，你怎样才知道什么是美，什么是丑，你能替美下一个定义吗？"此句紧接前句，"什么是美"可以理解为"什么是美的东西"的省略，也可以理解为判断事物美与不美的标准，即你凭什么评价事物美与丑。"替美下一个定义"，即要求对美的事物做一个定性的判断，即说明评价事物美与不美的标准。

随后，苏格拉底要求大希庇阿斯："请你把什么是美给我解释明白。"从表面上看，这里的"什么是美"似乎只是上句的简单重复，但从其紧跟的动词看，其含义已经起了微妙的变化。在"什么是美"之后，柏拉图用了动词"解释"。我们知道，如果要说明具体的事物，一般用判断词"是"，如此前柏拉图讲的那样。"解释"一般用于说明抽象的东西，如原因、问题等。柏拉图在这里重复"什么是美"，是用语言过渡的技巧，以减缓语言含义变化的突然性。其目的是把"美"的含义，由具体的美的事物转变到抽象的"美"，正如柏拉图随后指出的，"美不是美的事物"。联系下文看，这句话中"美"的含义，可以理解为"美的事物之所以美的原因"，也可以理解为"使美的事物美的因素"，柏拉图显然倾向于后者。

是什么东西使事物成为美的事物呢？柏拉图提出了"美本身"的概

---

① ［英］罗素：《西方哲学史》上卷，何兆武、李约瑟译，商务印书馆1982年版，第113页。

念。他说："这美本身把它的特质传给一件东西，才使那件东西成其为美"，它是"一个真实的东西"。这样，"美"便不再是对事物的评价，不再是事物的修饰语，也不再是美的事物抽象的总称，而有了独立的、实体性的意义。

从具体事物的评价，到美的事物，到美物之所以美的原因（或因素），到美本身，通过概念的转换，柏拉图完成了"美本质问题"提出的整个过程。然而，他所追寻的具有独立的、实体性的"美"，不是来自审美实际的发现，而是产生于偷换概念的诡辩。这就使得美本质问题追寻的目标，从一开始便缺乏坚实的基础。

<h2 style="text-align:center">三</h2>

罗素将柏拉图研究方法上的问题看作"恶习"，显然是将其归于个人品质的缺陷。然而，考虑到社会发展的限制，我们却倾向于这是逻辑学不发达的缘故。这并非出于"为尊者讳"，而是从美本质问题的提出看，虽然方法不妥，却并非完全是"空穴来风"。

那么，柏拉图为什么要提出"美是什么"这个问题呢？根本原因还是审美实际。他发现了社会生活中普遍存在的审美现象，并以杰出的智慧寻找其中的原因。虽然方法上存在不妥，但却显出其作为哲学家的过人之处；同时，也说明美本质问题的提出具有现实合理性。所以无数哲人智者孜孜不倦地投身于美本质问题的研究。

分析柏拉图关于美本质问题的研究，不难得出这样的结论：（1）美本质问题的提出具有一定的现实合理性，其目的在于寻找事物之所以成为美的事物的原因。（2）柏拉图提出美本质问题的过程是不科学的，这种不科学的方法是为了满足从其哲学出发对审美现象作出的结论。（3）柏拉图从其哲学观出发，把事物美的原因归结为事物中"美本身"的存在，并用"美本身"代替了对美的事物特征的归纳，从而把对美的事物之所以美的原因的探讨，引上了寻找美或"美本身"的途径。

四

美本质问题的提出，缘于柏拉图偏颇的哲学观念和不科学的研究方法，是探讨美物之所以美的原因的桎梏。据此能否完全抛弃美本质问题研究，正如分析美学和现代西方许多美学学派那样呢？回答是否定的。

柏拉图之所以提出这个问题，两千多年来无数的研究者之所以倾心于这个问题，最根本的原因，是生活中普遍存在审美现象。面对五彩缤纷的审美对象，人们自然会产生了解其引起人愉悦感的原因和规律的愿望；同时，也只有弄清其中的原因和规律，人类才能更好地欣赏美、创造美，按照美的规律塑造自身，改造环境。以往美本质问题研究尽管存在各种问题，但总的来说仍然是为了这样的目的。所以，我们不能像倒洗澡水那样抛弃以往美本质问题研究的成果，而要对其进行分析批判，倒掉澡盆内的"洗澡水"，留下"婴儿"。

分析柏拉图提出"美是什么"的过程，结合两千多年来人们对这个问题的研究，会发现这个问题实质上包含了三层意思：

（1）什么是美的事物？即美的事物有何区别于其他事物的共同特征，何以被冠以美的名称？

（2）美的事物成为美的事物的原因是什么？

（3）"美本身"是什么？

当柏拉图要求"为美下一个定义"时，他是在第一层含义上讲这个问题；当他提出"美不是美的事物"，要求大希庇阿斯"请你把什么是美给我解释明白"时，他是在第二层含义上讲这个问题；当他开始寻找"美本身"时，他是在第三层含义上谈论这个问题。

按照正常的思维逻辑，解决"美是什么"这个问题，首先必须解决第一个问题，在解决第一个问题的基础上进而研究第二个问题。第三个问题实质上包含了对前两个问题的回答。即提问者已经相信，在美的事物中有一种"美本身"的因素存在，这种因素的存在构成美的事物与其他事物的区别，是美的事物成为美的事物的原因。柏拉图没有回答第一和第二个问题便直奔第三个问题，并非因为他从审美实践中发现了"美本身"的存在，而是他的哲学观告诉他应该有这么一种因素存在。所以他不得不违反逻辑，采取不正当的方式使研究结果符合自己的哲学结论。柏拉图之后的学者，或侧重于第一层含义，或侧重于第二层含义，或侧重于第三层含义，或在三者之间摇摆。这就造成了美本质问题研究中的答非所问、以偏概全等现象的出现。

美的事物千姿百态，变化无穷，它们有没有一个共同的特性，或者说我们能否为它们下一个确切的定义呢？按照西方分析美学和存在主义美学的观点，答案是否定的。两千多年来，无数研究者的实践和维特根斯坦的"家族相似"理论，也说明了回答这一问题的难度。但是，这些探索的失败在证明此路不通的同时，却昭示了一条新的道路。

以往研究者在寻找和归纳美的事物的共同特征时，包括维特根斯坦在提出"家族相似"理论时，一个根本的缺陷在于仅仅把目光集中在审美对象上。事物之所以成为审美对象或美的事物，不仅仅在于其自身，而且在于其与主体的联系。只有在审美现象或审美活动中，事物才成为审美对象。所以，寻找美的事物的共同特征，或者说为美的事物下定义，不能仅仅从审美对象自身寻找，而必须从审美现象中寻找，从审美对象与审美主体的联系中寻找。这就如同在不同的历史时期，贝壳、牛、羊、金、银、铜、纸币都曾经被作为货币使用，如果从这些对象自身去寻找货币的共同特征，来为货币下定义，自然是难有结果的。只有从商品的交换过程，从货币的使用过程，才能找到它们"固定地充当一般等价物的特殊商品"这一共同特征。

审美活动区别于其他欣赏活动的最大特点，是通过欣赏事物的形象使主体产生愉悦的感觉。对象的形象性和主体的愉悦性是其两大特征，缺一构不成审美活动。由此不难发现千姿百态、变化纷呈的审美对象的一个共同特征，即依靠形式引起人的愉悦感。这是美的事物的共同特征，是其本质的规定，也是其区别于其他事物的标志。因此，美的事物的定义，就可以表述为：凡能单凭形式引起人愉悦感的事物即为美的事物，换言之，美的对象就是能单凭形式引起人愉悦感的事物。

美的事物共同特征的确立，为探讨美物之所以美的原因创造了基本的条件。柏拉图由于相信是事物内部的某种元素使事物变美，所以提出

"美是什么"的问题，致力于寻找这种"美本身"。同样，当我们发现，人们之所以称赞某物美，之所以称某物为美物，在于它们的形式引起人的愉悦感时，关于美物之所以美的原因的探讨，自然转变为"美的事物何以能引起人的愉悦感"，或者说"事物为什么能够单凭形式引起人的快感"。

如果把"美""美本身""美是什么"等概念比作以往审美研究这个澡盆中的"洗澡水"，那么寻找美的事物的共同性和探讨美物之所以美则是澡盆中两个可爱的"婴儿"。用"单凭形式引起人的快感"作为美的事物的特征、规定和定义，把美物之所以美的探讨，由寻找所谓的"美"或"美本身"，转变为探求"事物为什么能单凭形式引起人的快感"，就在美本质问题的过去和未来之间架起了一座新的桥梁。

"事物为什么能单凭形式引起人的快感"与"美是什么"相比，二者都是探讨美物之所以美的表述方式。不同之处，前者源于审美实际，后者源于错误的哲学观和不合逻辑的研究方法；前者把研究导向丰富多彩的审美现象，后者则导向虚无缥缈的"美"；前者在于揭示审美发生的过程，后者则要寻找根本不存在的"美本身"。两千多年审美研究的实践，已经宣告"美是什么"的研究是一条死路，那么，汲取现代物理学的经验教训，改变问题的提法，用"事物为什么能单凭形式引起人的快感"代替"美是什么"，应该是美本质问题研究的新的起点。

本体论美学批判[*]

本体论美学指以解决美的本质问题为目的的美学研究方法及其成果，其突出的特征，就是企图寻找一种因素——或具体的事物，或抽象的概念，用这种因素来说明美的事物形成和变化的原因。

18 世纪之前的西方美学，总体上属于本体论美学的范畴。18 世纪以后，本体论美学在西方逐渐失去了主流地位。与西方美学的状况相反，本体论美学在中国至今依然处于主流地位。陈望衡先生 2001 年 2 月出版的《20 世纪中国美学本体论问题》，就把 20 世纪中国有影响的美学观点归纳为五大美学本体论，以及几种影响较小的美学本体论。陈先生在书的结尾郑重指出："美学本体论是美学研究中的难点，也是重点。"[①] 这种归纳是符合中国美学现状的，反映了当前我国美学界对本体论美学较为普遍的态度。

为什么中西美学研究会出现如此不同的现象呢？西方美学的"知难而退"与中国美学的"恋情依旧"，谁代表了美学发展的正确方向呢？这些问题对美学发展至关重要，而要从根本上弄清楚这些问题，则需要对本体论美学进行彻底的反思和批判。

一 本体论美学的哲学批判

西方古代美学研究采取的是哲学思辨的方法，本体论美学直接来源

    * 原刊于《西北大学学报》（哲学社会科学版）2008 年第 5 期。

    ① 陈望衡：《20 世纪中国美学本体论问题》，湖南教育出版社 2001 年版，第 519 页。

于本体论哲学。所以对本体论美学的反思和批判，首先必须从本体论哲学开始。

　　与中国古代注重从现实出发，思考和解决现实问题的思维方法不同，作为西方学术思想源头的古希腊人，思考研究的根本问题和目的，是要寻求万事万物的本原，即世界的本质。古希腊哲学家普遍认为，世界是由某种原质构成的，哲学家的任务在于寻找这种原质，通过这种原质来说明世界的本质。亚里士多德（Aristotle）说："我们既然是在寻找最初的根源和最高的原因，那么，显然必须有一种东西借自己的本性而具有这些根源和原因。"① 最初，古希腊人把这种原质设想为现存世界的某种事物。泰勒斯（Thalēs）认为"万物是由水做成的"；阿那克西美尼（Anaximenes）认为"基质是气"；色诺芬尼（Xenophanes）"相信万物是由土和水构成的"；赫拉克利特（Heraclitus）则认为，世界"过去、现在和未来永远是一团永恒的活火"……把现实中的具体事物作为万物起源的观点，显而易见会产生难以自圆其说之处，不断变化的原质就证明了这一点。于是，哲学家转而从抽象的概念中寻找出路。首先是毕达哥拉斯学派把"数"作为万物之源，随后出现了柏拉图的"理念"、神学派的"上帝"、康德（Kant）的"物自体"、黑格尔（Hegel）的"理念"、费尔巴哈（Feuerbach）的"人的本质"，等等。不同的哲学尽管有不同的"本体"，但研究方法和目的则是一致的，都在寻找一个最初的、独立的、永恒的、万能的"本体"，并由此推演出世界万物的产生和变化。这种哲学思维方法被称为"形而上学"，其形成的理论被称为"本体论"。

　　弄清楚我们所处的世界是如何形成的，至今依然是十分有意义的话题。正是这种关于世界本质的探索，开启了西方哲学的源头，创造了西方哲学的历史，为人类留下了许多弥足珍贵的思想财富。这种探索及其结果，不仅影响了西方社会的发展，而且影响到包括美学在内的当代中国社会的各个方面。

　　然而，作为这种探索的主要目的——世界的本质——究竟是什么呢？

---

　　① 北大哲学系外国哲学史教研室编译：《古希腊罗马哲学》，商务印书馆1982年版，第234页。

尽管西方古代哲学家提出了众多的"本体",但至今没有一个能为人们普遍接受。事实上,古代西方哲学家早已否定了在现实存在物中寻找世界本体的路子,而从抽象概念中产生现实世界的想法,对于当今每一个相信唯物论的人来说都是无法接受的。

本体论研究为什么会出现如此尴尬的结局?根本原因就在于古希腊人的思维方法。这种后来发展为西方哲学主流的思维方法,最根本的错误,就是思维不是从现实出发,而是从抽象的概念出发,设想世界的发展有一个尽头,在尽头之处有一个孤立的、不变的、万能的世界"本体",现实世界就由此发展而来。哲学家费尽心机寻找这样的本体,然而问题首先在于有没有这样的"本体"。如果没有这样的"本体",哲学家不是在同风车作战吗?时至今日,现代科学在各个学科上都取得了重大的成果,但没有一种成果可以支持世界是由某种单一不变的本体形成的观点。

现代西方哲学的发展,就是从对传统的形而上学的思维方式的怀疑、反思和批判开始的。"怀疑派是古代哲学结束的标志,又是近代思辨开端的特色。"[1] 罗素分析毕达哥拉斯学派产生的原因时说,因为数学"提供了日常经验的知识所无能为力的理想。人们根据数学便设想思想是高于感觉的,知觉是高于观察的";"很自然地可以再进一步论证说,思想要比感觉更高贵,而思想的对象要比感觉的对象更真实。如果感官世界与数学不符,那么感官世界就更糟糕了。人们更以各种不同的方式寻找更能接近于数学家的理想的方法,而结果所得到的种种启示就成了形而上学与知识论中许多错误的根源"[2]。这种分析切中了从抽象的概念中寻找世界"本体"的本体论的要害。

海森伯在谈及量子论的历史时指出,20世纪20年代量子力学取得突破的一个重要方法"是改变问题的提法",物理学家经过几十年的探索,"才学会提出正确的问题,而提出正确的问题往往等于解决了问题的大

---

① ［英］鲍桑葵:《美学史》,张今译,商务印书馆1997年版,第227页。
② ［英］罗素:《西方哲学史》上卷,何兆武、李约瑟译,商务印书馆1982年版,第61—64页。

半"①。现代分析哲学的核心，也在于强调正确提出问题的重要性。错误的命题，犹如数学中形形色色的无解题，或违反公理，或给错条件，或条件不足，任你费力再大，也不会有什么结果。本体论研究正是这样的错误命题，而其之所以能够产生，则在于其错误的思维方法。

马克思主义是西方传统哲学最彻底的批判者，也是现代哲学最富有成果的建设者。马克思在人类发展史上第一次提出"全部社会生活在本质上是实践的"②。较之西方传统哲学，马克思主义把对世界本质的认识从追求先验的、不变的、孤立的事物的思维方式中解放出来，代之以从具体的、变化的、普遍联系的人类实践的角度去理解，从主客观的结合中去理解。马克思主义不是把世界的本质看作一种具体的东西，从而去寻求这种东西，而是把人类社会看作一个不断发展的过程，通过揭示发展过程的规律来说明世界。实践是一个不断发展变化的过程，在这个过程之中，不仅不存在先验的"本体"，而且任何在实践中获得的认识，无论当时如何正确，也会随着实践的变化而变化。人类的实践活动，以其所处的时代为基点，向历史和未来两个方向发展，永无止境。在马克思主义发展史上，正是基于这样的认识，列宁把"对具体情况作具体分析"称作马克思主义的活的灵魂，毛泽东用中国化的语言将其表述为"实事求是"，邓小平反复强调"解放思想"，其意均在于强调认识要从现实出发，反对把抽象的理念或前人的认识作为认识的基础。

对本体论的批判和对社会发展过程的重视，表现出马克思主义哲学不同于西方传统哲学的新的研究方法。马克思在《〈政治经济学〉批判导言》中列举了两种不同的研究方法，即"抽象观念的演绎"和"具体规定的综合"。前者从抽象的概念开始，经过抽象过程，到达"越来越稀薄的抽象"，使得"整个现实世界都淹没在抽象世界之中"。这种方法是本体论思维的普遍表现形式，也是宗教中各种神、哲学中各种本体产生的基础和根源。后者则从具体的现实出发，通过对现实发展过程的研究，

---

① ［德］海森伯：《物理学和哲学》，范岱年译，商务印书馆1984年版，第6页。
② 《马克思恩格斯选集》第1卷，中共中央编译局编译，人民出版社2012年版，第135页。

掌握现实的多样规定性，进而综合出一个思维"整体"，达到对现实社会的理解和把握。

恩格斯曾经分析了以形而上学为特征的本体论思维方法的特征及其产生原因，认为"旧的研究方法和思维方法，黑格尔称之为'形而上学'方法，主要是把事物当作一成不变的东西去研究，它的残余还牢牢地盘踞在人们的头脑中，这种方法在当时是有重大历史根据的。必须先研究事物，而后才能研究过程。必须先知道一个事物是什么，而后才能察觉这个事物中所发生的变化。自然科学中的情形正是这样。认为事物是既成的东西的旧形而上学，是从那种把非生物和生物当作既成事物来研究的自然科学中产生的，而当这种研究已经进展到可以向前迈出决定性一步，即可以过渡到系统地研究这些事物在自然界本身中所发生的变化的时候，在哲学领域内也就响起了旧形而上学的丧钟"①。马克思主义与传统本体论哲学最根本的区别，即"认为世界不是一成不变的事物的集合体，而是过程的集合体"。本体论哲学的错误，不在于其对世界本质的追寻，而在于其脱离现实，先验地认为有一个孤立的、无所不在的本体存在，万物皆从这个"本体"衍生出来；在于其无视现实世界不断变化的特点，追求一种不变的世界"本体"，用这种抽象不变的"本体"框范现实。马克思把人类社会以及外部世界看作一个不断发展变化的复杂过程，把这个过程作为研究对象，把揭示和反映这个过程的规律和本质作为研究目的，体现出一种全新的哲学观和方法论。正是运用这种新的哲学观和方法论，马克思正确地揭示了人类社会发展的一般规律，预言了社会发展的方向和进程。事实上，现代各种自然科学和技术，正是遵循这样的哲学观和方法论而展开的。现代科学技术的每一个新成果，无不是对事物发展过程的揭示，因而也无不是对传统"本体"思维方式的证伪和对这种新的思维方式的肯定。

然而，正如恩格斯指出的，"口头上承认这个思想是一回事，把这个

---

① 《马克思恩格斯选集》第 4 卷，中共中央编译局编译，人民出版社 2012 年版，第 251 页。

思想具体地实际运用于每一个研究领域，又是另一回事"①。在我国，美学家大多高举马克思主义美学旗帜，像"典型本体论""实践本体论"等，其基本观点都是直接来源于马克思主义创始人的论述。然而，也有许多哲学家、美学家采用的却是马克思所竭力批判的形而上学的思维方法，更有甚者，许多人把马克思主义也划归为"实践"之类的本体论。这种现象说明，对本体论美学的反思与批判必须从对本体论哲学的批判开始，不解除本体论的束缚，美学将无从举步前行。

二　本体论美学的逻辑批判

作为本体论美学核心的美本质问题是柏拉图最先提出的，柏拉图因此被称作"哲学美学的创立者"。然而，作为美学大师的柏拉图首先是一位哲学家。罗素认为："所谓柏拉图的东西倘若加以分析，就可以发现在本质上不过是毕达哥拉斯主义罢了。有一个只能显示于理智而不能显示于感官的永恒世界，全部的这一观念都是从毕达哥拉斯那里得来的。如果不是他，基督徒便不会认为基督就是道；如果不是他，神学家就不会追求上帝存在与灵魂不朽的逻辑证明。"② 柏拉图的审美研究，运用的正是这种本体思维方法。

柏拉图的伟大，在于他作为一个敏锐的思想家，最早注意到人类生活中普遍存在的审美现象，最早把人类的注意力引导到理性地探讨美的事物之所以美的原因上，从而开启了人类审美研究的先河。然而，作为一个本体论哲学家，柏拉图的审美研究不是从现实生活中具体的审美现象开始，不是从对各种具体的审美对象的研究结果中总结美的事物之所以美的原因，而是用本体论的思维方法，先验地断定事物之所以使人产生美感，在于事物中有一种元素，正如糖使人感觉甜、醋使人感觉酸一样，事物中这种元素使人感觉到美。柏拉图把这种元素称为"美"或

---

① 《马克思恩格斯选集》第 4 卷，中共中央编译局编译，人民出版社 2012 年版，第 251 页。

② ［英］罗素：《西方哲学史》上卷，何兆武、李约瑟译，商务印书馆 1982 年版，第 65 页。

"美本身"。他提出"美是什么"这个美的本质问题，目的就是要寻找这种元素。

在学术研究中，柏拉图有一种不好的习惯。罗素曾经一针见血地指出："他假装是在跟随着论证并且用纯粹理论的标准下判断，但事实上他却在歪曲讨论，使之达到一种道德的结论。他把这种恶习引到哲学里来，从此之后哲学里就一直存在着这种恶习。"① 这种所谓的"恶习"，就是违反逻辑，利用语言表达中的一些不规范的习惯，采取偷换概念的方法，使讨论达到自己的目的。柏拉图在《大希庇阿斯篇》中提出美本质问题，采取的就是这样的方法。通过不断偷换概念的方法，柏拉图把"美"的概念的内涵，从对具体事物的评价转变到美的事物，再转变到美物之所以美的原因（或因素），最后转变到具有独立的、实体的"美"或"美本身"，一步步逐渐完成了"美本质问题"提出的整个过程。②

科学的命题应该来自现实，研究者必须明白所寻找的对象的性质。作为本体论美学研究目的和研究核心的美本质问题，显然不是来自审美实际的发现，而是柏拉图依据本体论哲学的一种猜想，通过偷换概念的诡辩手法完成了它的产生过程。柏拉图认为"美"是一个真实的东西，是隐藏于事物之中的一种元素。然而，现代科学发展到今天，没有任何蛛丝马迹可以证明这种元素的存在。事实上，现代美学家早已抛弃了"美"是一种实体元素的概念，但人们依然沿用着柏拉图的思维方式，试图解决柏拉图提出的问题。

本体论美学的危害，不仅在于使美学研究失去了正确的研究目的，从而走入研究的误区，更重要的还在于这种追求唯一的固定不变的研究目的的思维方式，反过来成了阻碍正常的、合理的美学发现和表述的理论依据。多年来，当研究者用来自现实的合理的研究结果回答这个问题时，这种唯一的固定不变的目的要求立即就会使研究者站在现实的对立面，使合理的研究结果表现出不合理的特性。在本体论美学思维方式的影

---

① ［英］罗素：《西方哲学史》上卷，何兆武、李约瑟译，商务印书馆 1982 年版，第113 页。

② ［古希腊］柏拉图：《柏拉图文艺对话集》，朱光潜译，人民出版社 1983 年版，第178—181 页。关于柏拉图完成美本质问题提出过程的详细分析，可以参看《美本质问题研究批判》。

响下，研究者诘难他人时头头是道，论述自己的观点时则捉襟见肘，几乎成了美学研究中的普遍现象，各种研究结果很难形成共识。①

三　现代美学研究的新思路

学术批判是为了厘清研究的目的和方向，扫除前行的障碍。然而，批判永远不能代替建设。当结束本体论美学的批判后，摆在我们面前的首要问题是：中国美学将向何处去？

学界普遍认为，西方美学以18世纪为界，分为古代美学与现代美学两个阶段。对于二者的区别，李斯托威尔（Listowel）在《近代美学史评述》序言中指出：“整个近代的思想界，不管它有多少派别，多少分歧，却至少有一点是共同的。这一点也使得近代的思想界鲜明地不同于它在上一个世纪的先驱。这一点，就是近代思想界所采用的方法。因为这种方法不是从关于存在的最后本性那种模糊的臆测出发，不是从形而上学的那种脆弱而又争论不休的某些假设出发，不是从任何种类的先天信仰出发，而是从人类实际的美感经验出发的……这主要是一种归纳的、严格说来是经验的方法，是费希纳（Fechner）所大胆开创的‘从下而上’的方法。”② 与这种认识相类似，滕守尧把现代美学与古代美学的区别归为三个方面：（1）研究对象由外在的审美对象转向主体审美心理；（2）研究方法从“自上而下”变为“自下而上”；（3）研究中心由对美本质的探讨转为对人的审美能力的探讨。③ 这些认识都是符合美学发展实际的。除此之外，笔者认为古代美学与现代美学最根本的区别，还在于研究目的和思路的转变。

古代美学的研究目的是寻找美，基本的研究思路是通过美来解释和说明美感的产生以及审美活动的种种变化。它的研究对象、研究方法以及研究中心，归根结底是围绕这一目的和思路形成的。现代美学否定了

---

① 关于本体论美学对美学发展阻碍作用的详细论述，可以看看《美本质问题研究批判》。
② ［英］李斯托威尔：《近代美学史评述》，蒋孔阳译，上海译文出版社1980年版，第1页。
③ 滕守尧：《审美心理描述》，四川人民出版社1998年版，第13页。

"美"的存在，放弃了对美本质问题的探讨，也就否定和放弃了古代美学的研究目的和研究思路。有人因此否定美学，认为美本质被证伪，美学就失去了存在的合理性。事实上，美本质问题是古代美学即本体论美学的基础，美本质问题被证伪动摇的是本体论美学的基础而非美学的基础。现代美学正是在否定美本质问题的过程中，像凤凰涅槃一样获得了新生。其中最鲜明的特征，就是研究目的和思路的转变。

现代美学有影响的理论成果主要是对主体审美心理分析的结果。毫无疑问，它们是把主体心理作为主要研究对象的。一般而言，研究对象的改变并不必然地与研究目的的改变相联系。研究同一个对象可以有不同的目的，研究不同的对象也可以有相同的目的。研究方法也如此，但是，愈来愈多的现代美学的研究成果却显示出与古代美学不同的追求和研究思路。移情说、距离说、积淀说等现代美学理论，尽管对审美发生原因的解说不同，但与古代美学的研究结果相比，它们有一个共同的特点，就是不再追求一个最终的具体的东西，用这个东西来解释审美发生的原因。在这些理论中，研究者所追求和最终形成的解释是一种过程，通过揭示审美现象发生的过程来说明审美的实质。由此可见，古代美学向现代美学转变，不仅仅是时间的推移，也不仅仅是研究对象和研究方法的不同，更重要地表现在研究目的和研究思路的转变。

西方古代美学向现代美学的转变，与西方哲学的转变是相吻合的。其实质，就是从传统的以追求本体为特征的研究思路，向以马克思开辟的以追求过程为特征的研究思路转变。当弄清了审美现象发生的过程，审美的实质也就一览无余地展现在我们面前。

罗素说过："任何假说不论是多么荒谬，都可以是有用的，假如它能使发现家以一种新的方式去思想事物的话；但是当它幸运地已经尽了这种责任之后，它就很容易成为继续前行的一种障碍了。"① 古希腊哲学家的世界"本体"和柏拉图的"美本身"，在人类历史上都是伟大的假说，曾经有力地促进了哲学和美学的发展。然而，它们已经完成了自己的历

---

① ［英］罗素：《西方哲学史》上卷，何兆武、李约瑟译，商务印书馆1982年版，第175页。

史使命，已经成为当代哲学、美学乃至人类社会发展的障碍。所以，对本体论美学的批判，实现美学研究从本体到过程的转变，也就具有了超出美学本身的意义。

也谈中国美学的发展之途[*]

——兼与朱立元先生商榷

"到底中国美学最根本的失误在哪里？突破之途在何处？"朱立元先生在《对中国美学发展之途的一种思考》①中提出的这两个问题，是当前中国美学研究中至关重要的问题。朱立元先生对问题的解答总的方向是正确的，但其中仍有值得进一步探讨之处。

一

寻找"最根本的失误"及"突破之途"，反映了人们对当前中国美学发展现状的不满。导致这种认识产生的原因是什么呢？笔者认为主要在于两个方面。其一，从美学自身发展讲，20 世纪王国维等人将西方美学介绍到中国以来，中国美学虽有几次大的热潮，但至今尚无一个基本的能为大多数人接受的美学理论体系，空有学科之名，无学科之实。其二，从美学在社会中的作用讲，尽管学派众多，却不能说明社会中纷繁的审美现象发生的原因，预测审美发展的趋势，不能给人们的审美活动以科学的指导，可以说有学科之体，无学科之用。

是什么东西影响了中国美学的发展，造成目前这种现象呢？朱立元

---

* 原刊于《西安石油大学学报》（社会科学版）2005 年第 4 期。

① 朱立元：《对中国美学发展之途的一种思考》，《陕西师范大学学报》（哲学社会科学版）2004 年第 2 期。

先生认为："束缚中国美学实质性的发展的根本性局限在于从认识论框架出发，固守主客两分的二元对立思维模式。"朱立元先生列举了主客二分思维模式在各派美学中的表现，这些都是不争的事实。

主客二分思维模式对中国美学的影响，关键在于它的政治背景。实事求是地讲，20 世纪五六十年代中国美学主客二分的争论，起决定作用的是政治因素而非学术因素。在这场争论的背后，起决定作用的是政治因素形成的潜在逻辑：客观论＝唯物主义＝马克思主义；主观论＝唯心主义＝反马克思主义。美学进入中国的时候，审美心理学派已经成为西方美学的主流，因而 1949 年以前的中国美学，是尾随世界美学潮流的。然而，由于主客二分思维模式的政治影响，五六十年代的中国美学来了个 180°的大转弯，美在客观说占了主流地位，美在主观说受到无情的批判。作为新中国成立前美在主观说的代表人物朱光潜先生也改为美在主客观的统一论。读 1982 年朱光潜先生为其《西方美学史》所写的序论，其诚惶诚恐的心理溢于字里行间。在这样的社会背景下，企望美学能够得到科学的发展显然是不现实的。当代中国美学之所以与西方美学的发展南辕北辙，主客二分思维模式难辞其咎。

主客二分法对中国美学的影响虽然是巨大的，然而它毕竟只是一种解决具体问题的思维方法，并不决定中国美学追求的根本目标，从而不决定中国美学的根本方向。朱立元先生认为，主客二分"这种思维模式导致了把'美'实体化的倾向"。他列举了各派美学追求实体性"美"的不同表现形式，中肯地分析了这种倾向的错误及对美学发展的危害。在这一点上，他抓住了影响中国美学发展的最根本的问题。然而，他却将其放在从属位置，将其作为主客二分思维模式的产物。

在美学发展史上，追求实体性"美"的理论可以追溯到柏拉图。在柏拉图的美学理论中，追寻美本质绝不仅仅是把"美"实体化的问题，追寻的就是一个如同山、水、树木之类自然存在物的实体。柏拉图认为，美是"一个真实的东西"，"这美本身把它的特质传给一件东西，才使那件东西成其为美"。① 柏拉图这种认识是其所处时代的哲学观的产物。在古希腊，哲学家普遍认为，世界由某种原质构成。泰勒斯说"万物是由水做成的"；阿那克西美尼说"基质是气"；色诺芬尼"相信万物是由土和水构成的"；赫拉克利特则认为世界"过去、现在和未来永远是一团永恒的活火"，"其他万物都是由火而生成的"……这些认识的共同之处，是把现实中的某种具体事物作为世界万物产生的最基本的因素。这种认识在现实中往往会产生明显的难以自圆其说之处，从不断变化的原质就可看出这一点。于是，哲学家转而从抽象的事物中寻找出路。数学家毕达哥拉斯（Pythagoras）是这方面的代表。因为数学"提供了日常经验的知识所无能为力的理想。人们根据数学便设想思想是高于感官的，直觉是高于观察的"。"很自然地可以再进一步论证说，思想要比感觉更高贵而思想的对象要比感官知觉的对象更真实。"柏拉图属于这样的哲学家。"柏氏的学说是：上帝是一位几何学家……与启示的宗教相对立的理性主义的宗教，自从毕达哥拉斯之后，尤其是从柏拉图之后，一直是完全被数学和数学方法所支配着的。"②

按照这种哲学，"善""美""正义"等，要比现实生活中的水、火、土、树木更真实、更可靠。在《大希庇阿斯篇》中，柏拉图就是以"正义"、"学问"和"善"的真实性为前提来推论美的真实性的。他认为："有正义的人之所以是有正义的，是由于正义；有学问的人之所以有学问，是由于学问；一切善的东西之所以善，是由于善；美的东西之所以美，由于美。""正义"、"学问"和"善"都是真实的东西，所以"美也是一个真实的东西"③。

随着人类认识的发展，这种把思维产物与现实存在物混为一谈，甚至看得比后者更真实的哲学观逐渐为人们所抛弃。这种变化反映到美学

①　［古希腊］柏拉图：《柏拉图文艺对话集》，朱光潜译，人民文学出版社1983年版，第184页。

②　［英］罗素：《西方哲学史》上卷，何兆武、李约瑟译，商务印书馆1982年版，第61—64页。

③　［古希腊］柏拉图：《柏拉图文艺对话集》，朱光潜译，人民文学出版社1983年版，第180页。

中，集中地表现在对"美"和"美本质问题"的认识上。以往人们认为，美是一种客观的先验的存在，是人人都明白的事实，谁也不觉得这还需要提供什么证明。然而，18 世纪以后，西方美学家却普遍地怀疑"美"，乃至否定"美"的存在，"美的本质问题经常被作为一个理论上无法解答的问题而放弃了"①。弗朗西斯·科瓦奇（Francis J. Kovach）指出："古希腊和中世纪的哲学美学家如柏拉图、亚里士多德、普罗提诺（Plotinus）、奥古斯丁（Aurelius Augustinus）、托马斯·阿奎那（Tommas Aquinas）等所有的人都相信他们的感觉和理性，并对美的存在深信不疑，并不想到要为美的存在去提供任何证明，而这种态度在现代思想家那里突然消失了。"② 怀疑和否定"美"的存在的倾向，在分析美学达到了顶峰。分析美学认为，一切研究命题都可以分为可证实的和不可证实的两类。与现实存在物相对应的图像构成的命题可以证实，是有意义的；在现实中无对应物的图像是虚假的图像，由此构成的命题是不可证实的，因而也是无意义的。柏拉图早就说过，美的事物不是美，所以具体的审美对象不是美的对应物；至于存在于事物之中的"美"或"美本身"，没有人能证实它存在于何方，以何种形式存在。所以，美在现实世界没有对应物，美本质问题是一个伪命题，是荒谬的、无意义的。客观地讲，分析美学的这种推理并非无懈可击，它之所以能为人们所普遍接受，成为当代很有影响的美学学派，一方面在于迎合了人们对美本质问题长期探求一无所获的压抑心理，另一方面在于它与现代美学的价值取向总体是一致的。③

　　由此可知，中国美学中把"美"实体化的倾向，并非主客二分思维模式的产物。主客二分思维模式只是人们追寻实体性"美"的一种方法而已。如果非要追究其在把"美"实体化倾向中的作用，那就是脱离了审美实际的思维方式，使中国美学不能像西方美学一样，尽早地走出追

---

　　① 思羽：《现代西方关于美的本质问题的不同看法》，载《美学》第 3 期，上海文艺出版社 1981 年版。

　　② ［英］李斯托威尔：《近代美学史评述》，蒋孔阳译，上海译文出版社 1980 年版，第 120 页。

　　③ 赵惠霞：《审美发生论》，陕西人民出版社 2002 年版，第 38—40 页。

寻实体化"美"的泥淖。

主客二分思维模式与追寻实体性"美",都是中国美学存在的问题。前者属于方法问题,后者属于目的问题。相比较而言,后者对美学的影响更具有方向性、根本性。同时,美本质问题涉及更高层次的认识论问题,如果对其缺乏明确的认识,中国美学将无法摆脱传统美学的束缚,实现真正意义上的突破,完成从古代美学到现代美学的跨越。

二

朱立元先生在文章中提出,中国美学之所以没有出现理论上实质性的进展,"根本原因在于我们的基本思路和提问方式长期局限在一种认识论的思维框架之内";"实践美学"争论的意义之一,就是"指出以往美学没有摆脱认识论的思维框架……应该反思它们在方法论上的缺陷";"后实践美学"强调美学要突破认识论(知识论)和主客二分的思维模式,可以说抓住了束缚中国美学发展的要害;等等。总之,在朱立元先生看来,认识论似乎是中国美学发展的束缚,美学要发展就必须突破认识论的束缚。

我同意朱立元先生关于主客二分思维模式束缚中国美学发展的观点,但认为不能由此把认识论当作中国美学的发展束缚。主客二分思维模式只是一种认识方法论,不能因为这种思维模式的影响而全盘否定认识论在美学研究中的作用。一切理论研究都是在一定的认识论基础上进行的,美学也不例外。美学的过去、现在和将来,一刻也离不开认识论的指导。问题在于只有选择正确的认识论,纠正错误的认识论,美学才能健康发展。

18 世纪是学界公认的西方古代美学与现代美学的分水岭。作为划分两个时代美学的标志,李斯托威尔在《近代美学史评述》序言中指出:"整个近代的思想界,不管它有多少派别,多少分歧,却至少有一点是共同的。这一点也使得近代的思想界鲜明地不同于它在上一个世纪的先驱。这一点,就是近代思想界所采用的方法。因为这种方法不是从关于存在的最后本性那种模糊的臆测出发,不是从形而上学的那种脆弱而又争论不休的某些假设出发，不是从任何种类的先天信仰出发，而是从人类实际的美感经验出发的……这主要是一种归纳的、严格说来是经验的方法，是费希纳所大胆开创的'从下而上'的方法。"① 滕守尧在《审美心理描述》中，把现代美学与古代美学的区别归为三个方面：（1）研究对象由外在的审美对象转向主体审美心理；（2）研究方法从"自上而下"变为"自下而上"；（3）研究中心由对美本质的探讨转为对人的审美能力的探讨。② 这些论述概括了西方古代美学与现代美学的不同特征，这些特征在一定程度上反映了古代美学向现代美学转化过程中，美学研究目的和基本思路的变化。

古代美学研究的目的是寻找美，基本的研究思路是通过美来解释和说明美感的产生以及审美活动的种种变化。它的研究对象、研究方法以及研究中心，归根结底，都是围绕这一目的和思路形成的。西方现代美学否定了"美"的存在，放弃了对美本质问题的探讨，也就否定和放弃了古代美学的研究目的和基本的研究思路。移情说、距离说、积淀说等现代美学理论，尽管对审美发生原因的解说不同，但有一个共同的特点，就是不追求一个最终的东西——不管是具体的事物还是抽象的概念。在这些理论中，研究者所追求和最终形成的解释是一种过程，通过对审美发生过程的揭示来说明审美的实质。从对一个具体的终极事物的追求，转变到对审美发生过程的追求、研究和揭示，体现出截然不同的研究目的和思路，构成现代美学与古代美学最本质的不同。然而，两种不同的研究目的和研究思路，最终是由不同的认识论所决定的。

以寻求"美"为特征的古代美学，是以古希腊美学为起点的。而古希腊美学归根结底是古希腊哲学的产物，深深地打上了那个时期哲学的烙印。古希腊人的思维方式，在人类社会的初期很有代表性。最突出的特点，就是要寻求万事万物的本原，即世界的本质。如何寻找呢？哲学家的思路是：寻找一种东西，通过这种东西来说明世界的本质。亚里士

---

① ［英］李斯托威尔：《近代美学史评述》，蒋孔阳译，上海译文出版社 1980 年版，第 1—2 页。

② 滕守尧：《审美心理描述》，四川人民出版社 1998 年版，第 13 页。

多德说："我们既然是在寻求各种最初的根源和最高的原因，那么，显然必须有一种东西借自己的本性而具有这些根源和原因。"① 亚里士多德这种第一哲学被称为"形而上学"，其特征就是探求万物的"本体"，这种研究方法及其形成的理论又被称为"本体论"。按照追求本体的思维方式，柏拉图自然而然地把美的事物之所以成为美的事物的原因确定为事物中"美"或"美本身"的存在，从而开启了以美本质问题研究为主流的西方古代美学历史。

现代西方哲学和美学的发展，是从对传统的形而上学思维方式的怀疑、反思和批判开始的。"怀疑派是古代哲学结束的标志，又是近代思辨开端的特色。"② 现代西方哲学认为，形而上学方法脱离人对世界的经验，臆测出实体、本体和第一因等概念，把这些概念当作一切事物的本原，从最普遍、绝对的概念推演出关于具体事物的结论，这是荒谬的。这种批判切中了以形而上学的本体为特征的古代哲学的要害。在现代哲学中，马克思主义是西方传统哲学最彻底的批判者，也是现代哲学最富有成果的建设者。马克思在人类发展史上第一次提出："全部社会生活在本质上是实践。"③ 较之以往哲学，马克思把对世界本质的认识，从追求先验的、不变的、孤立的事物的思维方式中解放出来，代之以从具体的、变化的、普遍联系的人类实践的角度去理解，从主客观的结合中去理解。马克思不是把世界的本质看作一种具体的东西，从而去寻求这种东西，而是把人类社会看作一个不断发展的过程，通过揭示发展过程的规律来说明世界。

对本体的批判和对社会发展过程的研究，表现出马克思主义哲学不同于以往传统哲学的新的研究方法。马克思在《〈政治经济学〉批判导言》中，列举了两种不同的研究方法，即"抽象观念的演绎"和"具体规定的综合"。前者从抽象的概念开始，经过抽象过程，到达"越来越稀

①　北大哲学系外国哲学史教研室编：《古希腊罗马哲学》，商务印书馆 1982 年版，第 234 页。

②　[英] 鲍桑葵：《美学史》，张今译，商务印书馆 1982 年版，第 227 页。

③　《马克思恩格斯选集》第 1 卷，中共中央编译局编译，人民出版社 2012 年版，第 135 页。

薄的抽象",使得"整个现实世界都淹没在抽象世界之中"。这种方法是宗教中各种神、唯心主义哲学中各种理念、旧唯物主义如费尔巴哈"人的本质"等各种本体产生的基础和根源。后者则从具体的现实出发,通过对现实发展过程的研究,掌握现实的多样规定性,进而综合出一个思维"整体",达到对现实社会本质的理解和把握。马克思指出:"具体之所以具体,因为它是许多规定的综合,因而是多样性的统一。因此它在思维中表现为综合的过程,表现为结果,而不是表现为起点,虽然它是现实的起点,因而也是直观和表象的起点。"① 马克思称后一种研究方法是"科学上正确的方法"。恩格斯在《卡尔·马克思〈政治经济学批判〉》一文中,对马克思这样新的研究方法作了明确的阐释:"历史从哪里开始,思想进程也应当从哪里开始,而思想进程的进一步发展不过是历史过程在抽象的理论上的前后一贯的形式上的反映;这种反映是修正的,然而是按照现实的历史过程本身的规律修正的。"② 这种把人类社会以及外部世界看作一个不断发展变化的复杂过程,把这个过程作为研究对象,把揭示和反映这个过程的规律和本质作为研究目的的观点,体现出一种全新的哲学观和方法论。正是运用这种全新的哲学观和方法论,马克思正确地揭示了人类社会发展的一般规律,预言了社会发展的方向和进程。事实上,现代各种自然科学和技术,正是遵循这样的哲学观和方法论而展开的。现代科学技术的每一个新成果,无不是对事物发展过程的揭示,因而也无不是对传统"本体"思维方式的证伪和对这种新的思维方式的肯定。西方现代美学研究目的和思路的转变,只不过是这种历史大潮中的一朵浪花。

主客二分的思维模式对中国美学的危害是巨大的。但由此否定认识论作用的做法却是不可取的。离开正确的认识论的指导,中国美学不但不能实现跨越,甚至还无法走出形而上学认识论的泥淖。

---

① 《马克思恩格斯选集》第 2 卷,中共中央编译局编译,人民出版社 2012 年版,第 701 页。

② 《马克思恩格斯选集》第 2 卷,中共中央编译局编译,人民出版社 2012 年版,第 14 页。

三

关于中国美学的发展之途，朱立元先生在肯定"实践美学"特别是蒋孔阳先生学说的同时，也提出了自己的看法。其中否定"一成不变的永恒的美的本体的存在"，强调"（审美）过程"在美学研究中的意义等观点，体现了与现代美学的发展方向相一致的思路，对探讨中国美学的发展具有重要的启示作用。遗憾的是，由于在研究的目的和思路上没有完成从传统到现代的转变，这些闪光的思想未能冲破传统美学的框架，因而未能给中国美学的发展开辟出新的道路。

西方古代美学与现代美学的区别，不仅仅是一个时间概念，更重要的是思维方法和研究目的的变化。中国美学就主流而言，至今依然未能完成类似西方现代美学的转变，其研究目的和思路依然处在西方古代美学的范畴之中。西方古代美学最根本的特征，是其寻找本体性"美"的研究目的及思路。这种研究目的决定了研究的方法，形成了一系列特定的概念和范畴，最典型的是"美"的概念。在日常生活中，美是人对事物的一种评价。只有在西方传统美学体系中，美才被赋予实体性的意义，成为一个名词，指代一个事物。而这个事物在现实中是不存在的。朱立元先生以及许多研究者都深刻地指出，"美是什么"这一提问方式本身"在问题回答前已预设了'美'是一个对象性的实体存在"。不仅如此，当研究者在名词意义上使用"美"这个词时，实质已经承认了一个叫作"美"的事物的存在，已经陷入了西方古代美学的思维陷阱。

以往人们把研究对象的变化作为西方古代美学与现代美学的区别之一，其实对象的变化不具备这种本质性的作用。在西方心理美学初期，夏夫兹博里认为，"趣味"是人的本性中天然存在的一种专门欣赏的器官。他的门徒赫契生（Hutcheson）进一步提出，"趣味"器官不只有一个，而是有若干个。它们各自分工，分别负责对善、美、丑、崇高等进行鉴赏和判断。他们认为，"趣味"对美和丑的感受，就像味觉感官品尝糖的甜、盐的咸和醋的酸一样，是一种直接的自然的感受，是不假思索瞬间完成的。正是因为这些"内在器官"的作用，人才得以感受到五彩缤纷的美的世界，才有奇妙无比的美感享受。① 这种发生在 18 世纪的心理美学理论，明显地表现出旧时代的痕迹。它们的"审美器官"，与古代美学的"上帝""理念"等本体相比，只不过是称谓的不同而已。

近年来中国美学特别是"实践美学""后实践美学"，力图摆脱传统美学的束缚。它们重视"实践""关系""创造""过程"等在审美中的作用，然而这些新思想依然处在传统美学思维体系中，它们作为"美是什么"的新答案，同夏夫兹博里等人的"审美器官"一样，成了一个个传统美学的新本体。阅读朱立元先生关于"美在创造中""美本身是一个过程""人是世界的美""广义的美是一种特殊的人生境界"等论述，可以感觉到其力图挣脱传统美学束缚的努力，但同时却依然是用传统美学的思维方式和概念范畴在思考。他们的这种努力，如同 20 世纪初荷兰著名物理学家洛伦兹（Lorentz）创造的变换公式一样，虽是新理论的因素，但却属于旧的理论体系。

美学产生的根本原因，在于人类生活中审美现象的存在。美学研究的根本目的，在于了解和掌握审美现象产生的原因及其发生和发展的规律。传统美学把这种原因假定为"美"或"美本身"的存在和作用，并努力寻找这种"最后的实在、最根本的东西"。这种假设以及所确定的研究方向，导致美学研究脱离审美实际，陷入纯粹的抽象思辨，成为一种空洞的推测，失去循序渐进的基础。当今中国美学发展的根本之途，在于抛弃这种寻找本体性"美"的思维方式，从具体的审美现象出发，研究现实生活中一个个具体的审美现象的发生过程，弄清楚审美过程中主体和客体发生了哪些变化，如何导致美感的产生，从中总结出规律性的东西，给人们的审美活动以理论的指导。只有在这样的前提下，朱立元先生论述中的许多新思想，对中国美学突破之途的阐释才具有正确意义。

---

① 滕守尧：《审美心理描述》，四川人民出版社 1998 年版，第 14 页。

美学现代转型的三个问题[*]

对于新世纪美学的发展状况，目前学界存在两种不同的看法。一种认为"当代美学呈现出欣欣向荣的局面"①，我们目前正经历着第三次美学热潮，也称为"美学的复兴"②；另一种认为"美学已经陷入了深刻的危机"③。

持乐观态度者着眼于美学在社会生活中地位的变化。20 世纪初分析美学对美本质问题的证伪，摧毁了传统美学建立的基础，导致了美学现代转型的探索。作为美学现代转型的开始，美学研究首先经历了数十年的"沉寂"，直到新世纪前后，美学才重新活跃起来。布莱克威尔出版社1995 年版《美学手册》主编库柏说，美学曾经是哲学领域的"灰姑娘"，而"现在的情景则截然不同。美学是哲学课程表上学生选课最多的科目之一，美学领域每年都出版大量新的出版物"④。高建平指出："可喜的是，这些年，美学重新赢得了研究者、一般大众和大学生的青睐。"⑤ 这类肯定当代美学现状的话语，显然都出自美学在社会生活中地位变化的角度。

---

* 原刊于《西北大学学报》（哲学社会科学版）2013 年第 1 期。

① 彭锋：《在争论中发展的当代美学》，《哲学动态》2009 年第 4 期。

② 高建平：《日常生活审美化与美学的复兴》，《天津师范大学学报》（社会科学版）2010 年第 6 期。

③ 周宪：《美学的危机或复兴?》，《文艺研究》2011 年第 11 期。

④ Cooper D. A. , *Companion to Aesthetics* ［M］. Oxford：Blackwell, 1995：vii.

⑤ 高建平：《日常生活审美化与美学的复兴》，《天津师范大学学报》（社会科学版）2010 年第 6 期。

持悲观态度者主要着眼于当前美学状况与学科要求的距离。自 20 世纪 60 年代以来，西方美学先经历了后现代的十年，接着是解构主义的十年，再后来是文化研究的十年，90 年代后又盛行把人的身体作为研究的主题。这些研究一反此前美学追寻审美现象产生深层原因的做法，主要着眼于对具体社会问题的阐释，因而引起一些研究者的不满和忧虑。布鲁姆（Bloom）在《西方正典》序言中指斥："西方经典已被各种诸如此类的十字军运动所代替，如后殖民主义、多元文化主义、族裔研究，以及各种关于性倾向的奇谈怪论。"① 伊格尔顿（Eagleton）认为，深受文化研究影响的美学和文学研究，已被贬低到诸如性欲或性表征问题，因而忽略许多更重要的"大问题"②。周宪提出："如果说美学的政治化从一个方面削弱了启蒙理性关于审美无功利和普遍性理念，商业化和消费主义则从另一方面动摇了启蒙理性的美学原则。这或许就是一些美学研究者所忧虑的美学'危机'。"③

对于当代美学现状的不同评价，表现出当前美学在转型方向和路径上的分歧。这些分歧可以归纳为三个问题。对这些问题的回答，决定着未来美学的发展方向。

一 美学是否需要确定研究主题

在美学史上，人们经常把 18 世纪作为古代美学与现代美学的分水岭。之所以如此，在于从 18 世纪开始，传统美学的研究主题——美本质问题开始受到质疑。鲍桑葵认为："怀疑派是古代哲学结束的标志，又是近代思辨开端的特色。"④ 对于传统美学研究主题的怀疑和否定，是美学现代转型的前奏。

20 世纪初分析美学的兴起，对于古代美学而言，成为压垮骆驼的最后一根稻草。分析美学将美本质问题定性为"伪命题""假命题"，从而

---

① ［美］哈罗德·布鲁姆：《西方正典》，江宁康译，译林出版社 2005 年版，第 2 页。

② Eagleton T.，*After Theory.* New York：Basic，2003.

③ 周宪：《美学的危机或复兴?》，《文艺研究》2011 年第 11 期。

④ 鲍桑葵：《美学史》，张今译，商务印书馆 1997 年版，第 227 页。

把古代美学送进了历史博物馆。随着美本质问题这面大旗的轰然倒下，美学就进入了纷乱的"战国时代"。失去了研究主题的当代美学，研究者各走各的路，各说各的话。持传统观念的人仍然在追寻"美"，心理学美学继续心理探索，艺术美学以美学名义从事艺术批评，分析美学在美学的名义下解构美学，在文化学、社会学、生态学、传播学、经济学、政治学等领域，也有专家以美学的名义从事着各种不同的研究。

持乐观态度的人看到了这种现象对美学的有益之处，认为"它使美学超越了传统美学，成为包含在日常生活、科学、政治、艺术和伦理等之中的全部感性认识的学科"①。在肯定这种现象的同时，他们极力为其寻找存在的正当理由。基维把这种从传统美学到当代现状的变化，称为"从刺猬到狐狸的变化"。他说，刺猬知道一件大事，狐狸知道许多小事。现在的美学已经不再是处于刺猬的时代，而是进入了狐狸的时代。与刺猬的大包大揽不同，狐狸只是研究一些小事情。当代美学领域中充满了这种小刺猬，他们往往只研究一个问题，只是某个很小的领域中的专家。他们认为，我们已经不可能拥有关于事实的大叙事，可能有的只是关于事实的小解释。② 基维的说法只是对现状的描述和解释，在他眼中，不仅有小狐狸、大狐狸的区别，还有新刺猬出现的设想。虽然他强调自己也无法预测新刺猬出现的时间，但他毕竟还没有把眼前的现状当作美学的最终模式。国内有学者则认为："在一个新的发展时期，美学要做什么？美学不是跟着社会的发展唱赞歌，而是要坚守自己的批判立场。人文学者应该坚守这样一种立场，这个立场就是去医治社会的疾病。"③ 这种看法显然出自文化学研究的角度。然而这样一来，当前的现状似乎成了美学的理想模式，美学不再需要确立自己的研究主题，余下要做的只是对不同社会问题的批判。

持悲观态度的人在当前这种现象中，看到了对美学发展的危害。他

---

① Welsch W. , *Undoing Aesthetics*, *Andrew Inkpintrans*. London：SAGE Publications，1997：iv.

② Kivy P. , "Foreward", in N. Carroll, *Beyond Aesthetics*. Cambridge：Cambridge University Press，2001：ix.

③ 高建平：《日常生活审美化与美学的复兴》，《天津师范大学学报》（社会科学版）2010年第6期。

们认为，"美学早已坠入与自身无关的政治争论，审美和艺术品分析已从这种研究中消失了，所以美学已经陷入深刻的危机"①。这种批评显然从与传统美学比较的角度而言，针对的是后现代主义、文化研究、女性主义、后殖民主义等诸种形态的美学。当代这种随社会思潮而变动的研究，不仅没有美学自身的研究主题，甚至没有向这方面发展的趋向，这引起许多研究者的不满和担忧。进入 21 世纪以来，不断有人呼吁"回到康德"，提出"路径是重归审美研究，回到康德关于美学的基本概念，重建美学关于美、审美和审美经验的研究"②。

两种关于现实状况不同看法的背后，存在着如何对待传统美学的分歧。前者对之显然持全盘否定的态度，后者则在某些方面予以肯定。从历史的角度看，任何社会和学科的发展，都是在前人的基础上进行的。因此，完全否定传统美学，甚至有意采取与之相对的做法是不可取的。当然，简单地回到过去，完全沿袭传统美学的做法甚至研究主题，也是不可取的。

从美学发展的历史看，美本质问题虽然是一个伪命题，但其产生过程却具有合理性。柏拉图发现生活中有的事物美，有的事物丑，他要探讨这种现象产生的原因。本体论的哲学观使柏拉图相信，如同世界的产生有一个最初的本体一样，美的事物中必定存在一种他称之为"美"或者"美本身"的元素，这"美本身""加到任何一件事物上面，就使那件事物成其为美，不管它是一块石头，一块木头，一个人，一个神，一个动作，还是一门学问"③。柏拉图追求的"美"或"美本身"，是他根据自己的哲学观臆想出来的，在现实世界根本不存在。但他要探讨审美现象产生原因的初衷，却具有现实合理性。

人类生活中的快感，一般均源于功利需求的满足，如饥得食，渴得饮，热得凉，寒得暖，等等。为什么美的事物不产生任何功利作用，仅仅依靠形式，便能如同功利物一样引起人的愉悦呢？对于这种奇异的现

① 周宪：《美学的危机或复兴?》，《文艺研究》2011 年第 11 期。
② 周宪：《美学的危机或复兴?》，《文艺研究》2011 年第 11 期。
③ ［古希腊］柏拉图：《柏拉图文艺对话集》，朱光潜译，人民文学出版社 1963 年版，第 188 页。

象，难道不应该探究其中的原因吗？这就是两千多年来无数学者致力于美学研究的根本原因和动力。否定美本质问题是正确的，但忽视美本质问题包含的这种合理性，却是把婴儿同洗澡水一起倒掉了。

对于美的事物之所以美的原因的探讨，古代美学主要从客体的角度入手，现代美学更多地从主体角度入手。其实，美的事物之所以被称为美的事物，根本原因在于其依靠形式引起人的美感。当代美学研究中，虽然各行各业的人都在以不同的方法研究各自领域的审美现象，但是如果不从理论上弄清楚审美现象产生的机理，不明白美的事物何以能够单凭形式引起人的美感，这种具体的研究将无法取得实质性的进展。相反，只有解决了这些基本问题，美学才能给各行业的相关研究提供理论指导和方法，才能促进相关研究的深入发展。所以，美学的发展需要把这类研究作为主题，只有解决了这些基本问题，才能带来美学真正的繁荣，一如牛顿（Newton）发现万有引力、爱因斯坦（Einstein）发现相对论带动物理学发展一样。

二 美学是否需要成为现代学科

从现代学科的要求看，当代美学的现状与现代学科的要求不仅相距甚远，而且发展趋势可以说南辕北辙。周宪在《美学的危机或复兴？》一文中，列举了美学复兴的几种理念，将其归纳为两种立场："一种是以启蒙理性和康德美学为代表的美学，另一种是持相反立场的、强调地方性和差异性的美学。"[1] 前者认为，越来越多的研究表明，不同文化之间的审美共通性远大于人们所设想的差异性，文化间的理解不但是可能的，而且是必然的。[2] 所以，他们视当前这种自说自话一盘散沙式的研究为美学的危机，主张"回到康德"，回到以审美研究为中心建构现代美学学科的道路。后者则视当代美学的现状为一种积极的变化，是美学的发展方

---

① 周宪：《美学的危机或复兴？》，《文艺研究》2011 年第 11 期。

② Johnc Rowe，"The Resistanse to Cultural Stuaies"，in Emory Elliot et al.（eds），*Aesthetics in a Multicultural Age*. Oxfora：Oxfora University Press，1998：105－120.

向。为了说明美学现状的合理性，恩斯特·琴科（Ernest Zenko）借助时下关于知识生产两种模式的观点，① 把当代美学称为模式二美学，把以鲍姆嘉通、康德、黑格尔为代表的 18 世纪以来的现代美学称为模式一美学。

关于模式二美学与模式一美学的区别，埃兹科维茨和莱兹认为："所谓的模式二，并不是什么新东西：它就是科学在 19 世纪进入学院体制化之前的原初形式。"② 而模式一美学在一些西方美学家眼中，实际上就是 18 世纪欧洲美学家们创立起来的作为哲学分支学科的美学。③ 按照这种标准，国内有学者提出："事实上，中国从来都没有出现严格意义上的模式一美学……然而，随着 20 世纪 90 年代出现的所谓学术规范化潮流和与国际接轨的浪潮，我们的学术全面采取了模式一的知识生产方式。美学当然不能幸免。"④ 这就是说，模式二美学不仅指当代美学，也包括 18 世纪之前的西方美学和 20 世纪 90 年代之前的中国美学；而模式一美学，则仅指 18 世纪至 20 世纪初的欧洲现代美学。

按照这种理论划分的两种美学，可以看到一个明显的不同，就是模式一美学追求在各种不同问题中寻找普遍的价值并使之系统化，企图使美学成为一门现代学科。模式二美学则只关注各种具体的现实问题，把知识的"异质性和短暂性"作为标签，否定各种研究结果统一化和系统化的必要性。根据这种理论，琴科明确宣称，模式二美学在许多方面与模式一美学相反，"不要求在知识体系中占据一个独立自足的领域"，"不再具备单一学科的特征"⑤。这样，美学是否需要成为现代学科，就成为当前美学转型中的一个分歧点，也成为当代美学发展路径的重要选择。

美学作为一门现代学科的追求，起自鲍姆嘉通。1742 年，鲍姆嘉通

---

① Gibbonset M. , *The New Production of Knowledge*：*The Dynamics of Science and Research in Contemporary Societies*. london：Sage Publications，1994：2 – 4.

② Postrel V. , *Substance of Style*：*How the Rise of Aesthetic Value is Remaking Commerce*，*Culture&Consciousness*. New York：Harper Collins，2003：9.

③ 见 Guyer P. , The Origins of Mondem Aesthetics：1711 – 1735，in Peter Kivy ed，*The Black well Guide to Aesthetics*，Oxford：Blacwell，2004，pp. 15 – 42.

④ 彭锋：《在争论中发展的当代美学》，《哲学动态》2009 年第 4 期。

⑤ Zenko E. , Mode – 2 Aesthetics. *Filozofski Vestnik*，2007，（2）.

开始在大学讲授他称为"美学"的这门学科，并于 1750 年以"Aesthet-ics"为他的著作名，也为这门新学科命名。但是，美学是否算得上一门独立的学科，学界一直存在不同的看法。

在 19 世纪之前，美学一直在哲学的屋檐下讨生活。这时期的美学家几乎都是哲学家，采用的都是哲学思辨的方法，主要是为了完善哲学体系。鲍姆嘉通被誉为"美学之父"，其初衷则起源于完善德国理性哲学体系。康德是最有影响的哲学美学家之一，其目的却是要建构从理论理性到实践理性之间的桥梁。在康德理论中，"判断力只是在自然概念和自由概念之间提供了'自然的合目的性'这个'中介性概念'，使前者向后者的过渡成为可能，因此在未来形而上学中是毫无地位的"①。直至今天，美学依然被人们看作哲学的分支，这"是来自国家教育体制以行政法规的强制形式对各门知识学科进行明确的界定，将文艺学归入文学，将美学归入（艺术）哲学"②，这种认识至今仍是我国划分学科的标准。

19 世纪以后，随着心理学美学学派的活跃，美学开始从哲学向心理学转移。费希纳（Fechner）提出了"自下而上"的美学，通过心理实验的方法，总结审美"一般的原理"。弗洛伊德（Freud）、韦特海默（Wertheimer）等心理学家，把自己的心理学成果运用于审美研究，于是出现了一大批关于审美心理学或艺术心理学的著作。这个时期的美学，实际是心理学的延伸。

20 世纪以后，美学研究出现了巨大的变化。一方面，随着美本质问题被证伪，美学研究失去了重心，使得运用某种学科的方法研究美学的做法失去了用武之地。另一方面，随着人类生活物质水平的提高，对审美的要求愈加普遍和强烈，于是除了传统的哲学、心理学、社会学和艺术学领域，语言、伦理、传播、政治、经济、法律等领域，也纷纷出现以美学的名义从事本领域相关问题研究的现象。

当代美学的这种状况，从长远的角度看，依然是美学现代转型探索

---

① 陈剑澜：《从感性学到审美乌托邦——现代美学早期的一段问题史》，《江苏社会科学》2010 年第 6 期。

② 谷鹏飞：《文艺学与美学的现代分离：问题、过程、反思》，《文学评论》2012 年第 5 期。

的继续。但从目前的分歧看，与以往的不同之处是，问题的实质已经转化为继续还是放弃使美学成为一门现代学科的努力。

现代科学的发展，有赖于各种现代学科的建立。科学之名，即来源于知识的分科。韦伯指出，宗教衰落之后世俗科学兴起，理性精神的发展导致诸多价值领域的分化。他区分了经济、政治、审美、爱欲和科学五个领域的分化过程，并把这种分化视为现代性的重要标志。① 人们之所以将鲍姆嘉通誉为"美学之父"，就在于其创立了美学这个学科。从古代各种关于审美问题的零散研究，到建立一门现代学科的追求，无疑是美学发展的一大进步。所以，放弃美学成为一门现代学科的追求，把古代美学和当前过渡时期的现状作为美学理想模式和发展方向的观点，不仅是美学发展的倒退，也与现代科学发展的趋势相悖。

持这种观点的学者满足于一个理由，就是当前"美学研究的跨学科趋势"。从美学的发展过程看，跨学科研究有两种表现形式，一种是运用其他学科的研究方法进行美学研究，另一种是进入其他学科领域研究其中的审美现象。传统的哲学美学、心理学美学和社会学美学，属于第一种类型。由于历史的原因，在这种研究中，研究者一直存在一种盲目的自信，认为单靠本学科的方法和成果就可以解决美学的问题，并且武断地将美学划归自己的学科范畴。事实上，如果我们把探索审美现象发生的原因和过程作为研究的目的，那么，无论是哲学方法、心理学方法、社会学方法乃至更多学科的方法都只具有工具性。不同的工具有不同的作用，因此不仅没有互相排斥的必要，而且恰恰相反，如同旅行中需要根据路况选择乘车、坐船、步行等方式一样，只有根据研究的需要采用不同的方法，才能达到研究的目的。所以，运用其他学科方法和成果的跨学科研究，必须围绕美学的研究目的，根据研究需要采用不同学科的方法，不能盲目地、单一地运用某种学科的方法和成果，更不能失去美学的独立追求。②

---

① CF. H. H. Gerth and C. Wright Mills（eds.），*From Max Weber：Essays in Sociology*. Oxford：Oxford University Press，1946：331 – 357.

② 赵惠霞：《现代美学：审美机理与规律》，人民出版社 2011 年版，第 32 页。

当代美学的跨学科研究，属于第二种类型，即研究某种学科中的审美现象。这种类型的研究，在美学史上一直存在。从黑格尔以来，美学研究就一直存在把艺术作为美学唯一研究对象的做法。当代美学众多的跨学科研究，只不过是如同黑格尔一样，把某一领域的审美现象作为研究对象而已。这种类型的研究，可以为美学基本问题的解决提供一些材料，但这种类型的研究再多，也不能最终解决美学的基本问题，不能使美学成为名副其实的现代学科。

乐观看待当前美学现状的学者，批评传统美学脱离现实，肯定当代美学注重现实问题研究的出发点是正确的，但把当前美学的现状作为美学的理想模式，否定和放弃建立美学学科的追求，从美学发展史的角度而言，无疑是一种倒退。视当代美学现状为"危机"的学者，不为当前的"美学热"所动，敏锐地发现其中的问题难能可贵，但把回到康德时代作为美学建设现代学科的路径，同样是一种倒退。

人类社会的任何进步和发展，总是在前人的基础上展开的。以康德为代表的 18 世纪欧洲现代美学，虽然存在诸多不足，但是把美学建设为现代学科的主张和努力却值得肯定。批判康德美学从而放弃把美学建成现代学科的追求，如同批判美本质问题从而放弃追求审美现象产生的原因一样，都是把婴儿与洗澡水一起倒掉了。反观当代美学，注重现实问题和不同领域的审美现象，较之传统美学脱离现实纯粹哲学思辨的研究是一个进步，但唯有解决了美的事物何以成为美的事物、美的事物何以能单凭形式引起人美感这样的美学基本问题，美学才有希望成为一门现代学科。

三 美学是否需要建构理论体系

当一个事物成为批判对象，人们的潜意识行为，通常是与之相背而行的。当代美学的现状就是这一规律的反映。有学者认为，"当前国际美学的变化不仅体现在表面上由沉寂向繁荣的转变上，而且体现在内容上由体系建构向问题探讨转变"①。这种与 18 世纪以来现代美学完全不同的特点，不仅为许多研究者所赞赏，而且他们把这种特点作为未来美学的特征。有学者提出，新的生产模式是以解决问题为目标的，而传统的知识生产模式是以建立理论体系为目标的，"模式二美学并不要求建构自圆其说的理论体系，而是以解决人们面临的审美困惑和艺术难题为目标"②。

持这种认识的人在肯定当代美学现状的同时，全面否定 18 世纪至 20 世纪之前的美学。德国沃尔夫冈·韦尔施写了一本书，原名叫 *Undoing Aesthetics*。韦尔施的"undo"，有人译作"重构"，有人译作"建构"，高建平解释说："我们知道，在电脑里按错了一个键，造成文件丢失，一个通常的做法，是按 ctrl + Z 键，这个操作就是 undo。做了这个操作后，页面上就回到了按错键以前的状况。……韦尔施想要 undo 的，就是这种 18 世纪发展出来的，包括从 17 世纪到 19 世纪，直到 20 世纪初年所盛行的美学。这是狭义的美学，现代学科意义上的美学。"③ 换言之，这些人理想中的美学，是鲍姆嘉通之前的美学，是以往被称为有"美学思想"而无美学学科和体系的美学。

对这种放弃建构美学理论体系的实践和主张，许多人提出了不同的看法。有学者指出："日常生活审美化像一把双刃剑，一方面把美学带入日常生活，另一方面又将美学贬为日常生活的琐碎细节和技术的阐释。"对当前美学现状的不满，导致新世纪以来关于美学如何复兴和重新定位的呼声不绝于耳，"回到康德"的呼吁反复出现。④

两种对当前美学现状的评价和对未来美学的设想，最终聚焦在康德身上绝非偶然。在美学发展史上，康德第一个以理论体系的形式，建立起对美学研究的阐释。如果说柏拉图创造了美学的理性研究，鲍姆嘉通创造了美学学科，康德则创造了美学理论体系。当前关于康德的争论，一个重要的分歧就是关于美学是否需要建构理论体系。

---

① 彭锋：《在争论中发展的当代美学》，《哲学动态》2009 年第 4 期。
② Zenko E.，Mode－2 Aesthetics［J］. *Filozofski Vestnik*，2007，（2）.
③ 高建平：《日常生活审美化与美学的复兴》，《天津师范大学学报》（社会科学版）2010 年第 6 期。
④ 周宪：《美学的危机或复兴?》，《文艺研究》2011 年第 11 期。

康德的美学理论，毫无疑问是围绕美的本质问题展开的，所以它的主题依然属于传统美学的范畴。康德的美学研究，总体而言是在艺术和思辨的原野上驰骋，很少涉及现实问题。康德的美学研究是其哲学体系的组成部分，正如一些研究者所言，判断力的作用只不过使自然概念向自由概念的过渡成为可能，"因此在未来形而上学中是毫无地位的"。这一切都是康德美学的不足，都可以作为被"undo"的成分。

但是，康德建构理论体系的做法，却与现代科学的发展相吻合。西方文艺复兴之后，宗教神学受到人们普遍怀疑，科学革命取得了一系列重大成就。然而各种力学的知识和理论基本处于"各自为政"的状态，显得有些杂乱无章。这时，牛顿用优美的数学语言，描述并统一了地面、天空的力学理论，创造了经典力学体系，在科学史上树起了一座丰碑。牛顿的胜利，也是理论体系的胜利。康德等现代哲学家建构理论体系的行为，正是跟随着现代科学的脚步展开的。

理论体系对于人类社会的作用，在于有利于人类认识的发展、保存和传递。以物理学为例，伽利略（Galiei）的落体实验，开普勒（Kepler）关于天体间引力的研究，惠更斯（Huygens）关于向心力的研究，正是借助于理论体系的形式，最终发展为牛顿经典力学，从而引发现代科学革命和各种自然科学体系的建立。人类认识的发展是一个永无止境的过程，理论体系的作用，就是为人类知识的生产提供一种保存和发展的平台。借助理论体系的形式，人们把不同时代不同个体取得的认识成果分门别类地组合成一个整体，使得后来者可以清楚地了解前人的研究成果，并在此基础上继续前行。如果说牛顿的成功在于"站在巨人的肩上"，那么理论体系就是他爬上巨人肩膀的梯子。

在美学研究方面，中国古代产生过许多伟大的"美学思想"，但却没有美学。按照一些学者的说法，中国"从来就没有出现严格意义上的模式一美学"。如果把不追求建立学科体系的"模式二美学"作为美学的理想模式，岂不是说不仅西方古代美学，而且中国古代美学也要优于西方现代美学？

诚如一些学者所言，中国本来没有体系性的美学。不仅美学，中国其他学科也少有系统的理论体系。理论体系作为一种工具，是西方文明对人类的贡献。中国传统的思维方法，强调从现实出发，认为现实世界处于不断的变化过程，任何认识都只具有相对的正确性。为了避免认识的僵化，中国先哲放弃了建立知识体系的做法，甚至提出"不立文字"的主张。从认识论的角度而言，中国传统文化的这种主张不无道理。理论体系容易造成认识僵化，然而理论体系对于人类文明发展的作用却要远大于这种危害。现代科学技术的飞速发展，与理论体系在科学研究、传播方面的作用密不可分。近代西方之所以发展迅速，近代中国之所以落后于西方，理论体系在其中扮演了重要角色。

当美本质问题被证伪之后，对以往以此为主题的研究进行反思和扬弃是必要的。但是，因批判现代美学而放弃建构美学理论体系的做法，却是又一次把婴儿同洗澡水一起倒掉了。审美是人的一种自然能力，审美现象充斥在人类生活的各个方面。因此，美学研究需要分为不同的层面。长期以来，美学研究一直存在混淆基础美学与部门美学区别的现象，甚至把部门美学当作美学的全部，作为美学的主流。这种状况有碍于美学的健康发展。

当前建立美学理论体系，需要从基础美学和部门美学两个层面进行。基础美学研究，重点是揭示审美现象产生的原因和机理，说明美的事物何以单凭形式引起人的美感，在此基础上研究总结审美现象产生的一般规律，建构美学的基础理论。部门美学研究，是对诸如艺术、建筑、传播、教育等不同领域审美现象的分类研究，目的是认识和总结不同领域审美现象产生和变化的规律，建构各种不同的部门美学理论和部门美学。

美学是否需要研究主题，是否需要成为现代学科，是否需要建立学科体系，三个问题密切相关。有研究主题并加以解决是建立现代学科的基础，成为独立的现代学科才有利于逐步建立完备的学科理论体系。美本质问题被证伪，传统美学受到质疑，如何解决这些问题是美学转型的关键，也是当代美学的历史使命。否定和抛弃这些问题非常容易，但无助于美学的发展和目标的实现。

马克思主义与美学的现代转型*

我的研究领域是美学，对今天研讨会的主题（"新时代马克思主义中国化的研究现状与未来"）我缺乏深入的研究。不过马克思主义作为方法论，各种学科研究都要用到，美学也不例外。所以，我就用自己研究美学的体会，通过"美学的现代转型"这个话题，谈谈我对马克思主义中国化研究的一些粗浅认识。

一 美学的现代转型

美学界普遍认为，美学研究以18世纪为界，出现了划时代的变化。之前称为古代美学或传统美学，之后称为近代美学或现代美学。但是，对于什么是传统美学，什么是现代美学，美学界始终存在着两种不同的认识。一种认识是把这种划分仅仅理解为时间概念，认为18世纪之前的美学都是传统美学，18世纪以后的美学都是现代美学。另一种认为传统美学与现代美学的区别，虽然涉及时间因素，但时间因素不是主要的、起决定性作用的因素，根本的区别是研究目的的不同，以及由研究目的的变化引起的研究对象、研究方法和研究结果等方面的一系列变化，二者构成两种截然不同的理论体系。

什么是传统美学的研究目的？李泽厚在1989年出版的《美学四讲》中谈到美学的定义时说，目前中国最流行的观点就是"美学是研究美的

---

* 2019年陕西省社科界专题学术研讨会论文，获当年学术年会优秀论文一等奖。

学科"。在传统美学研究中，"美是什么"一直被看作美的本质问题，是美学研究首先必须解决的问题。传统美学最突出的特点，就是认为在现实生活中存在一个被称为"美"的东西，把寻找"美"作为美学研究的目的。

为什么 18 世纪被作为美学的分水岭呢？有两种说法，一种认为是 18 世纪中叶鲍姆嘉通为美学命名，使美学正式成为一门学科，并且把美学的研究对象确定为人的感性认识，把美学的研究目的确定为感性认识的完善。另一种认为是以夏夫兹博里、哈奇生为代表的英国经验主义美学，用生理学和心理学的研究方法研究审美活动，把近代美学研究引导到生理学和心理学的研究方向。鲍姆嘉通和英国经验主义美学，实质上改变了柏拉图以来古代美学的研究目的和研究对象。但是，这种转变是在具体研究的层面展开的，理论上并没有完全摆脱古代本体论美学的影响，仍然在想方设法回答柏拉图提出的"美本质问题"。

18 世纪之后，美学研究开始出现了对"美本质问题"的怀疑思潮。1903 年，威廉·奈德在其著作《美的哲学》的开篇，就十分沮丧地宣称："美的本质问题经常被作为一个理论上无法解答的问题被放弃了。"[1] 弗朗西斯·科瓦奇在《美的哲学》中提出："古希腊和中世纪的哲学美学家如柏拉图、亚里士多德、普罗提诺、奥古斯丁、托马斯·阿奎那等所有人都相信他们的感觉和理性，并对美的存在深信不疑，并不想到要为美的存在去提供任何证明，而这种态度在现代思想家那里突然消失了。"[2] 20 世纪 80 年代，朱狄在《当代西方美学》中写道："美的本质问题经过了二千多年的讨论，问题不但没有解决而且从客观上看，这一问题的解决反而显得愈来愈困难了。"[3] 怀疑"美"的存在的认识，起初只是零星出现的星星之火。但是一经出现，便为越来越多的人所认同，逐渐呈现出燎原之势，成为一种普遍的思潮。

对"美"的存在的怀疑尽管越来越普遍，但是还没有威胁到传统美

---

① 朱狄：《当代西方美学》，人民出版社 1984 年版，第 165 页。

② 思羽：《现代西方关于美的本质问题的不同看法》，载《美学》第 3 期，上海文艺出版社 1981 年版。

③ 朱狄：《当代西方美学》，人民出版社 1984 年版，第 141 页。

学的根基。真正对传统美学造成毁灭性打击的，是否定"美"存在理论的出现，这就是分析美学的出现。分析美学是一个"奇特"的美学派别，它对美学的影响不是在建设方面，而是在破坏方面。分析美学运用分析哲学的方法，认为一切命题都可以分为可证实的和不可证实的。可证实的命题，在现实世界有对应的物，是有意义的；不可证实的命题，在现实世界没有对应物，是无意义的。因为柏拉图曾说过，美的事物不是美。所以具体的审美对象不是美的对应物；说美是审美对象后面的共相，至今人们仍然不知道这共相存在于何处，以何种形式存在。由此可见，美在现实世界没有对应物，所以美本质问题是无意义的伪命题。

美本质问题是传统美学研究的基本问题，是传统美学赖以存在的基础。曾经有人提出，美本质问题被证伪，美学就失去了存在的基础。但从现代美学的角度看，美本质问题被证伪，否定的是传统美学的基础，并非美学的基础。美本质问题被证伪，标志着传统美学的终结，同时也为现代美学的发展开辟了道路。

美学的产生起源于现实生活中存在的审美现象。在现实生活中，一般情况下，人们只有得到功利需求满足才会产生快感，比如饥得食、渴得饮、寒得暖，等等。但是，当人们看到美的事物，没有得到任何的功利满足美感却会油然而生。为什么会发生这种奇怪的现象呢？这就是美学研究产生的原因。柏拉图认为，这种现象产生的原因，在于事物中存在一种他称为"美"或者"美本身"的元素，这种元素使得事物成为美的事物，引起人的美感，美学研究的目的就是寻找"美"。此后传统美学就一直沿着柏拉图指出的这条道路跋涉。传统美学研究目的被证伪以后，研究者开始重新审视审美现象，发现美的事物的共同特点是依靠形式引起人的美感，于是关于美物之所以美的原因的探讨，就转变为"美的事物为什么能够单凭形式引起人的快感"。怎样才能说明事物为什么能够单凭形式使人愉悦呢？人们认识到根本的路径在于说明审美现象发生的过程和机理。弄清了审美现象发生的过程和机理，自然就了解了美的事物为什么能够单凭形式使人产生快感的原因。

18 世纪之后，西方美学研究从古代对外部美的事物的关注，转向对审美过程中人体内部心理活动的关注，由此产生了移情说、距离说、积淀说等美学理论，尽管对审美现象发生原因的解释不同，但与传统美学的研究结果相比，它们有一个共同的特点，就是不再追求一个最终的具体的东西，研究者所追求和最终形成的解释是一种过程，通过揭示审美现象发生的过程来说明美感产生的原因和机理。从古代把寻找"美"作为研究目的，转变到现代把揭示审美现象发生的机理和规律作为研究目的，以及由此带来研究对象、研究方法等方面的一系列变化，这就是美学现代转型的标志。

二 马克思主义在美学现代转型中的作用

美学现代转型背后的实质是思维方式的变化。柏拉图为什么要苦苦寻找"美"呢？这与他所处时代的哲学观有关。古希腊人的思维方式，最突出的特点就是要寻找一切事物的本源（或"本体"），用亚里士多德的话说，就是要"寻求各种最初的根源和最高的东西"[①]。在古希腊，哲学家们普遍认为，世界由某种原质构成。比如，泰勒斯说"万物是由水做成的"；阿那克西美尼说"基质是气"；色诺芬尼"相信万物是由土和水构成的"；赫拉克利特认为世界"过去、现在和未来永远是一团永恒的活火"；等等。由现实中具体的事物推演出万物产生原因的观点，往往会产生明显的难以自圆其说之处，于是哲学家转而从抽象的事物中寻找出路，毕达哥拉斯认为是"数"，神学家们认为是"上帝"。与现代人不同的是，当时的哲学家们认为这些抽象的东西要比现实世界的存在更真实。罗素在《西方哲学史》中这样写道：因为数学"提供了日常经验的知识所无能为力的理想。人们根据数学便设想思想是高于感官的，直觉是高于观察的"，"很自然地可以再进一步论证说，思想要比感觉更高贵而思想的对象要比感官知觉的对象更真实"[②]。柏拉图就是这种哲学的代表。按照这种思维方式，柏拉图要寻找美的事物之所以美的原因，自然而然

---

① 北京大学外国哲学史教研室编：《古希腊罗马哲学》，商务印书馆1982年版，第234页。
② ［英］罗素：《西方哲学史》上卷，何兆武、李约瑟译，商务印书馆1982年版，第61—64页。

就认为是其中某种元素的作用，这样就把传统美学带入了两千多年的歧途。柏拉图这种思维方式在西方传统文化中一直占据主流地位，由于亚里士多德寻求各种最初的根源和最高原因的著作书名叫作《形而上学》，这种哲学理论就被称为"形而上学"，这种"形而上学"追求孤立不变的"本体"的思维方式也被称为"本体思维方式"。

传统美学植根于这种本体思维方式。美学的现代转型，从传统美学研究目的到现代美学研究目的的转变，首要的就是改变了这种思维方式。李斯托威尔在《近代美学史评述》序言中指出："整个近代的思想界，不管它有多少派别，多少分歧，却至少有一点是共同的。这一点也使得近代的思想界鲜明地不同于它在上一个世纪的先驱。这一点，就是近代思想所采用的方法。因为这种方法不是从关于存在的最后本性那种模糊的臆测出发，不是从形而上学的那种脆弱而又争论不休的某些假设出发，不是从任何种类的先天信仰出发，而是从人类实际的美感经验出发的。"①现代学术研究较之古代最突出的特点，就是任何结论都必须建立在事实证据和逻辑推理的基础之上，而不能想当然地臆测或者依靠不证自明的东西。

在西方哲学发展史中，虽然许多哲学家早就指出本体思维方式的不足，但是直到马克思主义哲学的产生，才终结了本体思维方式对西方文化的统治。马克思主义是西方传统哲学最彻底的批判者，也是西方现代哲学最富有成果的建设者。马克思在《〈政治经济学〉批判导言》中列举了两种不同的研究方法，即"抽象观念的演绎"和"具体规定的综合"。前者从抽象的概念开始，经过抽象过程，到达"越来越稀薄的抽象"，使得"整个现实世界都淹没在抽象世界之中"。这种方法是本体思维方式的普遍表现形式，也是宗教中各种神、哲学中各种"本体"产生的基础和根源；后者则从具体的现实出发，通过对现实发展过程的研究，掌握现实的多样规定性，进而综合出一个思维"整体"，达到对现实社会的理解和把握。

---

① ［英］李斯托威尔：《近代美学史评述》，蒋孔阳译，上海译文出版社 1980 年版，第 1—2 页。

恩格斯曾经分析以形而上学为特征的本体思维方式的特征及其产生原因，认为马克思主义与传统本体论哲学最根本的区别，"即认为世界不是一成不变的事物的集合体，而是过程的集合体"①。本体论哲学的错误，不在于其对世界本质的追寻，而在于其先验地认为有一个孤立的、无所不在的本体存在，万物皆从这个"本体"衍生出来；在于按照这种思维方式，用理论推理和臆测得出的种种空洞的结论。马克思主义把人类社会以及外部世界看作一个不断发展变化的复杂过程，把这个过程作为研究对象，把揭示和反映这个过程的规律作为研究目的的观点，体现出一种全新的哲学观和方法论。事实上，不仅美学现代转型依靠这种新的思维方式，现代各种自然科学和技术发展，都是遵循这样的哲学观和方法论展开的。现代科学发展的每一个新成果，无不是对事物发展规律的揭示，因而也无不是对传统本体思维方式的证伪和对马克思主义新的思维方式的肯定。

这里，我想提到一个有趣的现象，一个与马克思主义中国化研究密切相关的现象，这就是：马克思主义的思维方式，对于西方文化来说是对传统思维方式的扬弃，而对于中国文化来说却是对传统思维方式的回归。

中国古人通过对现实世界的反复观察，对世界形成了一个基本的认识，即世界是一个不断变化的过程。《易经》是有文字记载的中国文化的源头，是中国古代智慧的结晶。一部《易经》，可以用一个字概括，这就是"变"。西方人最初翻译《易经》，就把书名翻译成《变化之书》②。把变化看作世界的基本规律，强调从现实出发，与时俱进，构成了中国传统文化现实思维方式的基础。

孔子曾经编纂《易经》等传统古籍，深得其中的精髓。《论语》记载："子不语怪力乱神。"孔子为什么不愿意谈论"怪力乱神"？因为这些对象不是现实的存在，而是人的思维的产物。庄子概括孔子这种思维方

---

① 《马克思恩格斯选集》第 4 卷，中共中央编译局编译，人民出版社 2012 年版，第 251 页。
② 《光明日报》2007 年 11 月 29 日第 10 版。

式说:"六合之外,圣人存而不论。"①"六合",指东西南北上下之中,即人的感官所能触及的范围,也就是现实。对于现实之外的问题,诸如鬼神等,既不能证明其存在,也不能证明其不存在,怎么办呢?孔子的态度是:"多闻阙疑","多见阙殆"。即对于听到见到但却说不清楚的问题,先"存而不论",保留下来,不忙下结论,等到有了证据能说清楚的时候再说。孔子说:"知之为知之,不知为不知,是知也。"所以,他不但于"六合之外"存而不论,"即六合之内,也有存而不论的"②。不惟孔子不相信鬼神的存在,在孔子同时代的人中,持同样认识的大有人在。中国古代为什么没有产生宗教,主流文化中这种对待鬼神的认识是根本的原因。两千多年前,人类的认识能力还无法解释各种自然现象,鬼神的产生是人类认识发展的普遍结果,世界各种文明大多如此。为什么孔子及其中国古代圣贤会有如此的远见卓识呢?原因就在于他们的思维方式。中国古代,诸学并起,为什么儒学最终会成为中国传统文化的主流呢?以往许多人认为是汉武帝"罢黜百家,独尊儒术"的结果。这有点夸大了汉武帝的作用。为什么后代不接受秦始皇焚书坑儒的主张,却接受了汉武帝的主张呢?根本原因还在于儒学本身,在于儒学先进的思维方式,即"现实思维方式"。

中国历史上,大体而言,唐代以前现实思维方式在社会中居主流地位,此后本体思维方式逐渐占了上风。究其原因,一是从汉代起,儒学逐渐被统治者神化,人们在盲目遵从先儒教诲的同时,却淡忘了其基本的思维方式,违背了其基本的精神,于是走到了儒学的反面。二是外来文化的影响。历史学者张岂之指出,佛教给中国文化带来"本体"观念,"这样的思维方法被宋代理学家程颢、程颐和朱熹所吸取和改造,并使之与儒家和道家的思想相融合,认为'天理'(道德的精神化)才是世界的真实本体"③。近代以来,西方各种学说全面进入中国,由于对本民族思维方式研究的缺失,中国传统的现实思维方式进一步式微,西方本体思

---

① 庄周:《庄子·齐物论》。

② 杨伯峻:《论语译注》,中华书局 1982 年版,第 9 页。

③ 张岂之:《中国人文精神》,西北大学出版社 1997 年版,第 111 页。

维方式逐渐占据主流地位。随着马克思主义传入中国，马克思主义的思维方式与中国传统的现实思维方式"一拍即合"，进而，促进了中国传统文化中现实思维方式的回归。因此，中国人比西方人更容易接受马克思主义哲学。

美学现代转型是一个在黑暗中寻找出路的过程，完全是"摸着石头过河"。在这个过程中，西方美学的主要贡献在于对传统美学的证伪，但是证伪传统美学以后却难以走出本体思维方式的桎梏。心理学美学曾经兴盛一时，但是由于仍然把寻找"美"作为目的，最终无果而终。心理学美学之后，西方美学找不到建构现代美学体系的方向，于是转向具体的社会话题，诸如文化批判、艺术批评、环境美学、身体美学等等。相反，中国的美学研究虽然是后来者，美学在中国的发展也不过只有短短的百年之余，但在现代美学体系建构上却显示出后来居上的趋势。中国美学的发展，马克思主义的思维方式居功甚伟。

三　加强马克思主义中国化研究的思考

依靠马克思主义的思维方式，中国美学取得了长足的发展。但与此同时，美学研究的实践也表现了在中国马克思主义研究中的一些问题。

（1）在中国美学研究中，长期存在着一种现象，这就是打着马克思主义的旗号，却违背马克思主义基本精神，违背马克思主义思维方式。新中国成立以来，美学研究者几乎人人自称马克思主义者，但是20世纪的中国各种美学理论，却无不属于"本体美学"的范畴。2001年，陈望衡出版了一部著作，介绍中国美学的各种流派，书名就叫作《20世纪中国美学本体论问题》。直到今天，一些以"马克思主义理论研究和建设工程重点教材"名义编写的美学教材，依然把"美本质问题"当作研究的重点，依然在传统美学的领地徘徊。

（2）在美学研究中，违背马克思主义思维方式的另一种表现，就是不关注现实生活中具体的审美现象，而是从马克思主义创始人的著作中，为柏拉图本体思维方式臆想出来的"美本质问题"寻找答案。这样的研究，表面上看都是在马克思主义的名义下进行的，甚至结论都是来自马克思主义创始人的著作，但实质上却是违背马克思主义基本精神的。这样的研究，无助于现实问题的解决，无助于美学的发展，而且，极大地损害了马克思主义的声誉。

（3）事实上，这种打着马克思主义的旗号，违背马克思主义思维方式的现象，不仅仅发生在美学领域，在当今包括马克思主义研究在内的各种社会科学研究领域都普遍存在。

马克思主义的思维方式，是通过对具体问题的阐释体现出来的，这一点的确增加了学习和掌握这种思维方式的难度。恩格斯很早就认识到这一点，并且明确地指出："口头上承认这个思想是一回事，把这个思想具体地实际运用于每一个研究领域，又是另一回事。"① 因此，对于新时代马克思主义中国化的研究，我认为应该重视以下这些方面建设。

（1）加强对马克思主义思维方式的研究。总结马克思主义中国化的实践成果，形成现代学术形式的表达，以便于人们学习掌握。

（2）加强对中国传统文化的研究。中国传统文化在思维方式和价值观方面，与马克思主义有相通之处，这种"共通性"有利于促进马克思主义中国化的表达，有利于促进马克思主义融入中国文化。

（3）加强对人类思维方式的研究。有比较才有鉴别，各种思维方式的比较，有利于加深对马克思主义思维方式的认识，彰显其在人类思维方式中的先进地位。

（4）研究当前社会科学领域以马克思主义名义存在的各种非科学的思维方式的表现，帮助人们认识和纠正这些行为，推动新时代马克思主义中国化研究的健康发展。

---

① 《马克思恩格斯选集》第4卷，中共中央编译局编译，人民出版社2012年版，第251页。

第二部分

现代美学基础理论建构

论审美在人生命中的意义[*]

审美作为一种社会现象，广泛地存在于人类生活之中。感受自然山水的神奇，聆听丝竹管弦的幽妙，欣赏俊男靓女的丽姿……这些活动突出的特点，就是通过欣赏事物的形象使人获得愉快的感觉。考古资料表明，人类从事审美活动的历史几乎与其自身的历史一样悠远。在现代社会，人们对美的追求依然有增无减。审美在人的生命中有着什么样的特殊作用，为什么经过数万年的进化，人的审美能力和审美爱好不仅没有减弱，反而愈益增强了呢？本文试从三方面加以探讨。

一　审美是人天生的一种能力

人类从事审美活动的能力——通过观赏事物形象获取快感的能力——是先天具有的还是后天形成的？大量的事实和研究结果支持这样的结论：审美是人天生的一种能力，但后天的生活（或学习）使这种能力得到增强，并使其与之联系的对象不断丰富和变化。

审美活动的感受器主要是视觉系统和听觉系统，其中尤以视觉系统为甚。在人脑获得的全部信息中，大约有95%以上来自视觉系统。作为审美活动的感受器，眼与耳既然接受的是一定范围内的光波和声波，自然存在使其舒服与不舒服的光波段和声波段。譬如，当声压达到125—130分贝，人耳就会产生痛感，如果长时间保持这种状态，将会使听力机

---

　　* 原刊于《山东医科大学学报》（社会科学版）2000 年第 2 期。

制受到损伤。因此，电焊的弧光永远不能作为焰火观赏，铁铲刮锅的声响也无法成为迷人的音律，这是人先天的生理结构决定的。

观察初生的婴儿，在两个月左右，气球之类的颜色物体会引起他们的注意，观看中他们会露出喜悦的神态。若婴儿再稍大一点儿，大人用各种面部表情的变化，会逗得他们咯咯发笑。医学研究表明，婴儿在这个时期是没有联想能力的。那么，他们的感情变化自然来源于直觉，来自从外部事物形象中获得快感的先天本能。

实验美学家发现，儿童大多喜爱鲜艳的色彩，如红色。一个先天盲人，当医生割去障膜，第一次睁眼看世界，见到红色就感到兴奋，见到黄色则头晕。

考古学家发现，距今一万七千年的山顶洞人装饰物的穿孔里，几乎都涂着红颜色，尸体旁也撒着红粉。很显然，红色受到他们特别的注意。古典文学研究者发现，古希腊著名的荷马史诗中，有"红"字和"黄"字，"青"字的意义较暧昧，没有"蓝"字。文字学家发现，许多野蛮民族的语言中，只有"红"字和"黄"字，没有"蓝"字，"青"字很少见。从某种意义上看，儿童和人类早期这种共同的特点，反映了人先天生理结构对颜色的好恶。

这些现象表明，人不仅天生具有从外部事物形象中获取快感的能力，而且这种能力从一开始便有具体的趋向；人体先天的接受能力是审美活动的基础，既为审美活动提供条件，又规定和制约着审美活动发展的范围。当然，这样说丝毫无意于贬低后天社会生活在审美中的作用，社会生活始终是审美心理形成的重要因素，在审美活动中具有关键性的作用。但是，只有弄清审美与人体先天结构的联系，才有利于了解社会生活如何对人的审美活动发生影响，才能真正理解审美在人生命中的意义。

二 审美是人生的重要组成部分

人类从事审美活动的滥觞，可以追溯到亚当和夏娃遮羞的树叶。但从实际时间看，要远远早于此前。迄今为止，考古学发现的艺术作品，创造在欧洲和亚洲冰河期的晚期，距今三万两千年至一万两千年左右。

这些艺术品包括石质的、骨质的、象牙的、泥土的圆雕、浮雕，以及在这些材料上刻画的各种符号。它们是在 19 世纪以来被陆续发现的一些原始洞穴中保存下来的。按照事物发展的自然规律，人类从事审美欣赏要先于审美创造，那么，人类从事审美活动的时间要远早于这些艺术品的诞生时间。

人类审美活动不仅历史悠久，而且相当普遍。可以说美的形象是人终其一生的追求。然而，如果把能引起美感的审美活动称作有结果的审美活动，那么，生活中还有较之有结果的审美活动不知多出多少倍的无结果或弱结果的审美活动。可以说，人生凡是对事物形式的观照都涉及审美，都是在一定审美观的指导下进行，都是要寻找最能令人愉悦的形式。比如人们每日的着装。穿什么样的衣服，必然有个选择。按照什么样的标准或目的进行选择呢？除了冷暖之类的实用性，一个很重要的目的，是要得体、好看。怎样才算得体、好看呢？这就要靠审美标准来判断、来决定。这个过程，虽没有强烈美感的产生，但却是在审美标准指导下的对事物形式的选择、欣赏，因此，它仍然属于审美的范畴。与此类似的活动可以说充斥于我们的生活中除睡眠以外的每一刻。又如外部各种信息的输入都会给我们以印象，不管舒适与不舒适，愉快与不愉快，甚或无所感觉，它们都是观照的结果，都体现了外部事物形象与我们情感的联系，都与我们的审美心理相关，因而都属于审美的范畴。

与审美欣赏相类似，在审美创造上，以往人们多注重社会上较有影响的审美创造，而忽视了一般意义的审美创造。决定事件性质的是事件的过程本身和人们从事这件事的目的。人们说一个书法家挥毫泼墨是审美创造，而不说他唱歌是审美创造，同否定一般人写字是审美创造出于同样的原因，是从社会效果的角度进行划分，而不是从审美研究的角度观察。从审美研究的角度看，它们都属于审美创造。

典型的审美欣赏和艺术家的审美创造，是审美活动最闪光的部分。把典型的、效果突出的审美欣赏和审美创造作为关注对象是必要的，但是如果忽视了一般的、更广泛地充斥人类生活每一时刻的审美活动，就难以找到审美活动的真正规律，甚至不能真正认识审美在人生活中的地位，从而无法认识审美活动和审美研究的意义。

生活中大量的无结果的审美活动，不仅为以往审美研究者所忽视，而且人们在从事这类活动时也完全是自发的、本能的和习惯的。充分地关注这类审美现象，是美学研究的需要；帮助人们认识这些活动的本质，把自发的、习惯性的行为变为自觉的、主动性的行为，从而有意识地按照美的规律改造世界，更是美学研究者义不容辞的责任。

总之，无论从人类历史的角度，还是从个人人生的角度，审美都是人生重要的组成部分，对人生有着十分重要的意义。

三 审美对人生命的作用

按照进化论的观点，人早期是有尾巴的，只是因为生存方式从树上转到地上，直立行走后，尾巴失去了作用，才逐渐退化的。物竞天择，适者生存，这是大千世界的进化规律，不但不同物种之间如此，肌体的功能亦如此。然而，为什么经过数万年的进化，人的审美能力和审美爱好反而愈来愈增强了呢？答案只有一个：审美在人生命中有着特别重要的作用。

首先，审美是人生命中的内在需求。大凡生物，均有适悦与不适悦感，并且总是趋向适悦而逃避不适悦。这种特性可以追溯到没有神经系统的单细胞原生动物。草履虫遇到盐而纷纷躲避，因为不适悦；遇到氧气和弱酸则纷纷趋近，因为适悦。大约一百年前，德国著名生物学家恩斯特·海克尔（Ernst Haeckel）就指出，在原生动物那里，"我们就发现了喜与厌这种基本情感"，这"表现在它的所谓向性上，向光或向暗，向暖或向寒，表现在对正负电的不同反应上"。[1]

追求快感和逃避痛感是生物体的基本特性，也是生命存在的基本条件。如果蚂蚁在爬向熊熊烈火的途中，没有灼热的不适感促使其掉转方向，蚂蚁就不可能生存到今天。当肌体需要补充营养，如果没有不适感督促生物千方百计获得食物，生命就会在不知不觉中倒下。不适感阻止有害生命的行为发生和继续，愉悦感则促使和鼓励人们从事有利于肌体

---

[1] 刘骁纯：《从动物快感到人的美感》，山东文艺出版社 1986 年版，第 34 页。

健康和物种繁衍的活动。美味的快感诱使人们"食不厌精，脍不厌细"，使肌体得到充足的营养；交媾的快感使生物奋不顾身，甚至如雄螳螂那样的献身者，当播撒生命的种子于雌性体中，即刻甘心情愿成为对方的口中之物——从而保证了生命的延续。

在追求低级需要的过程中，追求适悦和逃避痛苦一起，构成生命运动的动力和生命存在的保障；在追求高级需要的过程中，愉悦感则不仅成为生命运动的主要动力，而且成为生命运动的目标。美国著名心理学家马斯洛（Maslow）指出，人的需要分为低级需要和高级需要两种。低级需要是生命体存在的基本条件，如食欲、性欲、安全感等；高级需要是在低级需要的基础上产生的，它不像低级需要那样迫切，不容易被察觉，如成就感、爱等。低级需要更多的是生理需要，高级需要则更多的是心理需要。当温饱问题解决以后，人不是为了饥饿而进餐，而是为了舒服可口；千里迢迢奔波不是为了寻找什么利益，而是为了在旅游过程中得到快乐；甚至交媾也不再是为了生儿育女、传宗接代，而是为了快乐。有人说，把交媾的目的变为追求快乐，是人类的一大创造。的确，这在生物界是唯一的，但并非是始终如一的，它依然是进化的结果。然而，这种典型的变化，却使我们可以领略到人与其他生物生存目标的不同，可以感受到追求适悦逃避痛苦这一生物基本特性在人生高级阶段作用的变化。

人生的高级阶段，追求快乐成为生命的显著特点。低级需要满足引起的快感，是生理性的，虽然在强度上要高于因心理满足而带来的快感，但却不能持久，且容易因过度满足而走向对立面；高级需要是心理需要，由此产生的快感，"能引起更合意的主观效果，即更深刻的幸福感、宁静感，以及内心生活的丰富感"[1]，高级需要几乎是无限的。

审美活动是人通过欣赏事物形象获得快感的活动，是生理性和社会性的高度统一。审美活动的满足不仅是人的生理需要，更多的是人的心理需要，所引起的美感，具有高级需要得到满足所产生的快感的一切特征。因此，随着社会的发展，人类的审美活动逐渐从自发走向自觉，人

---

① ［美］马斯洛等：《人的潜能和价值》，华夏出版社 1987 年版，第 202—204 页。

们对审美的需要愈益强烈，审美在人生命中的作用也就愈加重要。

其次，审美有益于人体健康。中医传统理论认为，人的情志不舒则生郁，肝郁则气滞，气滞则血瘀。一旦肝郁、气滞、血瘀，人就可能患病。为什么人的精神状况会影响到生理状况呢？1991 年公布的由中国中医研究院基础理论研究所完成的"肝郁气滞血瘀的临床和实验研究"成果证明，其原因在于，人在这种情况下，高级神经活动紊乱，交感性中枢及外周特异通路的调节反应出现故障，心肌电活动异常，肾上腺皮质结构出了问题，一些细胞内最基本的调节机制平衡失调，血液出现浓、粘、凝聚状态。总之，精神的压抑导致免疫调节系统出现紊乱，从而使机体出现病变。① 审美活动因为可以使人产生愉快的感觉，因而有利于改变人的情志不舒、精神压抑的状况，从而有助于人的身体健康。中国民间历来有"笑一笑，十年少"的说法，这是人们从生活中得出的经验。现代医学研究证明，大脑愉快的神经活动会引起激素分泌、肌肉运动和植物神经系统的变化。这些变化可以减少与紧张有关的激素产生，同时增加免疫系统的调节能力，也可以增加各种抗感染、抗细菌和抗癌细胞的能力。这些研究成果，为审美有益于人体健康作了科学的说明。

事实上，人们在积极从事审美活动的同时，很早就有意识地运用审美规律来达到自己的目的。医生和心理学家发现，颜色与人的情绪甚至健康有着十分密切的关系。法国色彩协会通过实验证明：人在红色房间心跳每分钟要增加 17 至 20 次，在黄色房间脉搏处于正常，在蓝色房间脉搏每分钟减少 4 至 8 次。法国心理学家古尔德斯坦经过多次实验，得出如下结论："凡是波长较长的色彩，都能引起扩张性的反应；凡是波长较短的色彩，都能引起收缩性的反应。"② 根据这种规律，美国 1500 家感化院和医院，建立了不同颜色的病房，用于治疗歇斯底里病患者。加拿大一些牙科诊所，在墙上涂上蓝色，以便减轻患者的紧张情绪。③ 伦敦泰晤士河上有一座布莱克弗顿尔桥，有一段时间在这里跳河自杀的人比附近任

---

① 《保持正常情志，身体才能健康》，《光明日报》1991 年 1 月 13 日。

② ［法］古尔德斯坦：《关于色彩对机体影响的实验报告》。转引自阿恩海姆《艺术与视知觉》，载（美国）《职业病治疗与恢复》1942 年第 21 期，第 147—151 页。

③ 《颜色能治病》，《人民日报》1991 年 12 月 1 日。

何一个桥上的都多。后来心理学家指出，是黑色油漆的桥身加重了人悲观厌世的心理，建议改成绿色。颜色一变，果然奏效，在那里自杀的人数锐减了三分之二。① 北京军区总医院理疗科副主任周万春采用音乐疗法治愈了大量的患者，她在接受采访时对记者说，早在埃及时代，就称音乐为"灵魂之药"，我国古代也有"以戏代药""乐疗"等做法。② 众多的事实证明，美的环境不仅可以使人心情愉快，而且可以免除许多坏情绪和疾病的干扰，对人体健康有着十分有益的作用。

现代社会，人类在探索外部世界的同时，越来越注意把目光转向自身。这除了出于对人自身的关切，还在于越来越多的科学事实似乎在反复印证古希腊哲学家普罗泰戈拉（Protagoras）的那句名言："人是万物的尺度，是存在的事物存在的尺度，也是不存在的事物不存在的尺度。"③审美活动正是如此。只有深入地揭示审美心理形成和变化的规律，才能弄清审美活动的奥秘；同时，随着对审美心理形成和变化规律认识的加深，人们将会更进一步深刻认识审美在人生命中的意义。

---

① 《颜色与心理》，《中国青年报》1991 年 3 月 7 日。

② 《音乐如何能治病》，《人民日报》1987 年 8 月 14 日。

③ ［英］罗素：《西方哲学史》上卷，何兆武、李约瑟译，商务印书馆 1982 年版，第 111 页。

论审美发生[*]

研究审美发生的机理，就是要弄清楚在什么条件下，由于什么原因，通过什么方式，一般事物就变成了审美对象，一般情感就具有了审美情感的性质；在审美过程中，美的事物为什么能单凭形式引起人的快感。本文综合前人的研究成果，根据现代神经生理学和心理学等相关学科揭示的人体活动规律，对此加以探讨。

一　两种不同类型的审美对象

两千多年来，审美研究普遍追求所谓的万美之因，这实际上是基于审美发生只有一种机制的前提。按照这种思维方式，人们把所有美的事物产生的原因，归结于某一种同样的因素，如柏拉图的"美本身"、古希腊的"平衡对称"、现代的"典型""自然的人化"等。但是，这种判断忽视了一个基本的事实：如果众多的美的事物引起人美感的原因属于同一种因素，那么这些事物引起人美感的方式必然是相同的，然而审美实践并非如此。

很早以前，人们就发现美的事物引起人美感时具有不同的特点。18世纪英国美学家哈奇生最早尝试对美的事物进行分类。哈奇生把美分为本原的（或绝对的）和比较的（或相对的）两种。[①] 哈奇生的绝对美，

　＊　原刊于《人文杂志》2001 年第 5 期。

　①　北京大学哲学系美学教研室编：《西方美学家论美和美感》，商务印书馆 1982 年版，第 97—98 页。

指的是从一个对象自身看出来的美；相对美则是拿一个对象与其他对象比较才看出来的美。关于"绝对美"，哈奇生举出"和谐"和"声音"。关于"相对美"，哈奇生显然主要指模仿性艺术的美。

伏尔泰（Voltaire）和狄德罗（Diderot）先后也对审美对象进行了分类。伏尔泰指出：有两种类型的美，一种是不定的、相对的，另一种则是普遍的、不变的。表面上看，这种说法与哈奇生的"绝对美"和"相对美"类似，其实不然。伏尔泰的"相对美"实际指的是一般意义上的审美对象，"普遍的美"则指善的事物。① 狄德罗将美的事物分为"实在美"和"相对美"两种，其划分标准主要从其"关系"的概念出发，即在一个事物中见出关系的属于"实在美"，与其他事物比较见出关系的属于"相对美"。②

康德把美的事物区分为自由美和附庸美两类。他认为，真正的美应该是无条件的、纯粹的；但是他也发现，生活中大量的美的事物是有条件的、不纯粹的。因此，他以自由美与附庸美对二者作了划分。"有两种美，即自由美和附庸美。第一种不以对象的概念为前提，说该对象应该是什么。第二种却以这样的一个概念并以按照这概念的对象的完满性为前提。第一种唤做此物或彼物的（为自身而有的）美；第二种是作为附庸于一个概念的（有条件的）美，而归于那些隶属一个特殊目的的概念之下的对象。"③ 康德的划分与哈奇生的划分有某些相似之处，有些不过是表述方式不同而已。但是，康德关于审美不涉及利害关系的观点，却使人从他的划分中看到了更多的东西。

当代美学研究中，一般倾向将审美对象分为"社会美"、"艺术美"和"自然美"。李泽厚指出："所谓社会美，一般是从形式里能看到内容，显出社会的目的性。在合目的性和合规律性的统一中，更多表现了一种实现了的目的性，功利内容直接或间接地显现出来。其实也就是康德所

① 北京大学哲学系美学教研室编：《西方美学家论美和美感》，商务印书馆 1982 年版，第 124—125 页。

② 北京大学哲学系美学教研室编：《西方美学家论美和美感》，商务印书馆 1982 年版，第 129 页。

③ ［德］康德：《判断力批判》上卷，宗白华译，商务印书馆 1965 年版，第 67 页。

讲的依存美。但还有大量看不出什么社会内容的形式美、自然美，也就是康德讲的纯粹美。"①

　　总之，现实生活中存在两类不同的审美对象，它们在激发主体美感的过程中表现出不同的特点。一类可以直接见出功利作用，一类见不出（或很难见出）功利作用。不同的结果往往有不同的原因，不同表现形式的审美对象，其产生过程必然存在差异。因此，研究审美发生机制，必须把两类审美对象分别加以研究。

二　关于可以见出功利作用的审美　对象的产生原因和过程

　　两千多年来，对审美发生原因的研究，主要集中在可以见出功利作用的审美对象上。在这些探索中，最值得提起的是美起源于功利说。古希腊是审美研究的滥觞时期，人们对许多事物的认识还仅仅停留在直觉阶段。在这个时期，人们普遍认为，美与善同一，之所以引起人的快感皆源于功利。随着研究的深入，人们逐渐认识到美与善毕竟不是一回事。到了18世纪末，康德明确提出美只与形式有关，而不牵扯任何利害关系——功利。但是，康德留了一个尾巴，即"对象的表象里的合目的性而无任何目的"。黑格尔关于"美是观念的感性显现"也具有同样的色彩。他们都观察到审美与对象的性质、内容无关，但又感觉到其符合了某种功利目的。不过，相当多的人仍然直截了当地表示，美与功利有关，美起源于功利。在持这种观点的人中，鲁迅先生的表述最有代表性："在美的愉快的根底里，倘不伏着功用，那事物也就不见得美了。"②

　　既然审美起源于功利，审美过程又不涉及功利，那么功利是怎样通过形式体现出来进而又引起人的快感，就成了研究的焦点。围绕这个问题，就有了"回忆""象征""积淀"等说法。

　　"回忆说"认为，对象之所以引起人的美感，在于它唤起了人相关的

---

　　①　李泽厚：《美学的对象与范围》，上海文艺出版社《美学》1981年版第3期。
　　②　鲁迅：《鲁迅全集》第4卷，人民出版社1981年版，第63页。

情感回忆。但是，"回忆说"有一个致命的弱点，就是与审美体验不相吻合。因为在审美中，人们是不用思索的，而回忆属于意识活动，需要思维。

"象征说"认为，事物之所以引起人的美感，在于它的象征作用。黑格尔和费舍尔都有相关的论述。象征作用是怎样引起人的美感的，黑格尔倾向于唤起，① 这与"回忆说"相似；而费舍尔则认为，"审美活动不仅只是主观的感受，而是把真正的心灵的感情投射到我们的眼睛所感知到的人物和事情中去"②。这种见解形成了在近代美学很有影响的"移情说"。然而，不论是"唤起"还是"投射"，"象征说"仍然面临着一个问题：事物的意蕴是如何存在于形象之中并引起人的快感的？

"积淀说"是对于情感或意蕴如何存在于事物形式之中的说明。李泽厚先生扬弃了心理分析学派的神秘色彩，加以实践本体论的改造，提出了"积淀"理论。他认为，"审美心理结构就是一种共同人性，是人类历史积淀的成果"③。"积淀"理论把美感产生的原因归结为社会生活在人心理上的积累沉淀，这与人们的生活体验相吻合。但是，这种"积淀"的过程是怎样完成的，即事物的内容如何积淀到形式中，仍然是审美发生研究必须解决的问题。

在审美研究中，人们最初把注意力集中在外部对象上，但是种种迹象表明，单纯从对象身上寻找其引起人美感原因的路子是走不通的。于是人们纷纷把目光转向审美主体，探讨在由功利物到审美对象的发展过程中，主体发生了什么变化，是否因为主体的变化才导致客体的样子能够引起原来功利作用所引起的快感。这种探索把生理学和心理学引入审美研究。

在 20 世纪以前，对于被称为"精神"的高级神经活动，人类的认识几乎是一片空白。20 世纪初，随着巴甫洛夫（Павлов）"高级神经活动学说"的建立，人类的视野才开始透进这座神秘的宫殿。现代神经生理

① ［德］黑格尔：《美学》第 1 卷，朱光潜译，商务印书馆 1979 年版，第 170 页。

② ［英］李斯托威尔：《近代美学史评述》，蒋孔阳译，上海译文出版社 1980 年版，第 43 页。

③ 李泽厚：《美学的对象与范围》，上海文艺出版社《美学》1981 年版第 3 期。

学告诉人们，精神活动是以"反射"的形式进行的，它分为两类：一类是"无条件反射"，也就是先天的本能；另一类是"条件反射"，是后天形成的。前者如我们吃葡萄感觉到酸，后者如看到葡萄感觉到酸，后者是在前者的基础上形成的。"我们一切的培育、学习和训练，一切可能的习惯都是很长系列的条件反射。"[①]

按照神经生理学的划分，事物由功利物发展为审美对象的过程是一种条件反射的形成过程。在欣赏对象作为功利物的阶段，例如普列汉诺夫（Плеханов）研究的原始"狩猎胜利品"，是以食物的象征、荣誉的象征引起人快感的。在这个过程中，人首先通过视觉器官（眼睛）把关于"狩猎胜利品"的信号输入神经系统，这个信号"沿着神经纤维进行，像沿着电线一样"，首先到达大脑皮质上的视觉区，再由视觉区到达主管这类功利象征的区域，由于满足了主体的功利需求，主管功利象征的神经区便向主管快感的神经中枢发出信号，快感神经中枢收到信号后，发出指令，从而引起人愉快的感觉。

初期阶段的快感由功利象征意义引起，为什么后来却能单凭事物的样子即可引起同样的感觉呢？神经生理学家是这样解释的："无条件刺激物或确实形成的条件物在发挥作用的时候，大脑皮质的一部分会进入于活动状态（这就是中心部），而同时也发生作用的新异动因（外来刺激）的刺激也会向活动中的无条件刺激物或确实形成的条件物有关的皮质活动部（中心）进行，在无条件刺激物（或确实形成的条件刺激物）与新异动因同时应用若干次以后，新异动因的刺激向无条件刺激物（或确实形成条件的刺激物）有关的大脑皮质中心部的道路就会拓通了。其结果是，只应用该新异动因而不应用无条件刺激物，也会引起与应用条件刺激物的效果相同的作用。"[②] 在对狩猎胜利品的欣赏中，由于功利象征作用在快感神经中枢形成兴奋"中心"，同时和随后到达视觉神经区的信号便向这个"中心"集中，从而在二者之间开拓出一条通道。欣赏活动反

[①] ［俄］伊凡·巴甫洛夫：《大脑两半球机能讲义》下册，戈绍龙译，上海医学出版社1955年版，第318页。

[②] ［俄］伊凡·巴甫洛夫：《大脑两半球机能讲义》下册，戈绍龙译，上海医学出版社1955年版，第455—456页。

复进行，使得这个联系通道稳固下来，这时进入大脑的事物样子的信号，便可不经过主管功利象征作用的神经区域，而直接到达快感神经区。这样，单凭事物的样子便能够起到与功利象征意义同样的作用，引起人的快感。

由此我们对可以见出功利作用审美对象的形成原因和过程就有了如下的认识：这类审美对象的前身都是功利物，其功利作用引起了人的快感；在长期的欣赏过程中，事物的样子在人大脑皮质上的视觉区与快感区之间建立了新的直接稳定的联系；当这种新的联系通道建立以后，人们看到事物的样子便会产生原本由功利作用引起的快感。大脑皮质上事物样子在视觉区与快感区之间新的联系通道的建立，标志着欣赏活动由功利欣赏上升到审美阶段，功利物成为审美对象，由此产生的快感也就成了美感。

三　关于见不出功利作用的审美对象产生的原因和过程

自然景物何以成为审美对象，当前我国美学界流行的解释是"人化的自然"。但是，"人化的自然"把美感产生的前提与美感产生的原因等同起来了。老虎关在笼子里可以成为审美对象，一个人在山林中遇到它，谁也难对它产生美感；相反，癞蛤蟆虽然没有威胁性，人却难对它产生美感。所以，危害性的消失只是审美关系形成的前提而非原因。

人类学家发现，原始人生活在满山遍野的花丛中，但他们却从不用花草装饰自己。在原始绘画中，基本没有花草的位置。在现代社会，城市人喜欢养花种草，居住在自然花草之中的山民却没有这种雅好；城市人以欣赏自然山水为乐，乡下人似乎更喜欢都市风光。假如自然景物自身是美的，为什么身居其中的人反而感觉不到，反倒是那些外来者却能深得其中之趣呢？

对此，普列汉诺夫认为在于人心理结构中的"对立原理"①。普列汉诺夫的研究表明，它的产生在人的心理—生理结构中有着深层的原因。他以此对这种现象作了理论说明。巴甫洛夫则认为，这种现象是生物的一种无条件反射，并将其命名为"新异反射"，又称为"求新本能"、好奇心理等。② 人类的好奇心可以从许多方面体现出来。周围突然发出声响，我们会迅速把注意力转向发声的地方。这是好奇心的最基本的表现，这种行为是人类在漫漫进化中能够生存下来的重要原因。直至今天，在科学研究中，在对大自然的探险中，以及对各种各样未知事物的探索中，好奇心依然给人们提供了生理学上的动力，因而在社会的发展中具有重要的作用。

对自然景物的欣赏是好奇心的一种表现形式。我们生活在什么环境中，对什么环境熟悉，这是由社会环境决定的。而由对这种环境厌倦，转向与之相反或相异的环境的喜爱，却是好奇心作用的结果。当然，任何美的事物的形成，都是多方面原因综合作用的结果。但是，自然景物之所以能成为美的事物，之所以能单凭形式引起人的快感，好奇心在其中起到关键性的作用。

在任何视觉对象中，颜色总是首先给人以印象，可以说颜色是美的事物的服装。颜色是什么？颜色是不同长短的光波在人的视神经系统的反映。颜色是人的一种生理感受，对颜色的好恶就必然受到生理原因的影响。如同人们对不同的温度有舒适与不舒适的感觉一样，人的视觉对不同的波长（颜色）必然也存在舒适与不舒适。实验美学家发现，儿童大多喜爱鲜艳的色彩，如红色；先天盲人割去障膜，第一次睁眼看世界，见到红色就感到兴奋；人类早期最感兴趣的颜色是红色。法国色彩协会通过实验证明：在红色房间的人，心跳每分钟增加17—20 次；在黄色房间，人的脉搏处于正常；在蓝色房间，脉搏每分钟减少4—8 次。法国心理学家古尔德斯坦经过多次实验，得出如下结论："凡是波长较长的色

---

① ［俄］普列汉诺夫：《普列汉诺夫美学论文集》第1 册，曹葆华译，人民出版社1983 年版，第331—332 页。

② ［俄］伊凡·巴甫洛夫：《大脑两半球机能讲义》上册，戈绍龙译，上海医学出版社1955 年版，第13 页。

彩，都能引起扩张性的反应；凡是波长较短的色彩，都能引起收缩性的反应。"① 因此，人类对色彩的欣赏与人体的生理结构有密切的关系。

格式塔美学最重要的意义，在于它把审美现象与人的心理—生理结构相联系的认识。早在 1912 年，惠尔泰墨通过实验得出结论：在暗室中如果两条光线先后出现的时间仅仅相隔十分之一秒的话，那么我们就会看到是一根线在运动。他把这称为"似动现象"，认为它本身就是一种完形，是大脑生来就具有的一种组织作用。电影电视的产生正是基于人体这一特点。格式塔学派进一步认为，事物之所以能引起人们的各种情感，就在于"事物运动或形体构造本身与人的心理—生理结构有相类似之处……微风中的柳树并不是因人们想象它是类似悲哀的，人才显得悲哀，相反，而是由它摇摆不定的形体本身，传达了一种结构上与人的悲哀情感相似的表现，人才会立即感知它是悲哀的"②。这种把审美对象引起人快感的原因，归结于对象形式与人的心理—生理结构相关的说法，与对自然景物和颜色的研究结果，具有共同的趋向。

种种迹象表明，审美现象的发生与人的深层心理结构相关。这就不能不涉及 20 世纪另一重大的心理研究成果——潜意识理论。关于潜意识的形成原因，目前理论界影响较大的有两种观点。一种是"本能压抑论"，以弗洛伊德为代表，将潜意识的形成归之于人先天的本能受到压抑。另一种是"文化积淀论"，主要代表人物有阿德勒（Adler）、荣格（Carl Gustav Jung）和霍妮（Horney），把潜意识的形成归结于后天的社会生活的积淀。

根据审美现象的实际研究看，潜意识的形成及内容，既有先天的，也有后天的；既有因挫折、压抑而形成，也有因为愉快的刺激而形成。类似于普列汉诺夫所研究的原始社会狩猎品之类的可以见出功利作用的审美对象，其形成原因在于在长期的欣赏过程中，事物的样子在人大脑皮质上的视觉区和快感区之间建立了直接的稳定的联系。这种新的神经

---

① ［法］古尔德斯坦：《关于色彩对机体影响的实验报告》，转引自阿恩海姆《艺术与视知觉》，载（美国）《职业病治疗与恢复》杂志 1942 年第 21 期，第 147—151 页。

② 李泽厚：《美学的对象与范围》，上海文艺出版社《美学》1981 年版第 3 期。

联系通道，就是一种后天形成的潜意识。类似于性、颜色、新奇感等无条件反射或本能，是另一类潜意识。很显然，它们是人通过先天遗传形成的。

审美现象中这些潜意识需求，不管它们是先天的还是后天的，有一个共同的特点，就是以欣赏外部事物的形象为满足条件。对这些潜在的需求特别是先天遗传和后天形成的生理性需求，人自身很难意识到，但它们作为人体活动的内在动力，却在不知不觉中支配着人的行动。当相关的事物形象满足了这种潜在的要求，人的神经系统就会产生愉快的感觉。但是由于这种需求是潜意识的，所以当其得到满足时，意识中并没有需求满足的信号，而只是感到莫名其妙的愉快。这种以事物的形状为满足条件的潜在需求的形成和作用，就是见不出功利作用的审美对象形成和此类审美活动发生的原因。

综上所述，审美发生的根本原因，在于人相关的心理—生理结构的形成。这种心理—生理结构有两种形成原因和存在形式：一种是在欣赏功利物的过程中，由于人体特殊的生理活动规律，使得大脑皮质上的视觉区与快感区之间建立了新的直接的联系，从而使得视觉信号——事物样子的信号——能够引起原本由事物功利性引起的快感。一种是在人的先天本能和后天生活中存在和形成了一类潜意识需求，这类需求以事物的形象为满足条件，当某种事物的形象满足了这种需求，人的神经系统便会因需求满足而产生快感。神经系统中这类视觉信号与快感相互联系的特殊的心理—生理结构形式，就是审美心理。审美心理的形成和作用，使相关的事物成为美的事物，使事物能够单凭形式引起人的快感，这是审美发生的基本原理。按照这种原理，分析和研究具体的审美现象和审美对象，弄清它们各自形成的原因和活动规律，是审美研究重要而繁重的任务。

论记忆型审美心理形成规律*

近代美学不同于以往研究的最鲜明的特点是它所采用的方法。这种自费希纳开创的"自下而上"的方法，把研究从对美本质的臆测、假设，转变到对审美经验的归纳分析上来，审美心理成为关注的焦点。但是，对审美心理的理解，至今仍然缺乏一个统一的定义。

在《论审美发生》①一文中，笔者把审美对象分为两种类型，并且指出：看得见功利的审美对象之所以能单凭形式引起人的快感，在于人们在欣赏功利物的过程中，事物的形式在人的神经系统视觉区和快感区之间建立了新的稳定的联系通道；看不出功利的审美对象之所以单凭形式能引起人的快感，在于这种形象满足了人先天的或后天形成的心理需求。人的神经系统中，事物形式在视觉区与快感区建立的这种联系通道和先天或后天形成的对一定形式的心理需求，就是审美心理。

审美心理分为两类。第一类审美心理，即事物的形式在人神经系统视觉区和快感区之间建立的新的稳定的联系通道。这种审美心理的形成，是主体与功利对象长期反复作用的结果，其实质在于事物的样子替代了事物的功利作用引起人的快感。这一类审美心理，按照神经生理学的划分，属于条件反射的范畴，是一种感情记忆。根据这一特点，我们将其称为记忆型审美心理。

第二类审美心理，即神经系统中先天或后天形成的对一定事物形式

* 原刊于《西安石油学院学报》（社会科学版）2002 年第 2 期，人大复印报刊资料《美学》2002 年第 8 期转载。

① 赵惠霞：《论审美发生》，《人文杂志》2001 年第 5 期。

的需求。这种审美心理，正如人对饮食、安全、异性等其他需要一样，是人类活动的强大动力。由于这种需求只以事物的形式为满足条件，所以我们仍然把这类需求归于审美心理，把满足这类需求的活动归于审美的范畴，并且根据这类审美心理突出的特征，将其称为需求型审美心理。本文重点探讨记忆型审美心理形成所遵循的规律。

一

人是社会化的生物，人的各种行为都要受到他所处环境的影响。审美心理也不例外。

在社会环境的影响中，与我们愈亲近的人，对我们的影响愈大。美国医学心理学和儿科名誉教授约翰·蒙尼提出，在人的大脑中有一张"爱情地图"，它记录了人们对异性头发、眼睛、声音、气味、身体、个性等方面好恶的信息。一个人为什么爱上一个人，而拒绝了在旁观者看来甚至更有吸引力的另一个人，就在于这个人最符合他（她）头脑中"爱情地图"的标准。约翰·蒙尼认为，"爱情地图"在儿童期就大致确定了。给这张图着色的首先是母亲。母亲是儿童最先接触的人。母亲的乳汁、体温，给幼小的生命带来了最初的快感。因此，她的形象、声音、性格，作为这种快感的象征，深深地印在儿童洁白的心灵上，成为"爱情地图"最重要的组成部分。其次是父亲，以及能给儿童以较大影响的亲人。

一般说来，如果这些亲人是我们所喜爱的，那么我们的审美标准往往会以他们而定。所以，男性择偶往往与自己的母亲相似，女性择偶却与自己的父亲相似。也有例外的情况，如果这些重要的亲人由于种种原因没有被我们喜爱——譬如性情乖戾的母亲，粗暴的父亲，在儿童心理上留下不美好的印象——那么我们的选择依然会受到他们的影响，只不过方向相反，即远离他们。性格乖戾、反复无常母亲的儿子，选择配偶时会情不自禁地偏向性格温和的女性；脾气暴躁父亲的女儿，则更多地选择性格内向的男人。这种潜意识的倾向性，同样会体现在对象的外形上，即与父母亲相同或相反的形象特征。

青梅竹马也属于这种情形。儿童的心理如一张白纸，最先给这张白纸着色的人，会给他们留下深刻的印象。儿童见面，你不用介绍你，我不用介绍我，人类的天性使他们会玩得十分融洽。在这种愉快的气氛中，双方的形象会在彼此的心灵上留下美好的印象，成为一种审美心理。这就是一般后来者很难替代的原因。

后天的影响还表现在社会审美心理、习俗、教育等对个体审美心理的作用上。事实上，周围的人会通过各种方式——或赞扬，或批评，或评说，甚至一种眼神，一个表情——告诉我们何种形象为美，何种形象为丑，从而形成和改变我们的审美心理。由于这个原因，同一地区、同一时代的人往往有相近的审美心理。

总之，社会环境的影响，尤其是最亲近的人和教育的影响，是记忆型审美心理形成的第一条规律。

二

人类要生存和发展，首先必须穿衣吃饭，为此，就必须从事物质资料的生产。生产力先进的国家和地区，较之生产力落后的国家和地区，人们的物质生活自然要丰富，生活自然舒适，这就引起生产力落后的国家和地区人们的企慕。这种对先进国家和地区人们富裕生活的向往和企慕，随着相互的交往，逐渐发展为对其生活方式的学习模仿，从而形成新的审美时尚。

普列汉诺夫在考察非洲原始部落的审美习俗时指出："审美趣味总是随着生产力的发展而发展的。"① 他列举了居住在武卜瓦里岛的原始部落中的一种审美习俗：这里由于缺乏金属，因而延迟了金属装饰品在该岛居民中的推广。邻近的部落普遍佩戴金属镯子，而该岛大部分妇女则戴树皮镯子。但是岛上富人的妻子已经开始佩戴金属镯子。显然，他们是向那些进入金属时代的社会学习。

———————————

① ［俄］普列汉诺夫：《普列汉诺夫美学论文集》第 1 册，曹葆华译，人民出版社 1983 年版，第 430 页。

中国和日本古今服装的变化，最典型地体现了审美爱好形成的这一规律。古代中国生产力发展优于日本，故日本向中国学习。公元8至9世纪，唐代服装传入日本，首先在日本贵族中流行起来，形成日本的"唐风贵族服"，即和服。到了明朝，中日交往增多，日本人又对和服进行改造，基本奠定了今天日本和服的样式，同时和服开始民间化。直至今日，和服仍然采取"唐花""唐草""唐锦"等名字，显示了与中国古代服装的历史渊源。

近代以来，日本生产力发展高于中国，中国人在审美爱好上则转过来向日本学习。远一点看，中国人穿西装是从日本转学过来的；近一点看，20世纪80年代初期，中国实行改革开放，国门打开，人们开始接触到外部的世界，于是，审美的规律便开始发生作用。当时大陆的服装款式多学香港，而香港的服装市场，几乎完全被日本时装占领。20世纪80年代，一位多年从事日本时装批发的香港服装商说，她出道时，批发日本服装只是购买日本的月下货，即流行过的，现在香港与日本的流行时款是同时的，日本时装80%都会为香港人接受。①

古今中外同类的现象很多，这些现象体现了记忆型审美心理形成的第二条规律：生产力落后的国家和地区的人向生产力先进的国家和地区的人学习，是审美心理形成的重要原因。

三

在国家和地区之间，生产力落后的国家和地区的人向生产力先进的国家和地区的人学习。在一个国家和地区内部，社会地位低的人则向社会地位高的人学习。

社会地位包括政治、经济、文化等方面。人们在生活中，总是希望自己的社会地位能够不断提高。这种欲望，使人们总是较多地注意比自己社会地位高的人，并尽量地向他们学习，使自己在各个方面都能像他们一样。这样，上层社会人的审美爱好，甚至一些偶然的行为，就可能

---

① 陈起奎：《世界奇风异俗》，陕西旅游出版社1991年版，第61页。

对社会公众产生较大的影响。

春秋战国时期，楚灵王偏爱细腰。他选美女的首要标准是腰细。楚灵王命人造了一座宫殿，居住着从全国挑选的美女。这座宫殿本来叫作章华宫，因为住的美女以腰细著名，故人们都叫它"细腰宫"。宫中的美女为了讨楚灵王的欢心，运用各种方法使腰身更加纤细。当时民谣唱道："楚王好细腰，宫中多饿死。"可见这些美女是用节食的方法保持体形的。受此影响，楚国的小姐贵夫人也纷纷以腰细为美，连朝廷的大臣也都用带子把腰勒细了才去上朝，扶着墙才能站起来。

魏晋时期，以宽大衣服为美。这种风尚是怎样形成的呢？鲁迅先生曾做了一番考证，认为源于魏晋文人服药的缘故。魏晋时期，文人学士喜欢服用一种叫作"五石散"的药。此药类似鸦片，服用起来会上瘾。吃了这种药，浑身发烧，衣服要脱掉，用冷水浇身，吃冷东西，饮热酒。因为皮肉发烧之故，不能穿窄衣服，为预防皮肤被衣服擦伤，就非穿宽大的衣服不可。一般名人都吃药，穿的衣服都宽大，于是其他不吃药的非名人也跟着名人，把衣服宽大起来。①

不仅上层人物的审美爱好是下层人学习的对象，甚至他们偶然的行为也会形成一时的审美时尚。西汉元帝刘奭的头发长到前额上，极不雅观，有人建议元帝以帻包头。帻就是束头发布。当时帝王将相、王公大臣都戴帽子，称作冠，只有地位低下的人才用布来束发。汉元帝为了遮丑，遂采纳了这一建议。不料，大臣们纷纷仿效，于是达官显贵以帻包头竟成了一种风气。元帝以帻包头，只是把前额和头发束起来。到了王莽称帝，因为年过半百，两鬓皆白，头上出现了秃顶，为了遮丑，就用布把头全部包起来。臣下群起效仿，竟成风尚。至汉末，不仅一般百姓，就是一些王公大臣、名儒隐士，也都以布包头为雅。②

这些现象体现了记忆型审美心理形成的第三条规律：社会地位低的人向社会地位高的人学习，从而形成新的审美心理。

---

① 鲁迅：《鲁迅选集》第 2 卷，人民文学出版社 1981 年版，第 383 页。
② 韩养民：《秦汉文化史》，陕西人民教育出版社 1986 年版，第 105 页。

四

社会地位低的人极力学习和模仿社会地位高的人，社会地位高的人一般却不向社会地位低的人学习，而是极力突出与社会地位低的人的不同，以便把自己同他们区别开来。这种加大区别的行为和过程，成了新的审美心理和审美习俗产生的一个重要来源。

普列汉诺夫在他的著作中指出，"在塞内冈比亚，富有的黑人妇女穿着很小的鞋子，小到不能把脚完全放进去，因而这些太太们具有步态别扭的特色。然而正是这种步态被认为是极其诱惑人的"。为什么这种步态会被人们欣赏呢？普氏认为："这种步态本身是毫无意义的，仅仅由于与劳累的（因而也是贫穷的）妇女的步态恰恰相反，所以才获得意义。"①

这个例子使人联想到中国历史上女性以小脚为美的习俗。中国女性以小脚为美的习俗，据鲁迅先生考证，大约起于汉代。古代文学作品中，留下了许多赞誉"三寸金莲"的描写。为了使脚小，姑娘四五岁就开始缠脚，用长长的布条把脚紧紧地缠起来，限制其发展。时间长了，脚趾便畸形地蜷缩在一起，有的竟折到脚板下面。走路不能放开步子，小步颤巍巍地，这在当时却是美的形态。没缠的脚叫"天足"，长着"天足"的姑娘在当时找婆家也很困难。

关于以脚小为美习俗的形成原因，历来众说纷纭。或说因南唐歌女窅娘为报答后主李煜的知遇之恩而起，或说因吴月娘脚缠利刃刺杀隋炀帝而起，或说中原女子为避免北方外族掳掠而起（因小脚不便带走）……但无论如何，在以小脚为美的起源和形成过程中，有一种因素显然起了很大的作用：封建社会，千金小姐深藏闺室，动辄以轿，脚自然小。穷苦人家的女子终日奔波，脚自然忙得多，也就长得大。富家女子为了更加明显地区别于穷家女子，故极力使脚愈小；贫家女子极力向富家女子看齐，故形成脚愈小愈美的习俗。

---

① ［俄］普列汉诺夫：《普列汉诺夫美学论文集》第 1 册，曹葆华译，人民出版社 1983 年版，第 327 页。

　　古埃及人以头尖为美的习俗与此相似。在古埃及，曾经有过以头尖为美的习俗。当时富有的人家，把婴儿的头用两块木板夹住，木板上部靠拢，下部分开，呈"A"字形，以便使孩子的头骨长尖。这种风俗的起源，在于当地贫民运送东西，习惯顶在头上，天长日久，头顶便变成了平的。尖的头顶表示不需要用头来运东西，而只有贵族才能如此，于是尖头顶便有了特殊的意义。为了进一步发挥这一优势，加大与贫民的区别，富裕的家庭便不惜借助后天人力，以便使孩子的头更尖、更美。①

　　这类现象体现了记忆型审美心理形成的第四条规律：社会地位高的人加大与社会地位低的人的区别的动机和行为，是审美心理形成的重要内容和途径。

五

　　从广义的角度讲，每一种记忆型审美心理的形成都是以功利为基础的。狭义的直接的功利追求更是审美心理形成最常见的原因和途径。这类审美心理的形成过程，按功利目的性质又可以分为以下四种。

（一）为了显示身份地位的优越而形成的审美心理

　　心理学研究告诉我们，一个人在社会中的地位是通过他人的态度反映出来的。因此，为了提高社会地位，人们往往采取炫耀自己特长的方法，或能力，或权力，或财富……形式虽异却源于一理。在原始社会，特殊身份地位的显示有的是以佩戴战利品的形式表现出来的，有的则是以文身的形式显示的。普列汉诺夫研究的原始社会狩猎胜利品就是一个典型的例子。猎人们起初是通过狩猎胜利品来显示自己的勇敢、灵巧和智慧，后来这些装饰物的佩戴和欣赏便成为一种审美爱好。

　　在文明社会，最为普遍的炫耀是富有。因为富有不同于权力，富有者可以炫耀，不富有者也可以炫耀。炫耀者不需要拿出全部的资产做证明，而只需要在某一点上如同富有者一样，就可以达到炫耀的目的。于

---

　　①　陈起奎：《世界奇风异俗》，陕西旅游出版社 1991 年版，第 47 页。

是，金银珠宝之类的装饰品由此走红，并成为人们普遍喜爱的对象。在今天，人们佩戴金银装饰品似乎只是为了美，但这种审美习俗的起源却在于炫耀富有。这种最初的意识在长期的生活中已经沉淀为潜意识，只是偶尔露出庐山真面目。譬如，在金银装饰品中，金制品就较银制品受人青睐；在金制品中，又以24K金制品最受人欢迎。其中的原因就在于价值。

现代人更多地注重装饰品外形的美观，甚至似乎流露出以夸耀富有为耻的倾向。譬如在我国现代知识女性中，很少有人佩戴粗重的金项链，而较多地喜爱细巧的金项链。并非她们经济状况戴不起粗重的金饰品，关键在于她们注重的已不是炫耀富有，而是追求美的形式。作家贾平凹曾经写了一篇文章，题目就叫作《好女不戴金》，说是女人一戴金就俗气，可以看作这种审美倾向的理性表现。但是，如果综合地考察现代社会的审美心理，就会发现这种鄙视金银的倾向，并不能说明由追求价值而形成审美爱好这一规律的终结。相反，这一规律像以往任何时候一样，仍然在发生作用。只不过体现价值的事物已非往日的金银装饰品，而是其他物品而已。比如服装及装饰品的品牌。一个著名品牌的产品，往往会高出同类产品十倍百倍的价格，但许多人仍乐此不疲，甚至有非名牌衣服不穿，非名牌产品不用者。何以如此？仍然在于名牌象征着一种价值，显示着穿戴者的社会地位和经济实力。现代鄙薄金银装饰品，只不过是同往日珠光宝气的"土财主"的审美观以示区别。

（二）为了实用目的而形成的审美心理

美是善的升华，记忆型审美心理是在审善活动中形成的。实用性是最基本的功利性和最具体化的善，因此，人们在追求实用的同时，也就创造了美。

"胡服骑射"是一个典型的例子。春秋战国时期，中原地区传统的服装是长袍大褂。处于四面强敌的赵国武灵王，为了便于打仗耕作，富国强兵，决定仿照北方胡人的习俗，把国人大袖子的长袍改成小袖子的短褂，腰间扎上皮带，脚蹬皮鞋，骑马射箭。当时许多大臣都反对，认为中原地区经济文化发达，素以礼仪之邦著称，应该用中原文化改变胡人风俗，怎么能用胡人风俗改变中原文化呢？但是，赵武灵王为了富国强兵，坚持服装改革，下令全国上下都必须着胡服。有钱有地位的人起先觉着这种小袖短裳怪别扭的，时间一长，渐渐认识到这种服装确比以前的宽衣大袖方便得多，于是新服装反倒时兴起来。

19世纪20年代，许多拓荒者深入美国西部地区，以驯养野马和长角牛为生，被人们称为"牛仔"。牛仔们的生活非常艰苦，他们要在白天和黑夜准确无误地寻找路径，在暴风雨中控制牛群，带着牛群过流沙、涉恶水、穿越数百里的无人区，骑马和用绳索套牛更是他们必备的本领。这样的生活使得他们的服装很容易被损坏，而环境又使得他们没有条件不断地更换衣服。有个服装商因此专门为牛仔设计了一种服装：用细帆布做布料，钉上铜扣子，线缝得密密实实，这就是我们今日见到的牛仔服。这种服装由于特别结实耐穿，因而很受牛仔们的欢迎，很快风行起来。20世纪三四十年代，美国西部除了很偏僻的地方，牛仔已经所剩无几了。但是，牛仔牧歌式的生活，却成为美国电影和文学中大受欢迎的题材。银幕上的牛仔，集中地体现了粗犷、进取、冒险、侠义、劫富济贫和不畏艰难的精神。观众在被牛仔形象深深打动的同时，对他们的服装也产生了极大的兴趣，纷纷起而效仿，"牛仔服"于是风靡美国，进而传到世界许多国家。

20世纪80年代初牛仔服传入我国时，许多人看不惯，有的学者还在报刊上发表文章，说牛仔服有害健康，但年轻人却依然我行我素，许多成年人也加入了牛仔服的行列。人们喜爱牛仔服的一个重要原因，就是实用。

（三）由表达愿望的象征物形成的审美心理

在社会生活中，人们对自己，对喜爱的人，对与自己相关的人，会产生各种各样的愿望和希望，并把这种愿想通过一定形式表现出来。这种表现愿望和希望的形式，通过长期的欣赏，会在人的脑海中留下深刻的印象，以至于人们忘记了最初的动机，只对这种形式表现出由衷的喜爱。

我国古代，大约从汉武帝时期起，军队中就有武将戴褐冠的制度，以褐冠标志官阶的高低，这种做法一直延续到清朝。褐冠就是用褐马鸡的尾羽装饰而成的帽子。为什么历代帝王要选用褐马鸡的尾羽作为对立功武将的赏赐呢？这得从褐马鸡的习性说起。褐马鸡之间为争夺配偶时常发生格斗。格斗时，雄鸡表现得异常勇敢顽强，双方互不相让，至死不可开交。帝王以褐尾赏赐武将，就是希望他们像褐马鸡那样，勇顽善斗。

日本妇女平日穿和服不戴帽子，结婚时新娘穿和服则必须戴一种蒙头帽，日本人称其为"角隐"。其含义是：少女在家时养成了任性、娇气、争强好胜、嫉妒而无忍让等习惯，结婚时就要将这些毛病克服掉，开始新的生活。婚后要上敬公婆，下睦姑嫂，夫妻恩爱，做一个贤妻良母，就要把原来的棱角隐起来。

这些审美爱好的起源，均在于人们良好的愿望。这些良好的愿望是这些形式的意义，而形式则是良好愿望的象征。在这种欣赏活动的初期，形式与其代表的含义是密不可分的。人们看到形式，便会想起其代表的愿望，并因这种良好的愿望而产生愉悦感。但到后来，形式便有了独立的意义，不需要想到所代表的愿望，便能直接引起人的愉悦感。这种现象便标志着与之相关的审美心理的形成。

（四）为了逃避灾难而形成的审美心理

趋利避害是生物的普遍特性，人类尤甚。人们为了逃避灾难或者危害，往往会通过某种形式，或借助某种物品来表达自己的目的。这些形式和物品是当事者选择的，在当事者看来，它们是能够使自己逃脱噩运的。因此，每当他们看到这些形式和物品，心理就得到安慰，紧张恐惧的感觉会随之消失，从而产生愉悦的感觉。在长期的活动过程中，这些为了逃避灾难和危害的形式、物品，会在人神经系统中，如同许许多多的功利性事物一样，在视觉区和快感区之间建立起特殊的联系，从而直接引起相应的情感反应。

陕西关中一带，过去流行一种风俗，有钱人家的男孩特别是独生子，多佩戴用红布缠起来的银项圈，当地叫作"碜"（chěn）。小孩出生满一个月，要约请亲朋，举行仪式，正式开始佩戴碜，俗称"上碜"。孩子长到 12 岁，再约请亲朋，举行仪式，卸下这个项圈，称作"下磣"。人们相信，这样的打扮可以保护孩子免除妖魔鬼怪的伤害，平安长大。"磣"的本意是丑和难看，用红布包裹的银项圈，也确实没有赤裸的银项圈好看。由此不难看出，这种后来作为一种美的装束的起因，在于人们逃避灾难的祈求。与此相类似的，还有给小孩佩戴长命锁，让小孩拜铁匠甚至石头做干爹等做法，都是借此祈求得到某种意义上的保护，以便平安无事。这种习俗是医疗卫生条件低下，儿童死亡率高的社会环境的产物。这种习俗不仅陕西有，过去中国各地普遍存在。据说，毛泽东之所以小名叫"石三伢子"，就是给石头做了干儿子的原因。

在我国云南达嘎一带的壮族地区，流行着这样一种习俗：姑娘们喜欢采摘一种名叫"黑子"的野果，把洁白的牙齿染黑。她们认为，牙齿越黑越美。关于这一习俗的来源，当地流传着一个传说。古代这儿有位名叫阿婷的壮家姑娘，长得十分漂亮，在方圆数百里都出了名。荒淫的土皇听说了，便亲自带着兵马，要把阿婷抢进宫。阿婷逃进深山，吃了黑子的果实，两排牙齿全变黑了，土皇只好作罢。从此，达嘎一带的壮家姑娘为了逃避豪门权贵的侮辱，纷纷仿效阿婷，采摘黑子染牙，久而久之，形成了以牙齿黑为美的习俗。

越南也有女性以黑齿为美的习俗。姑娘不管长相如何，牙齿如果不乌黑发亮，人们的评价就要大打折扣。为此，越南古代就有了染齿的习俗。越南女性染黑齿的习俗起因不详。考虑到其与我国云南接壤，古代同受中国中央政府的管辖，估计这种习俗与云南壮族染黑齿习俗的起源相同。

坦桑尼亚许多民族的姑娘都有在脸上刺花的爱好。卢古鲁族姑娘喜欢刻上一道道条形花纹，戈戈族少女则常在前额刻上或灼上圆形的花纹，查加族、姆布卢族和马姆巴族女性除此之外，还在双腿的下部刻上一道道花纹。年轻的妇女在秀丽的面颊上刺花，据说起初是为了逃避凶残的殖民主义者的抢夺。

在这些审美现象的形成过程中，最初人们都是为了逃避灾害，久而久之，便形成了一种审美心理，相关的事物也就成了审美对象。不管是显示身份地位、追求实用，还是表达愿望、逃避灾害，都属于追求直接功利目的的范畴。由追求直接的功利目的形成新的审美心理，是记忆型审美心理形成的第五条规律。

　　以上五条关于记忆型审美心理的形成规律，是运用新的方法研究审美现象的结果。这种方法就是：分析归纳审美现象，在此基础上依据现代神经生理学和心理学揭示的人体心理—生理活动规律研究审美中主体心理活动，把对审美现象和主体心理活动的研究结果统一起来，形成对审美发生过程和规律尽可能精确完整的描述；把这种研究结果放到不同的审美现象中检验，加以补充和完善，使之具有科学性、实践性和普遍性。这种方法较之以往对美本质臆测和假设的方法，把研究置于审美实践的坚实基础上，有利于美学循序渐进地发展。这项工作目前还刚刚开始，关于需求型审美心理的形成规律，笔者将另文探讨。

论需求型审美心理形成的规律[*]

在《论审美发生》一文中，笔者把审美对象分为两种类型，并且指出：看得见功利的审美对象之所以能单凭形式引起人的快感，在于人们在欣赏功利物的过程中，事物的形式在人的神经系统视觉区和快感区之间建立了新的稳定的联系通道；看不出功利的审美对象之所以单凭形式能引起人的快感，在于这种形象满足了人先天或后天形成的心理需求。人的神经系统中，事物形式在视觉区与快感区建立的这种联系通道和先天或后天形成的对一定形式的心理需求，就是审美心理。前者称为记忆型审美心理，后者称为需求型审美心理。本文将探讨需求型审美心理的形成规律。

需求型审美心理——人神经系统中以事物形象为满足条件的心理需求——包括两部分内容：一是人先天的某些本能，神经生理学上称作"无条件反射"；二是后天生活中形成的某些潜意识需求。由于神经生理学发展的限制，我们对需求型审美心理的探索显然处于一个很低的水平。根据审美实际，我们可以断定部分人类先天的本能是以事物的形象为满足条件的，这些先天的本能成为审美心理的重要组成部分。但这些本能都涉及哪些方面，它们在人神经系统中的存在形式和活动方式，都还是未知数。

同时，值得指出的是，这些本能本身并不等于审美心理，二者之间不能画等号。本能并不直接与具体事物相联系，只是规定了某种需求的

---

* 原刊于《人文杂志》2002 年第 5 期。

类型和范畴，从而规定了一定审美心理发展的方向。这种先天的本能最终以什么样的具体事物为满足条件，则是由后天社会生活提供和决定的。如同人的先天本能规定必须吃东西，至于吃什么东西，则要看后天的生活环境能提供什么样的食物一样。但是，人必须吃东西，吃的东西必须含有人所需的营养，却是由先天的本能规定的。正是因为有这种本能的存在，才有人为满足这种本能开展的各种生产活动和消费行为。所以，在研究需求型审美心理时，必须从其赖以形成的先天本能开始。

对于后天形成的以事物形象为满足条件的心理需求，人类所掌握的情况，甚至比本能还要缺乏。一方面在于这种需求是潜意识的，不易被察觉；另一方面在于社会生活错综复杂，一种审美心理的形成涉及多方面的原因，分清各种因素在其中所起的作用是一件难度较大的事。截至目前，这类审美心理还没有引起研究者的重视。确定这类审美心理存在的方式，一是现象分析，二是反省。由于这类审美心理形成经过了一系列漫长的复杂的心理活动，涉及大量的社会原因，所以必须综合各方面因素，通过较多的审美现象才能确定。

一 色彩感在审美心理形成中的作用

审美活动主要依靠视觉和听觉。古代人用"美"表示味觉，但那与审美活动中的"美"是不同的概念。至今人们仍说"美味"，实际上是在一个更宽泛的意义上运用"美"这个词，如同"美差""美事"等表达方式一样，指的都是好的意思。审美活动中的"美"，美学研究中的"美"，指的是能引起愉快感觉的事物形象，即美的事物。欣赏这些形象，主要依靠视觉。视觉在人类的感觉系统占主导地位。据生理学研究统计，人脑所接收的信息95%来自视觉。如果人类同时用视觉和另一感觉器官接收信息，两个信息彼此矛盾，人们所反应的一定是视觉信息。视觉在人类感觉系统的优越地位，使其成为审美中的主要方式。

颜色是事物形象的重要组成部分。人们观察事物，首先接触到的就是颜色。中世纪的西方人对颜色充满了神秘感，认为颜色是上帝在世间的显现形式。颜色在人视觉中的优越地位，使其成为审美的重要内容。

人眼是如何识别如此众多的颜色的？早在牛顿时代，人们就知道了，一种颜色不仅可以由某一固定波长的光线所引起，而且可以由两种或更多种其他波长光线的混合引起。例如，把光谱上的七色光在牛顿色盘上放置可以在人眼引起白色的感觉；用红、绿、蓝三种色光作适当混合，可以引起光谱上所有任何颜色的感觉。19世纪初，人们提出了视觉"三原色学说"。认为在人的视网膜中存在着分别对红、绿、蓝光线特别敏感的三种视锥细胞或三种感光色素，当光谱上波长介于这三者之间的光线作用于视网膜时，这些光线可对敏感波长与之相近的两种视锥细胞或感光色素起不同程度的刺激作用，于是在涉及的中枢引起介于此三原色之间的其他颜色的感觉。这种学说为20世纪70年代以来的实验技术所证实。如果人由于先天的或后天的原因，某一视锥细胞缺损，就会失去对相关的颜色的感觉。对于具有这类症状者，通常人们称为红色盲、绿色盲和蓝色盲。

颜色是外部事物的特征，同时也是人的一种生理感受。既然是人体生理感受，人体生理结构对颜色的反应必然有其基本的内在规定，如同对不同的温度有舒适与不舒适的感觉一样。心理学家通过实验发现，人体的肌肉和血液循环，对不同颜色的灯光会产生不同的反应。当光波波长由短转长时，人体血液循环随之加快，肌肉向外扩张，情绪不断兴奋；当光波波长由长转短时，血液循环减慢，肌体向中心部位收缩，情绪趋于平静。除此之外，人的呼吸、汗腺、血压、血流、体温等生理状态，在不同颜色的刺激下，都会不由自主地发生变化。20世纪以来，颜色越来越引起人们的重视。美国色彩研究心理学者帕屈丽莎·斯兹泽巴说："色彩之于心境如同维生素之于身体。"

心理学家的实验以及大量的社会实践证明，人先天的生理结构中，对不同的颜色有着不同的感受。人体感受颜色的生理特性，是人们形成与颜色相关的审美心理的基础。一般说来，人的审美心理与这种先天的生理特性是相统一的。夏天人们喜欢浅颜色的服装，冬天喜欢深颜色的服装；青年人爱穿色彩明快的服装，老年人爱穿色彩暗淡的服装；女性打扮多艳丽，男人装束多沉稳；喜庆场合穿色彩艳丽的衣服，悲哀场合穿深色或白色的衣服；如此等等。这些审美观都是在先天的生理基础上形成的。

先天的生理结构形成了人对颜色的基本的感受，但是人对颜色的感受不是一成不变的，而是在社会生活中不断变化的。后天的社会生活，会改变人们对各种色彩的好恶，形成新的审美心理。这种过程同记忆型审美心理的形成过程是一致的，其规律也大体一致。所以，色彩感作为一种审美心理，首先在于人的生理结构，即先天对色彩的感受能力；其次在于后天的社会因素。在审美现象中，有的审美心理主要由先天生理因素决定，有的主要由后天社会因素形成，更多地则体现了二者共同作用的特色。

二 好奇心在审美心理形成中的作用

好奇心是人一种先天的本能，其主要表现形式为：（1）对新事物的敏感反应和强烈的关注、探究的欲望，当探究结果无害时，神经系统会产生愉悦感；（2）重复的活动，即好奇心受到压抑时，对相关对象的反应会迟钝，情感上渐趋淡漠乃至厌倦。

巴甫洛夫在研究中发现，当出现新的动因时——如陌生人、音响、环境的变化，等等——人或动物就使有关的感受器向这新的动因所在的方向转动。巴甫洛夫认为这是人类和动物神经系统的基本反应，他称之为"探索反射"。巴甫洛夫认为："这个反射的生理学意义是很巨大的。如果动物没有这种反应，那么可以说，动物的生命也许就与悬在一发之上的危险相等了。人类的这类反射发达很强。最后，它的最高形式的表现就是知识欲，创造我们的科学，对于我们给予着和预约着周围世界中的一个最高的、无穷的指南。"[1]

好奇心引起的活动可以分为两类：一类是被动性的，如听到声响不由自主地把头转向发声处等对外界信息的反应活动；另一类是主动性的，如探险、旅游、科学研究等。主动性的活动完成后，只要结局不是有害

---

[1] ［俄］伊凡·巴甫洛夫：《大脑两半球机能讲义》上册，戈绍龙译，上海医学出版社1955年版，第13—14页。

的，神经系统都会伴随产生愉悦的情感。这是肌体的奖赏。事实上，快感是对一切有益于肌体发展活动的奖励，痛感是对一切有害于肌体活动的惩罚，这是生物进化中形成的有益于肌体发展的机制。

好奇心在审美中的作用，首先表现在对自然景物的欣赏。普列汉诺夫在研究中发现，自然景物并非始终是人们欣赏的审美对象。他指出："对于十七世纪的人们，再也没有比真正的山更不美的了。"但是，"在十九世纪，情况急剧地改变了，人们开始为风景而珍视风景。"什么原因导致这种变化？普列汉诺夫认为："荒野的景色由于同我们所厌倦的城市风光相反，而使我们喜欢。城市风光和经过修饰的园林由于同荒野地区相反，所以使十七世纪的人们喜欢。"① 由于战乱，17 世纪的欧洲人经常在野外奔波，因而厌倦山野风光；19 世纪的欧洲人生活在城市里，却厌倦城市风光。他们都选择了与生活环境相反的对象，这种选择引起了对自然风景的不同态度。当今社会，外出旅游正逐渐成为人们一种普遍的爱好。在旅游观光活动中，一般说来，距离居住地越远的地方，与生活环境反差越大的地方，越成为人们向往的地方。出省旅游较之省内旅游更为人们喜爱，出国旅游则比国内旅游更为人们重视，到欧洲、美洲要比东南亚、西亚更能引起人的兴趣；沿海的人喜欢游山、看沙漠，内地的人则更乐于看海、乘船。此外，凡是观光过一次的地方，人们便不愿再去游玩。这就清楚地表明，这类欣赏活动与人的好奇心有密切的关系。

好奇心在审美中的作用，其次表现在对无意义图案的欣赏。"花、自由的素描、无任何意图地相互缠绕的、被人们称做簇叶绒的纹线"——这是康德列举的"自由美"对象。② 这些用线条构成的图案，人们从中读不到任何意义，却能够感受到淡淡的愉悦。是什么因素赋予它们如此神奇的作用？这种现象令古今美学研究者百思不得其解。

同样的现象发生在现代绘画中。在现代西方抽象派绘画中，有的图画是无数彩色曲线漫无目的的缠绕，有的是众多几何图形的堆砌，有的

---

① ［俄］普列汉诺夫：《普列汉诺夫美学论文集》第 1 册，曹葆华译，人民出版社 1983 年版，第 331 页。

② ［德］康德：《判断力批判》上卷，宗白华译，商务印书馆 1965 年版，第 43 页。

是各种颜料随意的组合。更有甚者，有的让浑身涂满颜料的动物在纸上打滚，有的让鸟爪上沾上颜料在纸上随意走动，由此构成图画。这些绘画共同的特点，是从画面上看不出任何意义。对于这种绘画，人们有褒有贬，评说不一，但其能够作为一种艺术现象甚至一种艺术流派存在，本身就说明了它们在人的欣赏中有一定的价值。无任何意义的曲线和现代绘画之所以为人们所欣赏，一个重要的原因是人的好奇心。巴甫洛夫把好奇心理又称为"这是什么"的反射。当我们观察一件事物时，第一个动机就是弄清"这是什么"。人们这种探究外部世界的愿望异常地强烈，似乎唯有把整个外部世界置于自己的知觉范围之内方可罢休。

一般情况下，当我们欣赏外物时，很快就能弄清欣赏对象是什么，当弄清楚后，探究活动随之结束。当欣赏无意义的曲线和现代绘画时，由于大脑分析系统无法对其做出定性的处理，因而探究活动得以长时间保持。日常生活中我们说这类图形耐看，原因即在于此。探究活动的持续，使人的神经系统保持在持续的兴奋状态。同时，由于大脑分析系统无法做出明确的判断，因而这种探究活动始终停留在感性层次，而不能上升到理性。感性神经的兴奋状态，就是一种一般意义上的愉悦。

好奇心作用的又一典型体现，表现为对称在审美心理中的变化。古代美学家非常推崇对称美。希腊修辞学家库里什普提出，人体的美"不在各因素之间的平衡，而在各部分之间的对称"[1]。不仅人体，古代的建筑物也体现了追求对称的审美观。然而随着时间的推移，人们开始对对称美提出非议。17 世纪美国著名画家和艺术理论家荷迦兹率先发难，他说："有人或许以为美的印象的最大部分，是由于美的各部分的对称所产生的结果。但是，我确信，这种普遍的看法立即就会显得没有什么根据，或者完全没有根据。"[2] 法国印象派画家雷诺阿（Renoir）说："两个眼睛即使生在最美丽的脸上，也总会有小小的差别。"他呼吁成立一个"反对平衡"的艺术协会，这个主张竟受到许多艺术家尤其是印象派画家的赞

---

① 北京大学哲学系美学教研室编：《西方美学家论美和美感》，商务印书馆 1982 年版，第 14 页。

② 北京大学哲学系美学教研室编：《西方美学家论美和美感》，商务印书馆 1982 年版，第 103 页。

同。这些艺术家是对艺术规律的总结，而艺术规律是人们审美趣味的反映。的确，直到今天，艺术创作中仍然在逃避对称、整齐，绘画、雕塑、建筑无不如此。

为什么古代人以对称为美，近现代人则不以为然呢？在于古今人们的审美心理发生了变化。好奇心理是这种变化的催化剂。在古代，由于生产力不发达，人们的生活环境基本处于自然、半自然状态，随处可见都是杂乱无章。在这样的环境中，人类显得很渺小，缺乏安全感。因此，人们渴望按照自己的意愿改造环境，使周围的一切规范化。对称、整齐、和谐，既是这种规范化努力的目标，也是这种努力的结果，自然受到人们的喜爱。

随着社会的发展，人们改造自然的能力越来越强，生活环境经过人的改造，越来越变得整齐。现代社会，骋目四望，到处是高大的楼房、宽阔的道路，田野的庄稼也是一块一块的，十分整齐，到处都显露出人类改造的痕迹。终日生活在这种环境，人们由于看腻了这种人为的整齐，反而追求变化、错杂、不对称。这与现代城市人返璞归真，追求自然风光的审美心理是一致的。类似的现象生活中很多，这些现象说明，好奇心在审美心理的形成过程中，具有十分重要的作用。

三　性本能在审美心理形成中的作用

性本能是人的基本本能之一。科学意义上的性本能与生活中一般人理解的性概念不同。它不仅仅局限于生殖的意义，也不仅仅指生殖器官的快乐，而是指先天的影响人对异性交往态度、行为的一切生理因素。

20世纪90年代我国曾经流行一首歌曲，歌名叫作《女人是老虎》，歌曲的内容出自清代袁枚的《续子不语》一书，说的是一个男孩从小为和尚收养，在山上的寺院长大，成了小和尚。小和尚长成大小伙了，却从没见过女人。一天，老和尚带小和尚下山买东西。小和尚看见山下的女人，就问老和尚："那是什么东西？"老和尚说："那是老虎，会咬人的，千万不要招惹她。"但是小伙子还是喜欢上这种"老虎"，回到山上依然念念难忘。无独有偶，欧洲文艺复兴的名著《十日谈》中也记载了一个同样的故事，只不过主人公是一位鳏夫和他的小男孩，女人也变成了"绿鹅"，结局不同的是，成了小伙子的男孩不仅喜欢父亲说的"绿鹅"，而且请求父亲允许他带一只回山里。

这些故事说明了人性中的一个共同特性，即男女之间强烈的吸引力。这种强烈的吸引力首先表现为对异性形象的喜爱，或者说异性形象能引起主体强烈的快感。马克思说过："男人对妇女的关系是人对人最自然的关系。"① 男女的交往活动构成了人类生活的重要内容，也成为一种普遍的审美现象。从古至今，男女之间的恩怨爱恨成了艺术的永恒题材。前几年，有人批评一些文艺作品是"戏不够，爱情凑"，何以如此，还在于这种题材的魅力。

对于两性间这种神秘的吸引力，古代人提出了许多有趣的猜想。《圣经》写道：世界之初，上帝在创造了万物之后，按照自己的样子，用泥土捏了一个男人，并赋予他生命，取名亚当，把天下的一切生物交给他管理。后来，上帝看亚当一个人生活太孤独，就施展法力使他昏睡，然后取下他的一根肋骨，用这根肋骨变了一个年轻的女人，取名夏娃。亚当和夏娃结合，繁衍了人类。由于女人是男人的肋骨变的，所以女人总喜欢依偎男人；由于女人是男人的一部分，所以男人格外喜爱女人。古希腊神话传说，最初的人是两面人：一面是男人，一面是女人。后来天神为了惩罚人，把人从中间劈开，分为男人和女人。从此以后，男人总喜欢找女人，女人总喜欢找男人——人们在寻找自己的另一半。现代科学证明，男女之间之所以以异性为美，互相吸引，在于人的性本能。性本能同其他本能一样，是人体一种先天的规定性。这种规定性，决定了异性之间相互吸引、相互追求的行为趋向。

性本能以潜意识的形式存在于人的神经系统，人的行为中可以明显地感觉到它的存在。但是，对于它的存在结构和影响人行为的方式，人类的认识至今仍然同对其他本能的认识一样，很不全面。近年来有关的研究证明，性本能对人行为的影响方式，要远远大于以往人们的理解。

---

① 《马克思恩格斯文集》第 1 卷，中共中央编译局编译，人民出版社 2009 年版，第 185 页。

在宇宙飞行中，一半以上的宇航员会出现宇宙病，如头痛、恶心、浑身不适等。后来医生建议每次乘员组至少应有一名女性，经过混合编组后，宇航员很少发生上述症状。澳大利亚设在南极的科考站，人人都轻重不同地得了一种怪病，有的彻夜失眠，有的精神不振，终日昏昏沉沉，所备药物均无济于事。一位医学博士前往调查施治，得出的结论是性别比例严重失调，异性气味匮乏所致。在他的建议下，澳大利亚派了女性医生去那里长驻，问题很快解决了。科学研究发现，异性气味包含着费洛蒙，这是一种无色无味的化学分子，能在动物体之间进行化学沟通。过去人们以为这种沟通只存在于动物界，近年来才发现每个人都能释放出费洛蒙。异性气味影响着人的内分泌、血压、心律、呼吸和神经系统，使其趋于最佳状态。它们还能刺激人们的呼吸中枢，使人体吸进氧气和排出二氧化碳的过程加快，引起大脑兴奋。日常生活中，人们常说"男女搭配，干活不累"，就在于异性相处的过程中，双方的气味、形象都从生理、心理上给对方以刺激，使人的精神始终处于兴奋愉悦之中，工作便感到分外轻松。

从事免疫系统基因研究的瑞士科学家发现，在气味上最吸引女性的男性，其基因也往往与她们的基因相差更大。男女相同或相近的基因，会导致后代智力和免疫力的弱化。近亲结婚之所以被禁止，就在于相似的基因会导致后代痴呆和各种疾病。很显然，对不同基因异性气味的喜欢，是人类在进化中形成的自然能力。异性之间这种关系，已经远远超越了以往人们对性的理解。当我们看到异性感到愉悦，其中的缘故就与这种气味相关。当然，这种气味引起的愉悦，形成和不断增强人对异性形象的审美心理。

什么样的形象最为异性喜爱呢？或者说，人们因为什么原因喜爱某类异性呢？有关研究表明，在这些神秘现象的背后，隐藏着一些基本的生物学法则和基因法则。美国人类学家戴维·吉文斯认为，这些法则首先是生殖的需要。从广义的角度讲，生命游戏的本义是把基因传给下一代。数万年来，人类的祖先在没有任何现代生理学知识的帮助下找到一个配偶完成这件事，所凭借的只是外表。有关资料显示，自古以来，男性始终被具有一定腰臀比例的异性所吸引。细腰丰臀的女性何以为男性喜爱？研究者认为，原因在于细腰丰臀的女性比身材平板的女性更有利于生育。歌德说过："达到结婚年龄的姑娘，她的自然定性是孕育孩子和给孩子哺乳，如果骨盆不够大，胸脯不够丰满，她就不会显得美。"① 研究者认为，人类初年，人们并不能有规律地获取食物，必须有什么吃什么。当孕妇缺少食物时，臀部和大腿的脂肪就会发挥不可估量的作用，尤其在孕期最后三个月和哺乳期。现代社会，生育的目的已经不是男女相爱第一目的，但这种生物学规则所形成的审美心理依然在发挥作用。与此相类似的，女性似乎对高个子的男人更感兴趣。因为高个子不仅象征力量，也象征着生育能力强。除此之外，健壮的肌肉、宽阔的下巴、粗犷的额头，往往也成为女性喜爱的因素。研究者认为，这一切均与生育有关。

总之，性本能是形成有关人体审美心理的重要因素，后天社会的一切影响，都是在此基础上进行的。要弄清某一时代、某个人相关的审美心理，既要考虑性本能的先天规定性，又要具体地考察这种审美心理产生的环境。

四 创造本能在审美心理形成中的作用

创造是人的一种本能。所谓创造，本义是指首创前所未有的事物，"创者，始造之也"。但作为一种本能来讲，是相对个体而言，而非对人类而言。个体新的创造活动，新创造的作品，不管此前人类有无，都属于创造本能的实现。

创造本能在生活中有两种表现形式：第一种是人们在从事喜爱的活动时，精神会高度兴奋和集中，甚至达到忘我的境界。譬如陈景润着迷于哥德巴赫猜想，走路撞在电线杆上就属于这种类型。第二种是人们在观赏自己的创造物，或能体现自己能力的事物时，会感到格外愉快。普列汉诺夫研究原始狩猎胜利品时就发现，这些事物起初之所以能引起猎人的快感，就在于它们"可以作为他的力量、勇气和灵巧的证明和标

----

① ［德］歌德：《歌德谈话录》，人民出版社 1978 年版，第 133 页。

记"。同样，当战士面对军功章，工人面对自己的产品，农民面对辛苦一年丰收在望的庄稼，作家面对自己的作品，母亲面对自己的孩子，都会从这些创造物得到一种特别的愉悦感。生活中人们常说，"文章总是自己的好"，"孩子总是自己的好看"，讲的就是这种道理。

由于社会发展的原因，创造本能还没有引起人们的广泛关注。但许多思想家很早就意识到这种本能的存在，并给予很高的评价。英国著名哲学家罗素把创造看作"快乐的生活"，是"一种根本的快乐"。苏联教育家苏霍姆林斯基（Василий Александрович Сухо－млнский）在《给儿子的信》中写道："什么是生活的最大乐趣？我认为，这种乐趣寓于与艺术相似的创造性劳动之中，寓于高超的技艺之中。如果一个人热爱自己所从事的劳动，他一定会竭尽全力使其劳动过程和劳动成果充满美好的东西，生活的伟大、幸福就寓于这种劳动之中。"黑格尔最先从哲学和美学的角度对这种现象进行研究。费尔巴哈继续了这种研究。马克思在批判地继承黑格尔和费尔巴哈研究的基础上，提出了"人的本质力量对象化"的著名论断。中国和苏联许多美学研究者从马克思的论断出发，甚至把"人的本质力量对象化"作为一切审美现象产生的原因。

体现人的创造力的对象为什么会引起人的愉悦感呢？现代心理学和生理学为我们提供了答案。心理学家认为，推动一切生命体活动的是机体的各种需要。马斯洛提出，人的基本需要包括生理需要、安全需要、爱的需要、尊重的需要。但是，"即使以上所有需要都得到满足，我们仍然可以说，通常（如果不能说是'一定'的话）又会产生新的不满足，除非此人正在干称职的工作。音乐家必须演奏音乐，画家必须绘画，诗人必须写诗，这样才会使他们感到最大的快乐。是什么样的角色就应该干什么样的事。我们把这种需要叫做自我实现。"马斯洛认为，自我实现的需要，"就是促使他的潜在能力得以实现的趋势。这种趋势可以说成是希望自己越来越成为所希望的人物，完成与自己的能力相称的一切事情"[①]。按照马斯洛的理论，"自我实现的需要"作为一种动力，促使人投身于各种创造性劳动之中，并以从事这种活动为满足和快乐。

---

① ［美］马斯洛等：《人的潜能和价值》，华夏出版社 1987 年版，第 168 页。

巴甫洛夫提出，在人的各种反射（或本能）之中，有一种特殊的反射，叫作"目的反射"。目的反射表现为，人在为达到某一目的而努力时，神经系统会产生一种刺激，使得整个系统处于兴奋状态。[①] 从感觉的角度讲，就是人的情绪高昂，精神兴奋。

黑格尔的"人的冲动"，马克思的"人类的特性"，马斯洛的"自我实现需要"，巴甫洛夫的"目的反射"，实际上反映了一个同样的内容：即人有这样一种内在的需求，他需要在对外部世界的创造中实现自我，获得快乐。人类的这一特性，从生理学的角度讲就是创造本能。

创造本能促使人们从事各种创造活动。人们从事这种活动的过程，实质上也是创造需求的满足过程，因而整个创造过程中，人的神经系统中愉悦感始终居主导地位。在这种愉快的创造过程中，创造物的形象与愉快的情感会在大脑皮层建立直接的联系。这样，当人们在欣赏自己的创造成果时，便会产生愉快的情感。这就是创造本能形成审美心理的过程，也是这类审美对象之所以引起人快感的原因。

五 其他感觉功能在审美中的作用

审美活动主要涉及视觉和听觉，那么其他的感觉功能在审美中是否发挥作用呢？以往的回答是否定的。但是，当我们仔细地分析审美现象，会得到与此不同的结果。

（一）嗅觉

嗅觉对人类来说是十分重要的。伤风感冒患者常常抱怨吃东西没有味道，其实是嗅觉出了毛病，而不在于味觉。品尝实际上是通过呼气强迫嘴里带食品气味的分子直扑鼻子内顶端的嗅觉神经细胞。没有嗅觉的人只能尝出甜、酸、苦、咸，其他滋味就一概尝不出来。

但是，人们对嗅觉的了解却很少。18 世纪瑞典著名植物学家将气味

---

① ［俄］伊凡·巴甫洛夫：《高级神经活动研究论文集》上册，戈绍龙译，上海医学出版社 1955 年版，第 295 页。

分为七类：芳香、芬香、麝香、大蒜气味、羊膻气，另外两种被称为"令人讨厌"和"使人恶心"。一直到现在，气味分类仍以此为基础。对嗅觉研究的缺乏，使得人们对嗅觉的了解远不如其他功能全面。一般说来，一个人只能说出几种普通气味，但实际上人可以分辨出许多气味，只是难以用语言表达。如果事先知道气味的名称，那么一个人可以分辨出八十多种气味。要是适当地给各种气味标上号，就能辨别数百种气味。由此可见嗅觉的潜能之大！

嗅觉的接收器是鼻子。人的鼻孔顶端有大约五百万个有专门分工的嗅觉神经接受细胞，它也是人体神经中唯一能再生的细胞，每一至两个月更换一次。大脑中掌管嗅觉的部位与掌管认识、感情的区域具有复杂的联系，所以气味能唤起人许多回忆，包括情感。嗅觉记忆比其他记忆更持久，它几乎不随时间流逝而衰退。

嗅觉在审美中的作用正如一切功利物一样，它是审美心理形成的重要因素。散发出我们喜爱的气味的事物，其形象也会受到我们的喜爱，会引起我们的美感。花儿是美好的，但是如果它们散发的不是芳香，而是令人作呕的臭味，人们也就不会感觉到它们的美。山间夏日的清泉令人喜爱，与其沁人心脾的清气密切相关，倘若泉水是热气腾腾的汗味，它也就不会那么可爱了。嗅觉为人类创造了舒适和快乐，但人们往往把这些功劳都记在视觉的功劳簿上。聪明的女人发现了这个秘密，于是她们在身上洒香水以增加自己的美丽。

（二）温度感

温度感与嗅觉一样，也是一个无名英雄。温度感造就审美对象的最典型的例子是春天的景色。杜甫有一首咏春的绝句："迟日江山丽，春风花草香。泥融飞燕子，沙暖睡鸳鸯。"第一句赞美春天的阳光下大地是多么美丽，后三句是对这种美丽的具体描写。其中的阳光、春风、泥融、沙暖，都与温度有关。从这首诗可以看出，春天的美丽，无处不与温度密切相关。其实，我们完全可以设想，如果春天热得让人窒息，或者冷得令人发抖，春天还会这么可爱、美好吗？春天的温暖对于刚刚度过寒冬的人来说，无异于久旱逢甘霖，饥饿遇美餐，其愉悦是不言而喻的。

但是，正如嗅觉的遭遇一样，人们很少把这种功劳记在温度感的账上。倒是春天的景色，由于总是伴随着这种愉悦感一起进入人的神经系统，于是在大脑皮层的视觉区和快感区之间建立了直接的稳定的联系，成了令人喜爱的美的对象。

美丽的清晨也是与人的温度感分不开的。只要仔细地想一想就会发现，人们赞美清晨，其实更多的是赞美春天、夏天和秋天的清晨，而很少赞美冬天的清晨。因为冬天的清晨给人的印象是凛冽的寒风，僵硬死寂的大地。而春天、夏天和秋天的清晨，却是清新凉爽的空气，挂着露珠的鲜花和绿草，到处充满生机。这才是真正的清晨！这一切与温度，与人的温度感是密不可分的。

温度感甚至使人对同一个对象会产生不同的感受。譬如冬天的大海、山泉和夏天的大海、山泉，冬天的月亮和夏天的月亮等等，就使人具有完全不同的感受。冬天的中午，红彤彤的太阳在人们的眼中是美好的；炎夏的中午，当人们皱着眉头望着火红的太阳时，感觉就完全是另一回事了。这一切被人们称颂的美景，都是以人的温度感为基础的，温度感是与此相关的审美心理形成的根本原因。

（三）空间感

每一个人都生活在一定的空间范围圈里，这个空间范围圈的变化，会引起人不同的情感变化。人对空间变化的感受通过什么器官完成，目前似乎还没有科学的解释。但是，实际生活却使我们能明显地感受到空间感的存在。

当谈话者靠近你到了一定的距离，你就会感到不舒服，就会不由自主地往后退。不同民族的人相处的空间感会有所不同。有关研究发现，南美洲人较之北美洲人谈话的空间距离要近得多。有人曾经观察过一个南美洲人和一个北美洲人谈话的情况。谈话开始时，他们是在一个 40 英尺长的大厅的一端，谈话结束时，他们竟在大厅的另一端。原来，谈话过程中，南美洲人为了保持正常的距离而不断地碎步前进，北美洲人则为了同样的目的而不断地碎步后退。除了民族文化，人们的关系与环境也会影响到对空间的感受。譬如，姑娘在很近的距离与男友谈话就很自然愉快，同样的距离与陌生男人交谈则会很不安；在人满为患的餐厅，一个陌生人坐到你身旁的空位上，你会感到很自然，如果整个餐厅就你一个人，他这样做你就会很不舒服。一条狭窄的街道，两边耸立着高高的楼房，行人就会感到很压抑。如果房间很小很低，我们也会产生同样的感受。现代城市住房紧张，人们的空间感总体上处于压抑状态，所以宽敞的住房会使人感到愉悦。不过，人的空间感也并非越大越宽阔越好。如果偌大的电影院只有一个人观看，观者就会产生孤独感。如果让一个人孤零零地在高大宽敞的礼堂过夜，他就会产生不安全感，即使他知道不会有什么危险。所以，现代住房讲究大客厅小卧室。

空间感作为一种生理需要，处在不断变化过程之中。城市空间狭小，人的空间感受到压抑，于是产生伸展的需要。因而城市人喜欢自然山水，广阔的原野，辽阔的大海，都会使他们的空间感得到满足，给他们带来快乐。而终日在野外奔波的人，则需要较小的封闭的空间，这种空间会使他们感到温暖、安全和舒适。在美国西部影片中，经常会出现热闹的小酒吧。牛仔们之所以喜欢在那儿聚会，因为那样的环境能够满足他们终日野外奔波产生的空间感需求。

总之，嗅觉、温度感、空间感等感官系统，在人的审美心理形成的过程中，都具有重要的作用。与此相关的审美心理的形成过程，实际与记忆型审美心理形成的机理相同，但却是以人体的生理感官能力作为基础，所以将其归入需求型审美心理的范畴。

论审美心理的内在结构及变化规律[*]

审美心理是审美对象在主体神经系统中形成的特殊联系。对于审美主体来说，它表现为一种爱好、趣味；对于审美对象来说，它表现为一种标准、尺度。从心理角度讲，它是一种心理状态；从生理角度讲，它是一种神经生理结构形式。审美心理是以怎样的形式存在于我们的神经系统，又是按照怎样的规律不断发展变化的呢？

一

无论何时何地，每个人都处在一定的心理状态。这种心理状态，是长期社会生活的结果，有传统文化的积淀，有个体经验的感悟，有周围环境的影响。这种心理状态决定着我们对外界事物的态度，审美心理是整个心理状态的一个组成部分。较之其他心理，审美心理有两大特点：首先，它是事物形象与快感的联系。在审美心理发生作用的过程中，作为神经活动的两端，感受器所接收和传入的都是关于事物形象的信息，效应器表现的活动结果都是快感。关于这一点，以往康德等美学家都有明确的论述。其次，它以潜意识方式存在。审美心理是非意识的，在审美活动之前，我们不知道自己有什么样的审美心理。在审美活动中，当人通过视觉或听觉接收到事物形象的信号，快感便会油然而生。如同按动电钮，电灯马上亮起来一样。无须思索，无须联想，当事者也不知道

* 原刊于《人文杂志》2000 年第 1 期。

这快感来自何方。通过审美活动，虽然人们可以感知到审美心理的存在和作用，但仍然无法通过反省，明确地说明它的内容。

根据现代生理学、心理学以及美学的研究成果，审美心理的形成和存在形式可以分为两大类。一类是在对功利物的欣赏中，事物的样子在人大脑皮质上的视觉区与快感区之间建立的特殊联系。在现实生活中，能给人带来功利作用的事物——譬如普列汉诺夫研究的原始部落狩猎胜利品——因其功利性使人产生愉快的感觉。正如普氏指出的，在原始部落，"猎人最初打死飞鸟，正如打死其他野禽一样，是为了吃它的肉。被打死的动物的许多部分——鸟的羽毛、野兽的皮肤、脊骨、牙齿和脚爪等等——是不能吃的，或是不能用来满足其他需要的，但是这些部分可以作为他的力量、勇气和灵巧的证明和标记。因此，他开始以兽皮遮掩自己的身体，把兽角加在自己的头上，把兽爪和兽牙挂在自己的颈项上，甚至把羽毛插入自己的嘴唇、耳朵和鼻中隔"①。这时候，人们欣赏狩猎胜利品——像欣赏其他功利事物一样——首先通过视觉器官（眼睛）把关于"狩猎胜利品"的信号输入神经系统，这种信号"沿着神经纤维进行，像沿着电线一样"，首先到达大脑皮质上的视觉区，再由视觉区到达主管功利作用的区域。由于功利需求的满足，主管功利作用的神经区便向主管快感的神经中枢发出信号，快感神经随即开始活动，人们便得到愉快的感受。

然而，这种欣赏活动的反复进行，使得人的神经系统发生了一个微妙的变化。这种变化起因于人体的一个生理特性。著名生理学家巴甫洛夫是这样介绍这一特性的："无条件刺激物或确实形成的条件物在发挥作用的时候，大脑皮质的一部分会进入活动状态（这就是中心部），而同时也发生作用的新异动因（外来刺激）的刺激也会向活动中的无条件刺激物或确实形成的条件物有关的皮质活动部（中心）进行，在无条件刺激物（或确实形成的条件刺激物）与新异动因同时应用若干次以后，新异动因的刺激向无条件刺激物（或确实形成条件的刺激物）有关的大脑皮

---

① ［俄］普列汉诺夫：《普列汉诺夫美学论文集》第 1 册，曹葆华译，人民出版社 1983 年版，第 419 页。

质中心部的道路就会拓通了。其结果是，只应用新异动因而不应用无条件刺激物，也会引起与应用条件刺激物的效果相同的作用。"① 这种特性是人类神经活动的基本形式——条件反射得以成立的基础。

由于神经系统这一特性的作用，当功利物在快感神经中枢形成兴奋"中心"以后，视觉神经区的信号便会向这个"中心"集中，从而在二者之间开拓出一条通道。随着同一欣赏活动的反复进行，视觉区与快感区这种神经联系便不断地得到巩固，并最终形成稳定的联系。这时候，视觉信号在达到大脑皮质上的视觉区后，便循着这个通道直奔快感区，于是单凭事物的样子便能够起到与功利物同样的作用，即引起人的快感。在社会生活中，人们通过这种方式，与一个个审美对象建立起特殊的联系。大脑皮质上这类众多的联系通道，便构成了审美心理的极其重要的组成部分。

另一类审美心理是人类先天的或后天形成的以事物形象为满足条件的内在需求。现代生理学和心理学研究证明，人与生俱来有各种"本能"或曰"无条件反射"。它们是生命活动的最基本的动力和方式。在生命过程中，这些先天的本能会以各种不同的需求和形式表现出来。在众多的本能之中有这样一类：它们潜意识地存在于人的肌体之中，人们无法通过意识反省它们的存在；它们的满足条件与外物的本质无关，只涉及对象的外形。这类本能构成了审美心理又一重要组成部分。

最能体现这类审美心理特性的是好奇心。巴甫洛夫称之为"探究反射"。自古以来，自然景物始终是审美活动的重要对象之一，但是自然景物何以能引起人的美感，始终是一个争论不休的话题。其实，这与人们的好奇本能有关。康德在研究自然景物之美时曾经讲过一个故事，他说："马尔斯顿在他关于苏门达腊的描绘曾指出，在那里大自然的自由的美处处包围了观者，而因此对他不再具有多少吸引力；与此相反，一个胡椒园，藤萝蔓绕的枝干在其中构成两条平行的林荫路，当他在森林中忽然碰见这胡椒园时，这对于他便具有很多的魅力。他由此得出结论：野生

① ［俄］伊凡·巴甫洛夫：《大脑两半球机能讲义》下册，戈绍龙译，上海医学出版社1955年版，第477—476页。

的、在现象上看是不规则的美，只对于看饱了合规则性的美的人以其变化而引起愉快感。"① 康德从他的美学体系出发，不同意这种说法，他提出一个反证：让马尔斯顿"一整天停留在他的胡椒园里"，他就会认识自然景物的美。这个故事从正反两方面说明，主宰这类审美活动的是人的好奇心。普列汉诺夫把自然景物引起人美感的原因归结为"对立原理"。他说："荒野的景色由于同我们所厌倦的城市风光相反而使我们喜欢。城市风光和经过修饰的园林由于同荒野地区相反，所以使十七世纪的人们喜欢。"② 这实际是用不同的名称对好奇心理的描述。在我们的生活中，随时都可以注意到与之相同的现象：城市人喜欢养花种草，居住在自然花草之中的山民却没有这种雅好；城里人以欣赏自然山水为乐，乡下人却更喜欢熙熙攘攘的城市风光。人们常说"物稀则罕，常见不鲜"，讲的就是好奇心的作用。

在当代西方美学中，格式塔学派有一个重要的观点，就是认为事物之所以能引起人的各种情感，在于"事物运动或形体结构本身与人的心理—生理结构有相类似之处……微风中的柳树并不是因人们想象它是悲哀的，人才显得悲哀，相反，而是由于它摇摆不定的形体本身，传达了一种结构上与人的悲哀情感相似的表现，人才会立即感知它是悲哀的"③。这种观点的实质，也在于把美感产生的原因，归结于外部事物形象对人体内在需求的满足。类似的例子，还可以举出人们对颜色、音乐等事物的欣赏。

牛津大学实验神经生物学家苏珊·格林菲尔德教授在《人脑之谜》中提出，现代神经生理学研究"把小脑看作是一个真正与脑的其余部分相分离的结构，主管无意识的运动"，"在正常情况下，一种十分吸引人的设想是，把皮质下区看作是控制不依赖有意识思维的运动"④。按照这种观点，与本能有关的审美心理可能存在于人的小脑，而在功利物欣赏

---

① ［德］康德：《判断力批判》上卷，宗白华译，商务印书馆1965年版，第82页。
② ［俄］普列汉诺夫：《普列汉诺夫美学论文集》第1册，曹葆华译，人民出版社1983年版，第331页。
③ 李泽厚：《美学的对象与范围》，上海文艺出版社《美学》1981年版第3期。
④ ［英］苏珊·格林菲尔德：《人脑之谜》，上海科学技术出版社1998年版，第30、32页。

中形成的审美心理，最初存在于大脑皮质，最终有可能转入皮下层。这方面更精确的描述，有待于神经生理学进一步发展，目前可以初步确定的是，正是这两类结构形式组成了审美心理的全部内容。

二

审美心理虽然是人的一种心理状态，但是一旦形成，其活动形式就具有必然的规律：对象符合我们的审美心理，我们欣赏它时就不能不产生美感；对象不符合我们的审美心理，我们无论如何也无法让美感产生。审美心理处在不断变化之中。生活中不难发现，有的审美心理如昙花一现，有的却能长久保持，甚至长达数百年。它们是按照怎样的规律发展变化的呢？我们首先来看看审美心理衰退性变化的几个主要规律：

（1）欣赏过度规律。指长时间地或反复地欣赏同一审美对象，导致主体产生厌倦心理，造成审美心理的衰退。这种现象在人体先天的或后天形成的以事物的样子为满足条件的内在需求这类审美心理上表现得尤为明显。因为这种审美心理本身是一种需求，就像我们需要吃饭、喝水一样，有一定的需求度。超过了这个度，人的兴趣就会由淡化转向厌倦，进而产生反感，以致在相当长时间内不愿再欣赏这种对象。康德谈到的苏门达腊的观光者就属于这种情况

（2）对象功利因素的丧失。这主要发生在功利物欣赏中形成的审美心理。如上所述，这类审美心理是在功利的基础上形成的，那么当作为基础的功利作用消失以后，这种审美心理也就会逐渐消退。仍以普列汉诺夫研究的"狩猎胜利品"为例。在原始部落，这些"狩猎胜利品"以其功利象征作用形成了人们的审美心理。随着社会的发展，农业代替了狩猎，这些"狩猎胜利品"的象征作用在社会上便失去了原有的价值，于是与之相关的审美心理也逐渐消退，人们改之以植物的种子或铜和铁制作装饰品。

（3）审美对象突然增加了能引起主体痛感的因素。神经系统活动的特点，使人的大脑皮层可以在事物的形状与快感之间形成联系。同样的原理，它也可以使人们在事物的形状与痛苦感觉之间形成联系。如果在

与审美心理相关的对象上，突然增加上痛感因素，其结果会导致原有审美心理的丧失。狄德罗很早就发现了这种现象，他指出："这个前厅总是瑰丽的，但是我的朋友却在那里丧失了生命。这座剧院并未失其为美，但是自从我在那里得了倒彩之后，我就不能看到它而耳中不响着倒彩的噪音。我在这个前厅，只看见我那濒于气绝的朋友，我就不再感到它的美。"①

（4）其他心理状态的影响。审美心理是整个心理状态的一个组成部分，必然会受到整个心理状态中占主导地位心理的影响，就像审美心理居主导地位时影响其他心理状态一样。当我们的坏情绪成为心理的主导，这时审美心理便会受到压制。杜甫"国破山河在，城春草木深。感时花溅泪，恨别鸟惊心"的诗句，就艺术地表现了这一点。面对青草如茵、姹紫嫣红、莺啼蝶舞的美景，诗人为什么不能像往日那样感受到快乐，相反却更加痛苦，就是因为国破之痛在神经系统占据了主导地位，审美心理受到压抑而无法发挥作用。

三

生活中，有的审美爱好之所以长久不衰，甚至愈来愈强烈，原因在于这类审美心理在生活中不断得到加强。审美心理的加强主要表现为以下几种形式。

（1）主体内在需求增强。人体先天的或后天形成的以事物形状为满足条件的内在需求，作为一种审美心理，如果长期得不到满足，这种需求就会变得更加强烈。如同"晚食当肉"一样，当长期压抑的需求突然得到满足时，获得的美感就分外强烈。这种现象就是审美心理内在需求增强规律。这一规律在对自然风景的欣赏中表现得最为突出。一个久居闹市的人，即使一片杂草丛生的旷野，也会给他带来难以想象的快感。十年"文革"，武打类电影遭封杀，以致改革开放初期，《神秘的大佛》

---

① 北京大学哲学系美学教研室编：《西方美学家论美和美感》，商务印书馆1982年版，第140页。

《少林寺》等影片的出现，格外受人欢迎。特别是电视剧《霍元甲》播放时，几乎造成了路断人稀的效果。究其原因，在于这种审美爱好长期得不到满足而畸形增强。

（2）审美对象功利因素增加。在功利物欣赏中形成的审美心理，其形成基础是某种功利性。当审美心理形成之后，如果与之相关的对象又增加了新的功利性，那么这种审美心理便会随之增强。红色的旗帜古代就有，在各种彩旗之中以其夺目的色彩受到人们喜爱。自从中国共产党的党旗和中华人民共和国的国旗采用红色，于是红旗便在一切热爱新中国的人心目中有了特别的意义。因此，较之其他彩旗，红旗更能引起国人的美感。关于红旗的审美价值，多年前曾经出现争论，有人认为其美，才确定为国旗；有人则认为是国旗的确立，才赋予红旗美的价值。其实，二者都有道理。这就是功利因素的增加导致了审美心理的增强，换言之，国旗的确立使得红旗这个原本美丽的事物显得更美，更为人们喜爱。

（3）社会性审美心理中融入生理性因素。社会性审美心理指后天社会生活中在欣赏功利物基础上形成的审美心理，生理性审美心理指先天的或后天形成的以事物形状为满足条件的审美心理。二者相比，后者持续时间更长，更难改变，所以当社会性审美心理中融入生理性因素后，便具有了生理性审美心理的特点。

这方面最典型的例子是人们的发式。中华民族为发式而付出的代价，在世界史上可能是独一无二的。上古时期，束发和披发，是中原华夏人与边远地区少数民族的区别。孔子说过："微管仲，吾其披发左衽矣。"元朝统一中国，将国人分为四等，其中蒙古人为最高等级，规定凡加入蒙古族的男子，头发须剃去一圈，余发结为辫子，垂在脑后，而最低等级的南宋遗民，则是满头长发，绾成发髻。明朝建立，原先最低等级的发式却成了全国男子的统一发式。至清兵入关，强行要求所有男子一律剪去长发，只在脑后留一根辫子。当时的口号是："留发弗留头，留头弗留发！"许多人为了保持原有的发式付出了生命。然而数百年后，当民主革命者号召剪辫子时，国人却又对这根辫子恋恋不舍，有的被强行剪去头发的人，自感羞于见人或闭门不出，或弄一根假辫子挂在脑后。直到孙中山就任大总统，颁布剪辫子的法令，不留辫子的发式，才最终推行开来。为什么人们如此看重发式，对同一种发式前后态度又如此相异呢？就在于不管是什么原因形成的发式，当长时间流行，并为人们普遍接受后，就渐渐有了新的含义，被作为此类人群的特征。像满头长发、绾成发髻，或脑后留辫子，是不同时期男子的普遍装束，也是不同时期男子形象的特征。如同今日人们把长发作为女性特征一样。表面上看，人们似乎仅仅是为了保持民族的标志，深层次讲，人们难以超越自己的审美心理，特别是作为性特征的生理性审美心理。其实只要设想一下，突然让所有的女性剪去长发留光头，就不难体会到其中的含义。类似的例子，还有我国古代的女人缠小脚，今日女人穿高跟鞋，男子穿西装打领带等。这些审美爱好，不管最初形成的原因如何，在长期的欣赏过程中，都被赋予了性特征的意义。这时，相关的审美心理便在最初的社会性审美心理的基础上融入了生理性因素，具有了更为持久、强烈的特征。

综上所述，审美心理是一种客观的生理存在形式，随着心理学、生理学的发展，人类对其存在形式的描述将会更趋细致、明晰。审美心理处在不断变化中，这种变化具有自身的规律。对于审美心理存在形式及变化规律的研究是分析和理解各种审美现象的基础。由于种种原因，以往这方面的研究较为薄弱。笔者认为，对审美心理存在形式和变化规律的研究，应该作为美学研究的重要任务之一。只有审美心理研究的成熟和系统化，才能如李泽厚先生指出的，"促使美学走向成熟的真正科学"①。

---

① 李泽厚：《美学的对象与范围》，上海文艺出版社《美学》1981 年版第 3 期。

美学研究思维方法之嬗变[*]

美学研究方法分为两个不同的层面：一个是思维方法，另一个是技术方法。思维方法通常被称为"方法论"，建立在人对世界存在方式的基本认识之上，集中地反映在研究的出发点和研究目的上。不同的思维方法，对研究所要达到目的的设想不同，从而形成不同的研究方向。传统美学的形成，首先在于其思维方法，它的研究对象和研究目的，都是其思维方法的结果。现代美学与传统美学的区别，最根本的仍然是思维方法，不同的思维方法导致研究对象和研究目的的变化。

一 传统美学的思维方法

传统美学运用的是本体思维方法。本体思维方法是古代西方美学主要的思维方法，在现代西方美学中已经退出了主流位置，但在我国美学界仍然被广泛运用。

本体思维方法产生于古希腊。作为西方学术思想源头的古希腊人，思考研究的根本问题和目的，就是要寻求万事万物的本原，即世界的本质。古希腊哲学家普遍认为，世界是由某种原质构成的，哲学的任务就在于寻找这种原质，通过这种原质来说明世界的本质。亚里士多德说："我们既然是在寻找最初的根源和最高的原因，那么，显然必须有一种东

　＊　原刊于《西安石油大学学报》（社会科学版）2012 年第 1 期，题为《从传统到现代：美学研究思维方法之嬗变》。

西借自己的本性而具有这些根源和原因。"①

在古希腊哲学中，充满了对世界本质的设想。最初，古希腊人是在世界现存的事物中寻找构成世界的原质。泰勒斯说"万物是由水做成的"；阿那克西美尼说"基质是气"；色诺芬尼"相信万物是由土和水构成的"；赫拉克利特则认为世界"过去、现在和未来永远是一团永恒的活火"……把现实中的具体事物作为万物起源的观点，显而易见会产生难以自圆其说之处，不断变化的原质就证明了这一点。于是，哲学家转而从抽象的概念中寻找出路。首先是毕达哥拉斯学派把"数"作为万物之源，随后出现了柏拉图的"理念"、神学派的"上帝"、康德的"物自体"、黑格尔的"理念"、费尔巴哈的"人的本质"，等等。

围绕世界的本质，形成了古代西方不同的哲学流派。这些哲学尽管研究的结果不同，但研究方法和研究目的却是一致的，都在于寻找一个最初的、独立的、永恒的、万能的"本体"，由此推演出世界万物的产生和变化。这种思维方法及其形成的理论被后人称为"本体论"。由于亚里士多德寻求各种最初的根源和最高的原因的著作书名叫作《形而上学》（也称《第一哲学》），所以本体思维方法及其理论又被称为"形而上学"。本体论对世界形成原因的探讨，以及在探讨过程中表现出的理论自觉性，对于人类社会的发展特别是哲学的发展具有重要的意义。然而作为一种思维方法，本体思维方法存在先天的缺陷。

首先，本体思维确定和寻找研究目标的方法不是依靠对现实的观察，而是依靠人的思维。世界是否由某种原质构成，必须要有现实的依据。但是，处于人类文明初期的古希腊人却没有这样的认识。他们用思维确定目标，用思维去寻找目标。因为在他们看来，思维是高于现实世界的存在。这与现代科学理念恰恰相反。现代科学的理念认为，不是意识决定存在，而是存在决定意识，现实存在较之思维更具有优先性。马克思把本体论的思维方法称作"抽象观念的演绎"，指出它们从抽象的概念开始，经过抽象过程，到达"越来越稀薄的抽象"，使得"整个现实世界都淹没在抽象世界之中"。依靠思维而不是依靠对现实的观察，本体思维方

① 北京大学哲学系外国哲学室编：《古希腊罗马哲学》，商务印书馆1982年版，第234页。

法的这个特点，使得依靠本体思维的研究最终无不脱离实际，成为宗教中各种神、哲学中各种本体产生的基础和根源。

其次，本体思维方法相信世界上存在孤立的、永恒不变的事物，并把寻找这种事物作为追求的最高目标。本体思维方法明显地带有人类初年的特点，即把世界各种事物分割开来，当作各自孤立的不变的事物。恩格斯分析这种思维方法的特征及其产生原因时说：“旧的研究方法和思维方法，黑格尔称之为‘形而上学’方法，主要是把事物当作一成不变的东西去研究。”① 毫无疑问，包括人类自身的整个世界，经历了一个从无到有的过程。这个过程是如何完成的，对于人类来说是一个充满诱惑的谜。自古至今，人类运用各种方法试图揭开这个谜底。本体论的错误不在于其追寻世界形成的原因，而在于它把世界形成的原因简单地假设为由某种单一的原质构成，并把这种假设当作真实的目的去追寻。现代科学的发展已经为人类描绘出一幅世界形成的画卷，在这张画卷中除了各种物质元素不断变化的过程，丝毫看不到本体论设想的世界形成的“原质”。这说明本体论这种假设与现实的发展过程是不相符合的。

对审美现象进行系统的理论思考从柏拉图开始。作为古希腊著名的哲学家，柏拉图与同时代的大多数哲学家一样，奉行的是本体思维方法。罗素认为：“所谓柏拉图的东西倘若加以分析，就可以发现在本质上不过是毕达哥拉斯主义罢了。有一个只能显示于理智而不能显示于感官的永恒世界，全部的这一观念都是从毕达哥拉斯那里得来的。”② 柏拉图的伟大，在于他最早注意到人类生活中普遍存在的审美现象，最早把人类的注意力引导到理性地探讨美的事物之所以美的原因上，从而开启了人类审美研究的先河。然而，作为一个本体论哲学家，柏拉图的研究不是从现实生活中各种审美现象开始，而是运用本体思维方法，先验地断定事物之所以使人产生美感在于事物中有一种元素，正如糖使人甜、醋使人酸一样，事物中这种元素使人感觉到美。柏拉图把这种元素称为“美”

---

① 《马克思恩格斯文集》第 4 卷，中共中央翻译局编译，人民出版社 2009 年版，第 299 页。

② ［英］罗素：《西方哲学史》上卷，何兆武、李约瑟译，商务印书馆 1982 年版，第 65 页。

或"美本身"。他提出"什么是美"这个美的本质问题，目的就是要寻找这种元素。

柏拉图以后，美学研究者纷纷把注意力集中在美本质问题上，想尽一切办法解决这个问题。两千多年来，传统美学就是以研究美、寻找美为目的，形成了各种不同的本体论美学理论。从 18 世纪开始，传统美学在西方逐渐丧失了主流地位。但是，由于受哲学发展的影响，直到 20 世纪末，中国美学依然处在本体论美学的主导之下。陈望衡先生于 2001 年出版的专著《20 世纪中国美学本体论问题》，把 20 世纪中国美学归纳为五大美学本体论，真实地反映了本体思维方法在我国美学研究中的影响。

两千多年来，传统美学把寻找"美"作为研究目的，付出了难以计量的心血，得到了什么结果呢？盘点本体论美学的研究成果，不难发现大多数研究的重点都放在对美存在的定位上，真正对柏拉图所说的"美本身"意义上的美的研究成果少得可怜。哈罗德·奥斯本坦言："今天的美学虽然已经有了大量的、愈来愈成熟的著作，但无论是讲演或者著作中，关于美的问题的论述，比起柏拉图所生活的那个时代来却并不具有更多正确的意义，而无意义的胡扯倒是不少的。"[1] 早在 1903 年，威廉·奈德在《美的哲学》一书的开头便指出："美的本质问题经常被作为一个理论上无法解答的问题被放弃了。"[2] 朱狄在《当代西方美学》中感慨地写道："美的本质问题经过了两千多年的讨论，问题不但没有解决而且从客观上看，这一问题的解决反而显得愈来愈困难了。"[3] 纵观传统美学的研究成果，可以得出这样的结论：直至今天，人们连"美"存在的具体位置也没有搞清楚，更遑论找到"美"。

海森伯在谈及量子论发展的历史时指出，20 世纪 20 年代量子力学取得突破的一个重要方法，"是改变问题的提法"。物理学家经过几十年的探索，"才学会提出正确的问题，而提出正确的问题往往等于解决了问题的大半"[4]。现代物理学这一经验教训的启示在于：有些问题长期得不到

---

① 朱狄：《当代西方美学》，人民出版社 1982 年版，第 164 页。
② 朱狄：《当代西方美学》，人民出版社 1982 年版，第 146 页。
③ 朱狄：《当代西方美学》，人民出版社 1982 年版，第 141 页。
④ ［德］海森伯：《物理学和哲学》，范岱年译，商务印书馆 1984 年版，第 6 页。

解决的原因，往往不在于解决者的方法或努力程度，而在于问题本身。这就像数学中形形色色的无解题，或违反公理，或给错条件，或条件不足，任你费力再大，也不会有什么结果。

分析美学正是循着这样的思路，开始对美本质问题本身进行反思。哲学家们运用分析哲学的方法，把美本质问题定性为一个假问题，从而否定了其存在的意义。维特根斯坦说："哲学中的绝大部分命题和问题并不是假的，而是无意义的，因此我们根本不能回答这一类问题，我们只能认为它们是荒谬的。哲学家们的大多数问题和命题是由于不能理解语言中的逻辑而来的。无论善与美有多大的同一性，它们都属于这类问题。"①

纵观美本质问题研究的各种成果，无论是"美在于比例和谐"之类的"客观论"，还是"美在于心"之类的"主观论"，抑或"美在关系"之类的"主客观结合论"，不难发现其中一个共同的趋向，即实质都在于探讨美物之所以美的原因。同时，不论从哪个角度探讨，人们都毫不怀疑地接受并试图回答柏拉图关于"什么是美"的提问。但是，"什么是美"这种提问，只有当事物美的原因真正在于事物本身的某种因素，或者说只有类似于柏拉图所说的"美本身"存在时才成立。而这种所谓的"美本身"，仅仅是探讨美物之所以美的原因的途径之一，仅仅是柏拉图时代哲学的产物。以往美学和现代科学的研究已经证明，事物中根本不存在类似"美本身"这样的元素，所以这样的提问是不成立的。因此，当人们把各种关于事物之所以美的原因的研究结果套入"什么是美"的回答模式中时，便陷入了难以脱身的怪圈。

综上所述，美本质问题之所以长期得不到解决，根本的原因在于这是一道伪问题、假问题，是一道无解的命题。美本质问题所追求的"美"或"美本身"，仅仅是思维的产物，在现实世界没有真实的存在对象。这种虚假的命题，不仅把美学研究引入歧途，而且束缚了美学研究的脚步。所以，只有抛开美本质问题以及导致其产生的本体思维方法，美学研究才能走上健康的发展道路。

---

① ［奥］维特根斯坦：《逻辑哲学论》，贺绍甲译，商务印书馆1996年版，第84—85页。

二 现代美学的思维方法

现代美学运用的是现实思维方法。现实思维方法是中国古代占主流地位的思维方法，但自汉唐以后逐渐退出主流地位；马克思主义终止了本体思维方法在西方的统治地位，现实思维方法逐渐为西方社会所接受；马克思主义传入中国以后，特别是当代中国马克思主义的发展，使现实思维方法在中国社会中重新焕发了活力。中国文化中的思维方法，与西方最为不同、对中国社会发展影响最大的当数"现实思维方法"。李泽厚把中国人的思维概括为"实用理性"。"实用"从目的和效果而言，"现实"从前提和方法而言。二者名异而实同，所指就是中国文化中"现实思维方法"的特点。现实思维方法是与本体思维方法相对的一种思维方法，其具有如下特点。

首先，思维的问题必须来自现实。《周易》是中国文化的源头。《周易·系辞传》说："昔者包牺氏之王天下也，仰则观象于天，俯则观法于地，观鸟兽之文与地之宜，近取诸身，远取诸物，于是始作八卦，以通神明之德，以类万物之情。"① 也就是说，中国先人通过上观天象的变化，下观地貌的变化，观察鸟兽的活动痕迹和活动地方，观察人自身的活动和其他事物的变化，最终形成了对世界的认识，将其表述为《周易》。从《周易》的产生过程和内容来看，中国文化与西方文化的形成方式和内容具有本质的不同。

孔子整理中国上古文化，深得中国传统文化之妙。《论语》记载："子不语怪力乱神。"孔子病重，子路请求祈祷神灵保佑，孔子婉言谢绝。② 子路问如何敬奉鬼神，孔子说："未能事人，焉能事鬼？"又问人死后会怎样，孔子答："未知生，焉知死？"③ 从这些记载看，孔子是不相信鬼神存在的。不惟孔子，在孔子同时代的人中，持同样认识的大有人在。

① 《周易·系辞传》。
② 《论语·述而篇》。
③ 《论语·先进篇》。

中国古代为什么没有产生宗教，主流文化这种对待鬼神的认识是根本的原因。两千多年前，人类的认识水平还无法解释各种自然现象，鬼神的产生是人类认识发展的普遍结果，世界各种文明大都如此。为什么孔子及其中国古代圣贤会有如此的远见卓识呢？原因就在于他们的思维方法。

中国文化没有对思维方法的专门论述，思维方法主要体现在古人对具体问题的思考过程和结果之中。孔子为什么不愿意谈论"怪力乱神"？因为这些对象不是现实的存在，而是人的思维的产物。庄子概括孔子这种思维方法说："六合之外，圣人存而不论。"① 古代的"六合"，指东西南北上下之中，即人的感官所能触及的范围，也就是现实。对于现实之外的问题，诸如鬼神等，既不能证明其存在，也不能证明其不存在，怎么办呢？孔子的态度是"多闻阙疑""多见阙殆"，即对于说不清楚的问题，先"存而不论"，保留下来，不忙下结论，等到有了证据能说清楚的时候再说。孔子说："知之为知之，不知为不知，是知也。"所以，他不但于"六合之外"存而不论，"即六合之内，也有存而不论的"②。

其次，思维必须从具体的现实情况出发，以现实为依据。任何思维方法，都建立在它对世界存在方式的基本认识之上。现实思维方法之所以强调思维必须从具体的现实情况出发，在于其对世界存在方式的认识与古代西方截然不同。通过对现实世界的反复观察，中国先人对世界形成了一个基本的看法，这就是世界是一个不断变化的过程。一部《易经》可以用一个字概括，这就是"变"。《系辞传》说："易之为书也不可远，为道也屡迁，变动不居，周流六虚，上下无常，刚柔相易，不可以为典要，唯变所适。"③ 西方人最初翻译《易经》，书名就翻译成《变化之书》④。

注重从现实出发，把变化看作事物发展的基本规律，构成了现实思维方法的基础。从这个基础出发，现实思维方法反对把抽象的理念作为思维的出发点。墨学主张"兼爱"，认为爱无差等。儒学则认为爱是具体

---

① 《庄子·齐物论》。
② 杨伯峻：《论语译注》，中华书局 1982 年版，第 9 页。
③ 《周易·系辞传》。
④ 黄寿祺、张善文撰：《周易译注》，上海古籍出版社 1989 年版，第 17 页。

的、有差别的。儒墨之争的实质，是两种不同思维方法的差异。墨学的思维方式，用现代的眼光看，属于本体论的范畴。他们的"人性"是抽象的、不变的；从抽象的人性产生的"兼爱"思想，听起来崇高而美丽，在现实中却无法实施。反观儒学在这个问题上采用的思维方法，则是从具体的现实情况出发，反对从抽象的、不切实际的假设出发。中国古代诸学并起，为什么儒学最终成为中国传统文化的主流？许多人认为是汉武帝"罢黜百家，独尊儒术"的结果，这有点夸大了汉武帝的作用。为什么后代不接受秦始皇焚书坑儒的主张，却接受了汉武帝的主张呢？根本原因还在于儒学本身，在于儒学先进的思维方法。

由于把世界看作一个不断发展变化的过程，现实思维方法反对拘泥于一成不变的道理，反对盲目迷信前人的、书本的和以往的经验。孟子有一句名言："尽信书，则不如无书。"① 儒学发展中有一种现象，儒学家反对儒学，甚至打倒儒学。在先秦三大儒学宗师中，孟子很少谈及孔子谈过的问题，荀子著有《非儒》篇。春秋战国时期，商鞅出自子夏学生李克的门下，韩非和李斯则直接师承于荀子。为什么这些儒家大师的弟子却成为法家的代表人物？就在于他们继承了孔、孟开创的儒学精神，根据现实的需要采取了完全不同于以往儒学的主张。他们打倒的是儒学旧的认识，坚持的是儒学与时偕行、革故鼎新的精神。与此相反，从董仲舒开始以至宋代程朱礼学，虽然奉孔子为"先师"，打着儒学的名号，却违背了儒学所坚持的现实思维方法。近代许多主张中兴儒学者，有的只知道诵经、祭圣，有的把儒学视为"儒教"，乃至有自称"教主"者。这些违背现实思维方法的做法，是标准的"缘木求鱼""南辕北辙"的行为。

中国历史上，大体而言，唐代以前现实思维方法在社会中居主流地位，此后本体思维方式逐渐占了上风。究其原因，一是从汉代起，儒学逐渐被统治者神化，人们在盲目遵从先儒教诲的同时，却忘记了其基本的思维方法，进而走到了其反面。二是外来文化的影响。张岱之指出，佛教给中国文化带来"本体"观念，"这样的思维方法被宋代理学家程

---

① 《孟子·尽心下》。

颢、程颐和朱熹所吸取和改造，并使之与儒家和道家的思想相融合，认为'天理'（道德的精神化）才是世界的真实本体"①。近代以来，西方各种学科全面进入我国教育体系，由于对本民族思维方法研究的缺失，现实思维方法在中国文化中逐渐被淡化，西方本体思维方法则取而代之，居于主流地位。

在西方哲学中，虽然有许多哲学家很早就指出本体思维方法的不足，但是直到马克思主义的产生，才终结了本体思维方法对西方文化的统治。马克思主义是传统哲学最彻底的批判者，也是现代哲学最富有成果的建设者。马克思在人类发展史上第一次明确提出："全部社会生活在本质上是实践的。"② 较之西方传统哲学，马克思主义把对世界本质的认识，从追求先验的、不变的、孤立的事物的思维方式中解放出来，代之以从具体的、变化的、普遍联系的人类实践的角度去理解，从主客观的结合中去理解。马克思主义不是把世界的本质看作一种具体的东西，从而去寻求这种东西，而是把人类社会看作一个不断发展的过程，通过揭示发展过程的规律来说明世界。马克思在《〈政治经济学〉批判导言》中列举了两种不同的研究方法，即"抽象观念的演绎"和"具体规定的综合"。前者是本体思维方法普遍的表现形式；后者则从具体的现实出发，通过对现实发展过程的研究，掌握现实的多样规定性，进而综合出一个思维"整体"，达到对现实社会的理解和把握。恩格斯认为马克思主义与传统本体论哲学最根本的区别，"即认为世界不是一成不变的事物的集合体，而是过程的集合体"③。

马克思主义把人类社会以及外部世界看作一个不断发展变化的复杂过程，把这个过程作为研究对象，把揭示和反映这个过程的规律作为研究目的的观点，体现出一种全新的哲学观和方法论。现代各种自然科学正是遵循这样的哲学观和方法论展开的，现代科学技术的每一个新成果，

---

① 张岂之：《中国人文精神》，西北大学出版社 1997 年版，第 11 页。

② 《马克思恩格斯选集》第 1 卷，中共中央编译局编译，人民出版社 2012 年版，第 135 页。

③ 《马克思恩格斯选集》第 4 卷，中共中央编译局编译，人民出版社 2012 年版，第 251 页。

无不是对事物发展过程的揭示，因而也无不是对传统本体思维方式的证伪和对这种新的思维方式的肯定。

三 现实思维方法与美学研究的变化

18世纪以来的美学，是传统美学向现代美学过渡的时期。这个时期最突出的特点，是美本质问题被证伪，美学失去了明确的研究目的、研究对象和研究方法，只能"摸着石头过河"，重新寻找发展的基点。

在这种状况下，美学的思维方法首先开始发生变化。李斯托威尔在《近代美学史评述》序言中指出："整个近代的思想界，不管它有多少派别，多少分歧，却至少有一点是共同的。这一点也使得近代的思想界鲜明地不同于它在上一个世纪的先驱。这一点，就是近代思想所采用的方法。因为这种方法不是从关于存在的最后本性那种模糊的臆测出发，不是从形而上学的那种脆弱而又争论不休的某些假设出发，不是从任何种类的先天信仰出发，而是从人类实际的美感经验出发的……这主要是一种归纳的、严格说来是经验的方法，是费希纳所大胆开创的'从下而上'的方法。"[1] 现代美学思维方法的变化实质，是从传统的本体思维向现实思维的变化。思维方法的变化导致了研究对象、研究方法、研究目的和研究思路的一系列变化，从而构成了不同于传统美学的现代美学体系。

审美研究的起因，正如柏拉图所叙述的，人们在生活中发现美的事物，欣赏美的事物，惊诧于美的事物的魅力，于是进而希望弄清楚美的事物为什么美，也就是美的事物何以成为美的事物的原因。柏拉图按照本体思维方法，断定在美的事物之中有一个叫作"美本身"的元素，这个元素的存在使得美的事物成为美的事物。按照这种思路，传统美学研究的目的就是寻找美，基本的研究思路就是通过美来解释和说明美感的产生以及审美活动的种种变化。传统美学的研究对象、研究方法以及研究中心，归根结底，都是围绕这一目的和思路形成的。两千多年古代美

---

① ［英］李斯托威尔：《近代美学史评述》，蒋孔阳译，上海译文出版社1980年版，第1—2页。

学的研究历史，都是围绕着这个目的和思路展开的。

近代以来，柏拉图设想的这种"美"被人们从不同的角度所否定，证明为子虚乌有。有人因此否定美学，认为美本质被证伪，美学就失去了存在的合理性。这种认识有一定的道理。如果美学研究仅仅是为了寻找美，在美被证明为子虚乌有之后，这样的研究和学科自然失去了存在的价值。但是，美本质问题只是柏拉图对美的事物何以成为美的事物原因的一种假设，只是美学的一种研究方法和思路。美本质问题被证伪，说明这种假设是错误的，摧毁的是建立在其上的传统美学。柏拉图为美学研究指出了一个方向，经过两千多年的努力，人们发现这是个死胡同。面对这种情况怎么办呢？唯一可行的做法，是返回原来的起点，返回现实中的审美现象，重新思考美的事物何以成为美的事物的原因，重新确定美学研究的目的和方向。

以往美学的研究成果证明，美的事物之所以成为美的事物，在于它们可以单凭形式引起人愉悦的情感。人们之所以称赞某物美，之所以称某物为美物，在于它们的形式引起人的愉悦感。循着这样的思路进一步追究，关于美物之所以美的原因的探讨，自然就转变为"美的事物何以能引起人的愉悦感"，或者说"事物为什么能单凭形式引起人的快感"。如何才能说明事物为什么能够单凭形式使人愉悦呢？最根本的方法，是弄清楚审美现象发生的过程。审美现象的发生包括两层含义：一是从历史的角度看，美的事物通过怎样的过程，最终成其为美的事物；二是从现实的角度看，当人的视觉接触到事物的形象，神经系统发生了什么活动，导致了美感的产生。弄清了审美发生的过程，自然就了解了美的事物何以能够单凭形式引起人愉悦感的原因。

现代美学的发展，正是遵循这样的思路进行的。移情说、距离说、积淀说等现代美学理论，尽管对审美发生原因的解说不同，但与古代美学的研究结果相比，它们有一个共同的特点，就是不再追求一个最终的具体的东西——不管是具体的事物还是抽象的概念——用这个东西来解释审美发生的原因。在这些理论中，研究者所追求和最终形成的解释是一种过程，即通过揭示审美现象发生的过程来说明审美现象发生的原因。这就构成了完全不同于传统美学的研究目的和思路。

综上所述，美学研究中存在两种思维方法，传统美学运用的是本体思维方法，现代美学运用的是现实思维方法。本体思维方法表现在美学研究中，首先是把美的事物之所以美的原因，假设为事物中存在一种叫作"美"的元素。其次是把美学研究的目的确定为寻找这种"美"，用这种"美"来解释和说明美感的产生以及审美活动的种种变化。两千多年美学研究的成果，证明这种作为万美之源的"美本身"是不存在的，建立在这种假设之上的传统美学也就失去了存在的基础。现实思维方法在美学中的作用，首先表现为对传统美学思维方法的批判，揭示了传统美学研究方法和研究目的的不合理性。其次是建立了现代美学的研究目的和思路：即通过揭示审美现象发生的过程，说明美的事物何以成为美的事物的原因。具体而言，就是从历史的角度说明美的事物通过怎样的过程成其为美的事物；从现实的角度说明审美现象中人的神经系统发生了什么样的活动导致美感的产生。

从研究目的的变化看现代美学
研究对象的选择[*]

关于美学的研究对象，一直存在不同的说法，至今依然如此。这不仅造成研究资源的浪费，也使得美学缺乏循序渐进的基础，严重影响着美学的发展。学科研究对象的选择，归根结底是以有利于实现研究目的为标准的。本文试图从古代美学与现代美学研究目的变化的角度，在分析传统美学研究对象的基础上，探讨现代美学研究对象的定位。

一

一种普遍的观点认为，18 世纪是西方古代美学与现代美学的分水岭。这不仅是一个时间概念，而且涉及美学研究目的、研究思路等一系列深刻的变化。事实上，许多现代美学研究者并没有完成从古代向现代的转变，因而从本质上定义，他们的研究依然属于西方古代美学的范畴。

西方古代美学的研究目的是寻找"美"，基本的研究思路是通过"美"来解释和说明美感产生的原因以及审美活动中的不同现象。在日常生活中，美是人们对事物的一种评价，是一个形容词。只有在西方古代美学体系中，"美"才被赋予实体性的意义，成为一个名词，指代一个事物。以追求实体性"美"为特征的西方美学可以追溯到柏拉图。在柏拉图的理论中，美是"一个真实的东西"，如同山、水、树木之类自然存在

* 原刊于《西北大学学报》（哲学社会科学版）2005 年第 6 期。

物一样的实体，"这美本身把它的特质传给一件东西，才使那件东西成其为美"①。

柏拉图这种认识是其所处时代哲学的产物。古希腊哲学最突出的特点，就是要寻求万事万物的本原，即世界的本质。用亚里士多德的话来说，就是要"寻求各种最初的根源和最高的东西"。如何寻找呢？哲学家的思路是：寻找一种东西，通过这种东西来说明世界的本质。亚里士多德说："我们既然是在寻求各种最初的根源和最高的原因，那么，显然必须有一种东西借自己的本性而具有这些根源和原因。"②

从这样的思维方式出发，古希腊哲学家普遍认为，世界是由某种原质构成的。泰勒斯说"万物是由水做成的"；阿那克西美尼说"基质是气"；色诺芬尼"相信万物是由土和水构成的"；赫拉克利特则认为世界"过去、现在和未来永远是一团永恒的活火"，"其他万物都是由火而生成的"……把现实中的具体事物作为万物起源的观点，显而易见会产生难以自圆其说之处，不断变化的原质就证明了这一点。于是，哲学家转而从抽象的概念中寻找出路。首先是毕达哥拉斯学派把"数"作为万物之源。因为数学"提供了日常经验的知识所无能为力的理想。人们根据数学便设想思想是高于感觉的，直觉是高于观察的"。"很自然地可以再进一步论证说，思想要比感觉更高贵而思想的对象要比感觉知觉的对象更真实。"③循此而往，又有了"上帝""理念""自然"等形形色色的本体。

尽管柏拉图与其他哲学家追求的本体不同，但这种追求本体的思维方式却是相同的。罗素在《西方哲学史》中指出："所谓柏拉图主义的东西倘若加以分析，就可以发现在本质上只不过是毕达哥拉斯主义罢了。"④

---

① ［古希腊］柏拉图：《柏拉图文艺对话集》，朱光潜译，人民出版社 1983 年版，第 184 页。

② 北大哲学系外国哲学史教研室编译：《古希腊罗马哲学》，商务印书馆 1982 年版，第 234 页。

③ ［英］罗素：《西方哲学史》上卷，何兆武、李约瑟译，商务印书馆 1982 年版，第 61—62 页。

④ ［英］罗素：《西方哲学史》上卷，何兆武、李约瑟译，商务印书馆 1982 年版，第 65 页。

按照追求本体的思维方式，柏拉图自然而然地把美的事物之所以成为美的事物的原因，认定为事物中"美"或"美本身"的存在，从而把美学研究的目的确定为寻找"美"或"美本身"。这样的研究目的和思路，把研究者的目光导向客体，从而形成了古代西方美学的三种研究对象：美、美的事物和艺术。然而，研究思路的偏颇，导致这些研究对象存在先天的缺陷。

首先，以"美"为研究对象，混淆了研究目的与研究对象的区别，造成研究目的虚无。柏拉图追求的实体性的美，是其哲学观的产物，并非实际存在的事物。科学发展到今天，没有任何蛛丝马迹可以证明作为实体性的"美"的存在。李泽厚先生曾经指出，寻找"美"或"美本身"，"这正是美学需要探讨的问题"。① 需要探讨的问题就是不清楚的问题，应该是研究的目的而非对象。所以，把美作为研究对象，混淆了研究目的与研究对象的区别，造成研究目的虚无，存在逻辑上的矛盾。

其次，仅仅把"美的事物"作为研究对象，是以错误的前提为基础的。这种研究对象的确立，实质上是建立在这样的思维前提之上：即美的事物引起人美感的原因，完全在于客体，而与主体无关。然而任何审美活动，都是审美主体与审美对象共同作用的结果。这种试图从一种事物中寻找两种事物共同作用的结果产生的原因的做法，正如单独在父亲和母亲身上寻找孩子产生的原因一样，是无法找到正确答案的。

最后，仅仅把艺术作为研究对象，从方法论的角度讲，是以偏概全。艺术是一种美的事物，仅仅以艺术为研究对象，就排斥了其他类型的美的事物。那么，把社会和自然中美的事物排斥在美学研究范畴之外的依据何在？从艺术中总结出来的规律是否适用于社会和自然中的审美现象，是否称得上美的普遍规律？艺术是高于自然美和社会美的审美对象，按照从低级到高级，从个别到一般的认识规律，不了解自然和社会生活中审美现象发生和变化的规律，是否可以认识到艺术作为一种特殊的审美现象的规律？显而易见，这些问题的答案不支持把艺术作为美学唯一研究对象的观点。

---

① 李泽厚：《美学的对象与范围》，上海文艺出版社《美学》1981 年版第 3 期。

二

从 18 世纪开始，美学发生了根本性的变化，导致了现代美学的最终确立。

这种变化首先表现在对"美"和"美本质问题"的认识上。以往人们认为，如同山、水、树木等自然物一样，美是一种客观的先验的存在，是人人都明白的事实，谁也不觉得这还需要提供什么证明。然而，18 世纪以后，美学家却普遍地怀疑"美"乃至否定"美"的存在，"美的本质问题经常被作为一个理论上无法解答的问题而放弃了。"① 弗朗西斯·科瓦奇指出："古希腊和中世纪的哲学美学家如柏拉图、亚里士多德、普罗提诺、奥古斯丁、托马斯·阿奎那等所有的人都相信他们的感觉和理性，并对美的存在深信不疑，并不想到要为美的存在去提供任何证明，而这种态度在现代思想家那里突然消失了。"② 怀疑和否定"美"的存在的倾向在分析美学达到了顶峰，分析美学认为，一切研究命题都可以分为可证实的和不可证实的两类，与现实存在相对应的图像构成的命题，可以证实，是有意义的；在现实中无对应物的图像是虚假的图像，由此构成的命题是不可证实的，因而也是无意义的。柏拉图早就说过，美的事物不是美，所以具体的审美对象不是美的对应物；至于存在于事物之中的"美"或"美本身"，没有人能证实它存在于何方，以何种形式存在。所以，美在现实世界没有对应物，美本质问题是一个虚假的命题，是荒谬的、无意义的。客观地讲，分析美学这种推理并非无懈可击，它之所以能为人们普遍接受，成为当代很有影响的美学学派，一方面在于它迎合了人们对美本质问题长期探求而一无所获的压抑心理，另一方面在于它与现代美学的价值取向是一致的。

与古代美学相比，现代美学的研究对象和研究方法发生了明显的变

---

① 思羽：《现代西方关于美的本质问题的不同看法》，载《美学》第 3 期，上海文艺出版社 1981 年版。

② 思羽：《现代西方关于美的本质问题的不同看法》，载《美学》第 3 期，上海文艺出版社 1981 年版。

化。李斯托威尔在《近代美学史评述》序言中指出："整个近代的思想界，不管它有多少派别，多少分歧，却至少有一点是共同的。这一点也使得近代的思想界鲜明地不同于它在上一个世纪的先驱。这一点，就是近代思想界所采用的方法。因为这种方法不是从关于存在的最后本性那种模糊的臆测出发，不是从形而上学的那种脆弱而又争论不休的某些假设出发，不是从任何种类的先天信仰出发，而是从人类实际的美感经验出发的……这主要是一种归纳的、严格说来是经验的方法，是费希纳所大胆开创的'从下而上'的方法。"① 滕守尧在《审美心理描述》中，把现代美学与古代美学的区别归为三个方面：（1）研究对象由外在的审美对象转向主体审美心理；（2）研究方法从"自上而下"变为"自下而上"；（3）研究中心由对美本质的探讨转为对人的审美能力的探讨。② 这种概括代表了当前学界的普遍看法。

毫无疑问，主体审美心理是现代西方美学居主流地位的研究对象。然而，这种研究对象的变化之所以没能给美学带来重大突破，一个重要的原因，在于审美心理作为美学的研究对象，依然存在先天的不足。

首先，这种研究对象具有与古代西方美学研究对象同样的错误前提和思维方法。古代西方美学排斥了主体在审美中的作用，现代西方美学排斥了客体在审美中的作用，二者表现形式不同，思维方式却一样，都是想从一种因素中寻找两种因素共同作用的结果。如果说有什么区别，就在于古代西方美学把孩子产生的原因归之于母亲，现代西方美学则归之于父亲。

其次，这种研究对象的确立与古代西方美学具有相类似的思维方法和追求目的。古代西方美学在美的事物中寻找物质性的"美"，现代西方美学则在人的心理中寻找特定的器官或能力，他们都认为有某种确定因素导致了美感的产生。夏夫兹博里等人把美感产生的原因当作主体的一种能力。他认为，人有一种特殊的器官，叫作趣味，专门负责欣赏美和

---

① ［英］李斯托威尔：《近代美学史评述》，蒋孔阳译，上海译文出版社1980年版，第1—2页。

② 滕守尧：《审美心理描述》，四川人民出版社1998年版，第13页。

丑。"趣味"对美和丑的感觉，就像味觉器官感觉糖的甜和盐的咸一样，是一种直接的感觉。他的门徒赫契生进一步认为，"趣味"器官不只有一个，而是有若干个，分别负责对善、美、丑、崇高等进行鉴赏和判断。经验派美学家阿尔逊则认为，审美趣味或许是普通认识能力和内在情感以一种独特的方式活动所产生的一种功能，而不一定存在着什么专管美和崇高的特殊器官。这种特殊的活动方式便是联想。他认为，只要有了丰富而又适度的联想，任何事物都可以变成美的。大卫·休谟（David Hume）等人则把美感产生的原因归结于审美者的态度。他认为，事物的美丑全在于人的观察，"我们必须仔细地选择适当的时间和地点，使鉴赏能力在适当的情势下得到发挥，这些条件就是：心灵要完全安静，思想和情绪要镇定自如，注意力要指向对象。这些条件只要缺少一个，我们的努力就要失败，我们就再也判断不出哪些是天主教，哪些是普遍的美"①。叔本华（Arthur Schopenhauer）认为只要忘记一切，只是恬静地观照事物，就会发现事物的美。布洛（Edward Bullough）认为事物美与不美，全在我们能否与它们保持适当的距离。这些美学家尽管与古代美学追求的目的不同，但思维方法却是一致的。

三

现代美学以审美心理为研究对象的潮流，是没有完成研究目的转变的产物。

如上所述，古代美学研究的目的是寻找美，基本的研究思路是通过美来解释和说明美感的产生以及审美活动的种种变化。它的研究对象、研究方法以及研究中心，归根结底，都是围绕这一目的和思路形成的。两千多年古代美学的研究历史，都是围绕着这个目的和思路展开的。现代美学否定了"美"的存在，放弃了对美本质问题的探讨，也就否定和放弃了古代美学的研究目的和基本的研究思路。那么，从学科发展的角度看，在否定和放弃了古代美学的研究目的和思路之后，现代美学的研

---

① 滕守尧：《审美心理描述》，四川人民出版社1998年版，第17页。

究目的和基本思路又是什么呢？这个问题以往未引起人们的注意，但是它却决定着美学发展的方向，也决定着美学研究对象的选择。

毫无疑问，现代美学有影响的理论成果都是把主体心理作为主要研究对象的。一般而言，研究对象的改变并不必然地与研究目的的改变相联系。研究同一个对象可以有不同的目的，研究不同的对象也可以有相同的目的。但是，愈来愈多的现代美学的研究成果却显示出与古代美学不同的追求和研究思路。移情说、距离说、积淀说等现代美学理论，尽管对审美发生原因的解说不同，但有一个共同的特点，就是不再追求一个最终的东西——不管是具体的事物还是抽象的概念——用这个东西来解释审美发生的原因。在这些理论中，研究者所追求和最终形成的解释是一种过程，通过审美发生的过程来说明审美的实质。这种对审美发生过程的追求、研究和揭示，体现出与古代美学截然不同的研究目的和思路，构成现代美学与古代美学最本质的不同。

古代西方美学的研究目的是古代西方哲学的反映，现代西方美学研究目的的变化则与现代西方哲学息息相关。现代西方哲学的发展，是从对传统的形而上学哲学的怀疑、反思和批判开始的。"怀疑派是古代哲学结束的标志，又是近代思辨开端的特色。"① 现代西方哲学认为，形而上学方法脱离人对世界的经验，臆测出实体、本体和第一因等概念，把这些概念当作一切事物的本原，从最普遍、绝对的概念推演出关于具体事物的结论，这是荒谬的。

在现代哲学中，马克思主义是传统哲学最彻底的批判者，也是现代哲学最富有成果的建设者。马克思在人类发展史上第一次提出："全部社会生活在本质上是实践的。"② 较之以往哲学，马克思主义把对世界本质的认识，从追求先验的、不变的、孤立的事物的思维方式中解放出来，代之以从具体的、变化的、普遍联系的人类实践的角度去理解，从主客观的结合中去理解。马克思主义不是把世界的本质看作一种具体的东西，

---

① ［英］鲍桑葵：《美学史》，张今译，商务印书馆 1997 年版，第 227 页。

② 《马克思恩格斯选集》第 1 卷，中共中央编译局编译，人民出版社 2012 年版，第 135 页。

从而去寻求这种东西，而是把人类社会看作一个不断发展的过程，通过揭示发展过程的规律来说明世界。恩格斯在《卡尔·马克思〈政治经济学批判〉》一文中，对马克思这种新的研究方法作了明确的阐释："历史从哪里开始，思想进程也应当从哪里开始，而思想进程的进一步发展不过是历史过程在抽象的理论上的前后一贯的形式上的反映；这种反映是修正的，然而是按照现实的历史过程本身的规律修正的。"① 这种把人类社会以及外部世界看作一个不断发展变化的复杂过程，把这个过程作为研究对象，把揭示和反映这个过程的规律和本质作为研究目的的观点，体现出一种全新的哲学观和方法论。正是运用这种全新的哲学观和方法论，马克思正确地揭示了人类社会发展的一般规律，预言了社会发展的方向和进程。事实上，这种哲学观和方法论与现代科学的研究方法和思路是相统一的。现代科学的每一个新成果，无不是对事物发展过程的揭示。现代美学研究目的和思路的转变，只不过是这种历史大潮的一朵浪花。

与揭示审美发生过程的目的相适应，现代美学的研究对象也正在发生变化，并且愈来愈趋于明晰。近年来，美学界愈来愈多的人提出把"审美活动"或"审美现象"作为美学研究的对象。这种主张的特点，是把审美的主体和对象作为一个整体，把审美作为一个具体的过程，作为一种社会现象进行研究。"审美活动"与"审美现象"，在强调审美过程是一个整体这一点上是相同的，不同之处在于前者侧重于强调过程的进行时态，后者侧重于强调过程的完成时态。马克思说过："对人类生活形式的思索，从而对这些形式的科学分析，总是采取同实际发展相反的道路。这种思索是从事后开始的，就是说，是从发展过程的完成的结果开始的。"② 纵观现代成熟的学科，无不遵循这一原则，学科研究对象的选择均采用对象的完成时态。如物理学研究物理现象，化学研究化学现象，如此等等。事实上，在美学研究中，分析具体的审美过程采用

① 《马克思恩格斯选集》第 2 卷，中共中央编译局编译，人民出版社 2012 年版，第 14 页。

② 《马克思恩格斯全集》第 44 卷，中共中央编译局编译，人民出版社 2001 年版，第 93 页。

"审美活动"来称谓，对于整体的研究对象采用"审美现象"来称谓，更有利于概念的清晰和准确。鉴于以上原因，在目前美学界称谓的"审美活动"和"审美现象"之间，笔者倾向于以后者作为现代美学的研究对象。

审美现象包括了传统美学除抽象的美以外的所有对象，美的事物和审美心理是审美现象的组成因素，艺术欣赏是审美现象的组成部分。这样，现代美学新的研究对象便把传统美学中相互矛盾的对象有机地融合在一起。然而，现代美学的研究对象与传统美学的研究对象相比，不仅是范围的变化、外延的扩大，更重要的是重视和强调各种审美因素之间的联系，这是新的研究目的要求和决定的。在传统美学研究中，美的事物、审美心理是相互独立的，研究者可以单独研究美的事物或审美心理。但是在现代美学研究中，事物却只有在具体的审美现象中才是美的事物，主体只有在具体的审美现象中才是审美主体。任何审美对象，都是与相应的审美心理相联系的审美对象；任何审美心理，都是与相应对象相联系的审美心理。不存在孤立的、永恒的、不变的审美对象，也不存在孤立的、永恒的、不变的审美主体。仔细分析美学的历史不难发现，审美研究只要稍稍偏离了这一原则，就难免陷入各种相互矛盾的结论之中，就会失去正确的方向。譬如中国古代曾经盛行的以女性脚小为美的习俗，如果不是具体地研究这种审美现象，而是笼统地把小脚作为审美对象，或者抽象地研究人的审美心理，无论如何是无法弄清这种审美现象产生和变化的原因的。

科学研究的对象，归根结底是以有利于实现研究目的为选择标准的。一切理论科学的目的，无不在于揭示某种自然或社会现象发生和变化的原因和规律，美学也不例外。以揭示审美发生过程和规律为目的的现代美学，自然不能把目光仅仅停留在主体或者客体上。唯有从具体的审美现象出发，全面地研究审美活动中的每一个环节、每一个方面，才有利于实现现代美学的研究目的。

美学研究方法及其表现形式阐释 *

　　"工欲善其事，必先利其器"，欲提高美学研究效果，就不能不首先了解、掌握和运用美学研究的各种方法。美学界有一个人们普遍认同的观点，以往美学研究存在三种不同的类型：第一种是从社会学角度研究美学，称为社会美学；第二种是从哲学角度研究美学，称为哲学美学；第三种是从心理学角度研究美学，称为心理美学。李泽厚从研究内容的角度指出，这"的确构成至今美学的三种成分"①。从研究方法的角度看，这三种类型的美学同时也创造了美学研究的三种主要方法：即社会归纳方法、哲学思辨方法和心理分析方法。研究方法是根据研究的需要创造和选择的，不同的学科有不同的研究方法。研究方法在研究过程中具有工具性的作用，因此不同的方法之间并不相互排斥。人们可以根据研究的需要，时而用这种方法，时而用那种方法。以往许多研究者忽略了研究方法这种工具性特点，往往执其一种，排斥其余。这有个人的因素，譬如哲学家用哲学思辨，心理学家用心理分析，原因在于他们熟悉和偏爱某种方法；也有时代的原因，譬如古代美学主要用哲学思辨，近代美学多用心理分析，这与社会的发展程度有关。然而，不论何种原因，将各种研究方法对立起来都是不可取的。譬如旅行，若路途有山有水，如果单一地采用乘车或乘船的方式，就无法到达目的地。为此，本文在总结和分析以往美学研究的基础上，尝试对美学研究的各种方法进行分类，对各种研究方法的表现方式进行系统的总结和梳理，以期使人们加深对

　　* 原刊于《西安石油大学学报》（社会科学版）2012 年第 3 期。
　　① 李泽厚：《美学的对象和范围》，上海文艺出版社《美学》1981 年版第 3 期。

这些方法的理解，从而在研究中自觉地运用这些方法。

一　社会归纳方法

社会归纳方法是从社会学角度研究审美现象的方法。审美现象是一种社会现象，分布在社会生活中的各个方面。人们研究审美现象，首先需要做的工作，就是把这些零散在社会各个方面的现象选择出来；然后对这些选择的审美现象进行归类比较，从而总结出审美活动普遍性的规律。这种研究方法就称为美学研究的社会归纳方法。社会归纳方法根据归纳比较对象的性质，在实践中分为三种类型：一是归纳比较审美对象，二是归纳比较相同审美现象，三是归纳比较相异审美现象。

（一）归纳比较审美对象

在审美研究中，首先引起人们注意的是审美对象。因此，人类最初研究审美现象首先是对审美对象进行归纳比较。

社会归纳方法是古希腊人研究审美现象采取的最普遍的方法。人们对大量的审美对象进行比较，最终选择出最美的形式。古希腊人用这种方法研究的最令人惊叹的成果，当推"黄金分割法"。它不仅是一种美的比例，也是获取这种美的图形的方法。古希腊人还认为："一切立体图形中最美的是球形，一切平面图形中最美的是圆形。"[1] 这种认识至今仍然为人们所接受，并为一些现代研究方法所证实。

通过比较不同对象寻找美的形式的方法，在现代美学中依然被运用。西方实验美学的一种研究方法，就是要求受试者在许多不同的图形中选取他们最喜爱的图形，然后对这些选择进行归纳比较，总结出人们最喜爱的图形。

这种归纳比较审美对象的方法，可以从众多的事物中选择出人们喜爱的形式，从而指导各种相关的社会活动，创造出人类需要的审美对象，

---

[1]　北京大学哲学系美学教研室编：《西方美学家论美和美感》，商务印书馆 1982 年版，第15页。

同时也给审美理论研究提供了基本的素材。

（二）归纳比较相同审美现象

社会生活中，每天都会有各种审美现象发生。社会归纳方法的第二种用法，就是对相同类型的审美现象进行选择，集中起来研究。

我国古代的《乐书》，对不同社会时期的音乐特点作了这样的描写："治世之音安以乐，其政和；乱世之音怨以怒，其政乖；亡国之音哀以思，其民困。"[①] 这种认识显然建立在对不同社会时期音乐特点总结归纳的基础之上，通过比较相同社会时期和不同社会时期的音乐特点，总结出音乐特点与社会状况的对应关系。当人们掌握了这种规律，也就可以反过来，通过一个时期音乐的变化理解这个时期社会的特点。

2008 年世界金融危机中，经济学家惊奇地发现，尽管大多数行业经营下滑，电影院的票房收入却呈大幅增长的态势。人们对历次经济危机中各种产业的发展状况进行分析，得到了一个重要的启示：金融危机是文化产业发展的良好机遇。在这种认识指导下，2010 年我国把文化产业的发展放在了十分重要的地位。

这种对相同类型审美现象集中研究的方法，主要的作用是可以掌握一定时期社会的主流审美趋向及其发展规律，为社会发展提供理论指导。

（三）归纳比较相异审美现象

在美学史上，有一些自称"客观派"的美学家，他们从哲学观念出发，认为美是客观的、不变的，美的东西永远是美的。

普列汉诺夫没有同这些美学家争论，他只列举了 17 世纪和 19 世纪欧洲人对自然景物的态度："对于 17 世纪的人们，再也没有比真正的山更不美的了。它在他们心里唤起了许多不愉快的观念。""在 19 世纪，情况急剧地改变了，人们开始为风景而珍视风景。"[②] 这两种相反的审美现象

---

① （唐）赵蕤：《反经》，中国言实出版社 2004 年版，第 237 页。

② ［俄］普列汉诺夫：《普列汉诺夫美学论文集》第 1 册，曹葆华译，人民出版社 1983 年版，第 331 页。

的产生有其各自的原因，撇开这些原因不论，仅仅把这两种不同的审美现象放在一起，便可以判断"客观派"论断的真伪。事实上，社会生活中这样的审美现象数不胜数，为什么类似"客观派"的观点却可以在相当长的时间内存在甚至居主流地位呢？就在于人们只关注于哲学理念的争论，而忽视了对不同类型审美现象的归纳比较。

法国著名文艺理论家莱辛（Dessing）的名著《拉奥孔》，从另一个角度为人们展示了归纳比较不同审美现象的作用。莱辛把古希腊拉奥孔雕像与罗马著名诗人维吉尔（Publius Vergilius Maro）在史诗《伊尼特》中对拉奥孔故事的描写进行对比，用事实推翻了西方古代文艺理论中"画如此，诗亦然"的观点，说明了诗与画在表现形式上的差异。

这种归纳比较相异审美现象的方法，是科学证伪方法在美学中的运用，其作用主要在于确定某种观点的有效范畴，对于克服传统美学研究中存在的以偏概全现象，尤其具有重要的作用。社会归纳方法除了用于总结一般审美规律，更重要的还在于为美学的深入研究提供素材，因而是美学研究的基本方法。如果没有对审美对象和审美现象的归纳比较，哲学思辨方法和心理分析方法就会成为无的之矢。以往许多研究正是由于忽视了这一点，从而陷入了空谈之中。

二　哲学思辨方法

美学研究的哲学思辨方法，就是从哲学的角度研究审美现象的方法。在具体研究中可以分为三种：一是逻辑推演方法，二是思维辨析方法，三是思想实验方法。

（一）逻辑推演方法

逻辑推演方法是把一种认识推演到不同的对象上，进而判断其是否成立的方法。

柏拉图是运用逻辑推演方法的典范。在《大希庇阿斯篇》中，希庇阿斯认为"美就是一位漂亮小姐"。柏拉图举出"一匹漂亮的母马、一个美的竖琴、一个美的汤罐"等美的事物，用以证明"美是一位漂亮小姐"

的观点不能成立。① 因为柏拉图和希庇阿斯在讨论前首先达成一个共识：真正的"美"只能有一个。既然希庇阿斯认为"美是一位漂亮小姐"，美就不能是其他的事物，就必须承认"漂亮的母马""美的竖琴""美的汤罐"等事物不美，而这显然不符合事实。柏拉图用这种方法使得希庇阿斯不得不收回自己的观点。

逻辑推演方法多用于判断一种观点能否成立。以往我国美学界的争论中，有人针对"美在典型"的观点，指出最能体现类特征的毒蛇、癞蛤蟆等对象，虽然具有典型性却不能成为审美对象；有人针对"美是人的本质力量对象化"的观点，指出蔚蓝的天空、浩瀚的大海、皑皑的雪山、莽莽的沙漠，没有受到人类的改造却更能引起人的美感，被砍伐得七零八落的树林、被轰炸得体无完肤的山峰，虽然体现了人的力量却不能成为审美对象……诸如此类的说法运用的都是逻辑推演的方法。

事实上，以往关于美的任何定义，运用逻辑推演的方法都会被证伪。因为纷纭变化的审美现实，会使任何单一不变的美的定义难以成立。

（二）思维辨析方法

思维辨析方法，就是运用思维观察判断的能力，辨析不同事物之间的同异，进而对其进行分类的方法。

康德是运用思维辨析方法的典范。在康德之前，美与善的区别一直是审美研究中争论不休的问题。康德运用思维辨析方法，指出了二者的不同，从而对美与善作出了明确的区别。

康德首先分析了人类认识活动的两种不同形式，指出"用自己的认识能力去了解一座合乎法则和合乎目的的建筑物（不管它是在清晰的或模糊的表象形态里），和对这个表象用愉快的感觉去意识它，这两者是完全不同的"②。在康德之前，人们多笼统地谈论人的认识活动，康德则将

---

① ［古希腊］柏拉图：《柏拉图文艺对话集》，朱光潜译，人民文学出版社 1983 年版，第180 页。

② ［德］康德：《判断力批判》上卷，宗白华译，商务印书馆 1965 年版，第39—40 页。

其分为依靠理性思维和依靠感官感觉两种类型。

康德其次从客体和主体不同的角度分析了审美活动的特点，指出审美活动完全不同于一般认识活动，不依赖概念，不依赖思维，只涉及事物的形象，只与人的情感相联系。

在此基础上，康德进一步分析了人的快感，认为审美引起的愉悦不涉及"利害关系"。所谓"利害关系"，康德主要指欲念和概念。欲念，用现代较准确的说法就是功利。康德认为，美不涉及功利与美只涉及事物的形式组合在一起，就把美的事物与善的事物彻底地划分开来，也把美感和快感区分开来。

现实世界是一个整体，理论研究就是从不同的角度对其进行分割、划分，从而达到认识的目的。在理论研究中，思维辨析是最基本也是最有效的工具，康德的研究过程充分地体现了这一点。

（三）思想实验方法

美学研究中的思想实验方法，是在思想中设置实验的范围和条件，思考特定环境中事物的变化，从而得出某种结论的方法。思想实验把传统的哲学思维与现代科学的实验方式结合在一起，既有利于提高思维的科学性，也有利于解决一些现实条件下无法实验的问题。

在现代科学研究中，爱因斯坦最擅长运用思想实验的方法，因为宏观和微观物理学中的许多实验是无法在实验室完成的。相对论中的许多结论——如高速运动中的钟慢尺缩现象、加速系的惯性力场与引力场等效、空间时间弯曲等，都是爱因斯坦思想实验的产物。

在传统美学中，康德曾经在不经意间运用了思想实验的方法。他在《判断力批判》中讲述了一个有趣的故事："马尔斯顿在他关于苏门答腊的描绘中曾指出，在那里大自然的自由的美处处包围了观者，而因此对他不再具有多少吸引力；与此相反，一个胡椒园，藤萝蔓绕的枝干在其中构成两条平行的林荫路，当他在森林中忽然碰见这胡椒园时，这对于他便具有很多的魅力。他由此得出结论：野生的、在现象上看是不规则的美，只对于看饱了合规则性的美的人以其变化而引起愉快感。"① 马尔斯顿这种说法显然与康德的理论相悖。因为康德不仅提出了自然景物之所以美的原因，而且认为美的东西人人都应该认为是美的，永远都应该是美的，"在一切我们称某一事物为美的判断里，我们不允许任何人有异议"②。于是，作为反驳，康德给了马尔斯顿一个建议，要马尔斯顿做一个实验，"一整天停留在他的胡椒园里"。康德认为，这样一来，马尔斯顿必然会重新认识到大自然的美。

康德的建议，实际上就是一种思想实验——不需要真实地进行，只要在思想中进行即可。康德的实验条件是按照马尔斯顿的逻辑设定的，实验的结果也是显而易见的。长时间地待在胡椒园中，正如长时间欣赏自然景物一样，都会使人厌倦。康德通过这种方法，反驳了马尔斯顿的结论。

在以往美学研究中，自觉运用思想实验方法的情形较少。但由于美学研究涉及的一些现象，在现实生活中无法进行实验。而没有实验，一种观点往往无法得到有效的确认或反驳，就会陷入旷日持久的争论之中。运用思想实验的方法，可以使人们对许多问题的认识更加符合实际。

三 心理分析方法

美学研究的心理分析方法是从心理学的角度研究审美现象的方法。在以往研究中，心理分析方法表现为三种方式：一是理论分析方法，二是内省体验方法，三是心理实验方法。

（一）理论分析方法

理论分析方法就是运用心理学研究成果分析审美现象，是心理分析方法最普遍的表现形式。

---

① ［德］康德：《判断力批判》上卷，宗白华译，商务印书馆1965年版，第82页。
② ［德］康德：《判断力批判》上卷，宗白华译，商务印书馆1965年版，第78页。

现代西方美学中，以西格蒙德·弗洛伊德为代表的心理学学派，把他们的心理学成果运用于美学研究，形成了心理分析美学；以鲁道夫·安海姆（Rudolf Arnheim）为代表的心理学学派，把他们的心理学成果运用于美学研究，形成完形心理学美学。

从西方心理学美学的发展过程看，运用心理学成果分析审美现象，需要注意以下两个方面的问题。

首先，所运用的心理学成果必须是经过实践证实的科学理论。从科学精神要求的证伪性讲，心理学具有一般社会科学的共同特点，即有些理论无法得到科学的证实或证伪。在这种情况下，某些新兴的心理学理论，本身可能就是非科学的。如果依靠这种非科学的心理学理论分析审美现象，就难以得到科学的结论。

心理分析美学代表人物之一的融恩（Jung），把"无意识"分为"个人无意识"和"集体无意识"两种类型，认为集体无意识不是由个人获得的，而是由遗传保存下来的一种普通性精神。融恩认为，人的大脑在历史中不断进化，长远的社会（主要是种族）经验在人脑结构中留下生理的痕迹，形成各种无意识的原型，它们不断遗传下来，就成为人生而具有的"集体无意识"。后天的经验能否形成生理的结构并遗传下去，神经生理学至今仍然抱否定的态度。巴甫洛夫在1913年曾经把后天经验可以遗传作为假设提出，但后来的试验结果却不能支持这一点。于是，1927年巴甫洛夫专门通过书面声明，宣布自己不是后天经验可以遗传的倡导者。由此可见，融恩的"集体无意识"作为一种心理学研究成果，自身是否科学尚待证实。如果把这样的心理学理论不加分析地应用于审美研究中，所得结论的正确性就会大打折扣。

其次，运用心理学成果研究审美现象，必须注意该理论的有效区域。一种心理学研究成果，总是对某种心理现象的研究成果。在这种心理现象的范围中，这种研究成果成立；超出了这种心理现象的范围，这种研究成果可能就不成立。所以，如果用一种心理学理论解释一切审美现象，就难免会得到错误的结论。

弗洛伊德关于无意识和性本能的认识在人类认识史上无疑具有里程碑式的意义。但是，他把本能的压抑和转移运用于各种审美现象的分析中，认为"美的观念植根于性刺激的土壤中"，艺术创作是性压抑的转移。这就忽视了社会中其他因素和其他心理的作用，犯了以偏概全的错误。李斯托威尔在《近代美学史评述》中说："精神分析美学的缺点，正像整个弗洛伊德的心理学一样，是把一种正确的理论夸大到接近绝对的色情狂的地步。"① 这种批评是十分中肯的。

这些经验教训告诉我们，运用心理学成果分析审美现象，必须运用为实践证实的科学理论，并严格遵循理论的有效区域，这样才有可能得到正确的结论。

（二）内省体验方法

每一个美学研究者，同时又都是一个审美主体。因此，通过有意识地内省体验审美活动中心理感受的方法，可以帮助我们认识和理解审美活动中主体的心理变化规律。

在美学史上，法国心理学家韦特海默（M. Wertheimer）关于"格式塔特质"的认识，是运用内省体验方法取得的杰出成果。据说在 1910 年夏天，韦特海默去莱茵湖畔度假，一个突如其来的灵感使他在法兰克福下了车，他到一家玩具店买了一个玩具动影器，即利用一系列图片迅速连续出现使人产生动态感觉的机械玩具。他反复地体验了这种玩具动影器的感觉后肯定地说，造成知觉的因素一定不只是五官的感觉。

在此以前，西方关于外部事物的构成因素，流行的是洛克（John Locke）的观点。洛克认为："除了声音、滋味、香气，同可见可触的性质以外，任何人都不会想象物体中有其他任何性质，不论那些物体的组织如何。"② 关于人类对外部事物的知觉构成，流行的是冯特（W. Wundt）的"要素论"，即认为知觉是各种感觉要素的复合。

韦特海默通过反省自己的感受，提出了不同于洛克和冯特的观点，认为知觉不是各种要素的复合，人们感觉到的首先是事物的整体形象，

---

① ［英］李斯托威尔：《近代美学史评述》，蒋孔阳译，上海译文出版社 2007 年版，第 140 页。

② ［英］洛克：《人类理解论》上册，谭善明、徐文秀译，陕西人民出版社 1981 年版，第 85 页。

然后才是事物的构成部分。由此，韦特海默在以往物质是感觉的各种要素之外，提出了"整体形象"的概念。整体形象也称为"完形"，或"格式塔特质"，他们所创立的心理学因此被称为完形心理学或格式塔心理学。许多研究者用这种理论分析审美现象，从而形成了完形心理学美学。

在美学研究中，研究者都会自觉不自觉地运用内省体验的方法，而自觉地运用这种研究方法则会收到更加积极的效果。

（三）心理实验方法

费希纳把自然科学的实验方法带入美学，从此美学界便有了实验美学的称谓。在美学研究中运用实验的方法，最初主要集中在心理学的层面，实验的目的是要发现那些令人愉快的形式。通常采用三种方法：选择法，让受试者在各种几何图形中，依次选择自己喜爱的图形；制作法，让受试者制作自己喜爱的图形；常用物测量法，测量人们常用物品的大小比例，如明信片和信纸。

随着实验方法的运用，人们由对美的形式的发现和确定，逐渐转向欣赏者的心理变化。研究者通过改变观察对象和观察时间的方法，要求受试者回答不同情形下的感受，有的实验要求受试者将感受细致地描写出来，以期总结出某些普遍的规律。美国学者柯尔金斯（Calkins）把说明色彩、形式和表情的三种图画，分别展示给三百个年龄不同的人，发现百分之八十八的儿童喜爱高度着色的画，百分之六十的成年人则喜欢较为简洁朴素的形式。

随着实验方法的深入发展，人们逐渐开始关注欣赏活动中受试者的生理变化。有的实验者测量受试者的脉搏和呼吸，有的记录模仿和手势动作的现象，有的记录四肢活动的状况。进入 21 世纪以后，随着神经生理学的发展，有的实验者开始观察欣赏活动中受试者大脑皮层的兴奋区域和兴奋信号的强弱变化。

对于实验美学，我国美学界以往有许多人持否定态度。毫无疑问，仅仅依靠实验的方法，肯定无法揭开审美现象的秘密。但实验方法作为一种研究方法，对一些审美爱好的确定，却可以为进一步的美学研究提供基础。特别是随着神经生理科学的发展，对人的大脑活动观察能力的增强，实验的方法将会对认识审美现象中人的神经活动提供科学的依据。如果有那么一天，科学技术能破译人大脑活动的信息，研究者可以直接观察和阅读人在审美活动中神经系统的活动，心理实验将成为美学研究的最重要的方法。

第三部分

艺术美学发微

艺术美与现实美的四大区别[*]

关于艺术在审美中的地位，美学界有三种意见：有的研究者给予艺术以至高无上的地位，把艺术视为美学主要的甚至是唯一的研究对象。黑格尔的巨著《美学》开篇就讲道："这些演讲是讨论美学的；它的对象就是广大的美的领域，说得更精确一点，它的范围就是艺术，或则毋宁说，就是美的艺术。"① 有的学者则认为，艺术与审美不同，艺术涉及功利，审美不涉及功利。李泽厚提出："艺术不等于审美，审美没有实用目的……艺术则不然，它有明确的功利的目的。"② 有的学者把艺术当作一种审美对象来对待，并且把艺术美与社会美、自然美一起作为审美研究的三大对象。这种分歧反映了一个事实：艺术美与现实美、艺术欣赏与一般审美活动具有不同的特点。科学地认识艺术美与现实美的区别，正确地把握二者的异同，是艺术理论和美学研究的前提和基础。本文试从产生过程、引起美感的因素、欣赏活动中情感表现形式和意识的作用等四个方面，论述艺术作为一种审美对象，艺术欣赏作为一种审美现象，与现实生活中一般美的事物和审美现象的区别。

一 产生过程不同

现实中美的事物，是在生活中逐渐形成的。如普列汉诺夫研究的原

———————
* 原刊于《西安石油大学学报》（社会科学版）2004年第2期。

① ［德］黑格尔：《美学》第1卷，朱光潜译，商务印书馆1981年版，第3页。

② 李泽厚：《美学四讲》，生活·读书·新知三联书店1999年版，第172页。

始部落狩猎胜利品，最初是功利象征物，在长期欣赏过程中，随着人审美心理的形成——狩猎胜利品的样子在人大脑皮质上的视觉区与快感区之间建立了直接的稳定的联系，才成为审美对象。即使如自然景物之类看不出功利作用的审美对象，也是与欣赏者的生活环境息息相关的。原始社会的人从不用花草装饰自己和住处，因为生活中到处存在的花草并不能给他们带来美感；生活在崇山峻岭中的山民不喜欢自然景色，因为这些高大的山岭给他们的生活带来了困难，带来了贫穷，他们看腻了它们，渴望摆脱它们。相反，城市人喜爱自然景物，不惜千里迢迢，花钱受累，仅仅为了短暂的欣赏机会。这些爱好是由他们长期的生活环境所形成的。换言之，现实中美的事物的形成，一般而言，经历了一个较为长久的时期。

在现实美的形成过程中，欣赏者的参与是必不可少的。如果不是生活在以狩猎为主要生产方式的社会，不经历狩猎胜利品作为功利象征物的欣赏过程，或者不受到这种观念的传递和影响，从而建立相应的审美心理，就不会对狩猎胜利品之类的审美对象产生美感。以新奇感引起人美感的事物也是同样的道理，不过表现形式则相反。长期的城市生活使人们见到自然风光流连忘返，长期的内陆生活使人们见到大海欣喜若狂。虽然审美对象是初见，但相关的审美心理却是长时间形成的，是因为审美者的直接参与而形成的。总之，现实中美的事情的形成，不仅必须经过较长的时间，而且需要审美者的参与。

艺术作品则不然。艺术作品是艺术家创造的。郭沫若听课的时候，灵感所至，背着老师，在课桌抽屉创作了《女神》，开中国现代新诗的先河。鲁迅受一个患精神分裂症亲戚的启发，创作了《狂人日记》，成为中国第一部白话小说。类似的例子在艺术史中举不胜举。一般而言，艺术作品的创作过程，较之现实美的形成过程要短得多。虽然有的作品创作过程较长，如歌德（Goethe）的《浮士德》，作者从25岁写起，直到83岁逝世前夕才最后完成，但对欣赏者来说，仍然不像现实中美的事物那样，需要一个从功利物到审美对象的转化过程，而是突然间就出现在面前，并立即引起人的美感。

现实中美的事情的形成是一种自然过程，艺术作品的创作则是人类有目的地生产。原始狩猎胜利品之类事物，人们最初并不是为了使其成为欣赏对象而追求它们的。各种艺术品则不同，创作者的目的就是要使它们为人欣赏，为人喜爱。黑格尔最早注意到这个区别，并由此认为艺术美高于现实美。

艺术品可以根据人们的需要不断地生产，从而极大地丰富人的精神生活，满足人对审美的需要。这一特点颇类似于现实中另一类审美现象，如各种时装、耳环、项链等服饰品的生产……甚至于文身、健美等活动。从某种意义上讲，这也是审美对象的复制。这就提出了一个问题：现实美是否也可以复制？

分析这类活动可以发现，它们具有一个共同的特点，就是它们复制的是某种已经成为审美对象的东西。譬如西服的大量生产，必然建立在人们已经建立起与之相关的审美心理之后。这就像一部小说受到读者欢迎，书商进一步加印发行一样。现实生活中，人们可以根据自己的需要复制已经成为审美对象的事物，但是人们不能根据自己的需要不断地生产出新的审美对象，或者说不能随心所欲地形成或改变自己的审美心理。

现实中美的事物的复制是按照已经形成的审美对象的样子进行的，是根据人的审美心理和审美需要进行的。那么，艺术美的复制是按照什么原则进行的呢？是按照一定艺术方式的创作法则进行的，如小说、戏剧、绘画……虽然艺术品是艺术家突然推至观众面前的，但艺术方式却是在生活中逐步形成的，类似于社会生活中一般审美对象的形成过程。

关于艺术的起源，学术界较有影响的观点有：艺术起源于劳动、艺术起源于模仿、艺术起源于游戏、艺术起源于巫术、艺术起源于情感和思想交流的需要等等。从研究的结果看，每一个说法都有支持的证据。在人类初年，现代意义上的"艺术"尚未产生以前，人们的各种活动以生存为目的构成一个整体。在这种生活中，人们发现了某些形式的特殊作用，于是一步步地把它们独立出来，加以改进，形成了现代意义上的艺术形式。譬如：劳动号子，使人们对节奏有了特殊的感受，在重现劳动的过程中，逐渐产生了最早的音乐和舞蹈；在记载事物和事件的过程中，技巧的提高形成了绘画；在祭祀和各种表达情感的活动中，人们发现了韵语的作用，从而形成了诗歌……中国古代文学常讲一句话，叫作"文史哲不分家"。这句话的准确含义，应该是文学还没有独立的地位，文学独立的形式还没有形成。庄周写《逍遥游》是为了阐释自己的哲学观点；李斯作《谏逐客书》是尽臣子的职责，也是为了说服秦王保护自己的官位；左丘明著《左传》、司马迁撰《史记》，是尽史官的职责，记载历史事件和人物行为……但是，人们在这些文章书籍中发现了另外一种东西，一种能够触动人的情感、令人愉悦的形式，并由此形成了唐代的散文和传奇，这已是带有现代散文和小说意义的艺术形式。古代诗歌、绘画、舞蹈等形式，也是这样一步步从原有的功利活动中分化出来，最终形成专门创造激发人情感活动产品的艺术。

由此可见，就产生过程而言，现实美与艺术美的区别存在两个不同的层次：艺术的基本形式与现实中美的事物的形成一样，是在长期的社会生活中，逐步从功利事物进化而来，因而具有自然发展的色彩，具有不可复制性；作为具体形式产品的艺术，生产过程则无须欣赏者参与，由艺术家在短暂的时间完成，更多地显示出人工生产的特点，可以根据人们的需要不断生产。这种特性不仅构成艺术美与现实美的一大区别，而且成为二者一系列区别的基础和根源。

二 引起美感的因素不同

以形式还是以内容引起人的愉快感觉，是现实生活中美的事物与善的事物最本质的区别。虽然在由善到美的转化过程中，存在形式与内容同时作用引起快感的时期和对象，但从理论上讲，以形式引起人的美感是现实中美的事物基本的特性。

艺术美则不然，美的艺术品不仅以形式引起人的美感，而且以内容引起人的美感。在大多数艺术形式和艺术作品中，后者甚至占有明显的优势。人们欣赏《红楼梦》，其巧妙的结构、优美的语言、生动的情节和鲜明的人物形象固然令人惊叹、愉悦，其人物的命运，特别是宝黛的爱情更令人动情；电影《红高粱》油画般的画面固然令观赏者喜爱，主人公敢爱敢恨的性格和悲欢离合的命运更给人留下了深刻的印象。古希腊一位著名的画家为亚里士多德的母亲画像,作为答谢,亚里士多德送他一句忠告:"去画亚历山大吧!"这个故事最深刻地反映了内容在艺术中的作用。

什么样的内容可以成为艺术美呢?长期以来流行一种观点,认为艺术美是现实美的反映。从艺术创作和欣赏的实际看,现实美可以成为艺术美,如古今中外众多的美的人体、美的自然风景的绘画、描写,但这并不是艺术美的主流。构成艺术美主流的是对生活中善的描写,杀富济贫、除暴安良、恶有恶报、善有善报、有情人终成眷属……这几乎是中国古典文学永恒的题材,受到一代又一代读者的喜爱。这些艺术品,实质上表达了人们的一种愿望。无论是正义的胜利、邪恶的灭亡,还是好人大团圆、恶人遭报应,表达的都是人们善的愿望。甚至那些飞檐走壁、腾云驾雾、呼风唤雨的侠客神仙,实际上满足的也是人的一种愿望——好奇心理,从而从另一个角度构成了善。

艺术中的内容何以能够成为美?艺术中的善何以能够成为美?因为它们符合美的事物最本质的特点:以形式引起人的快感。艺术中的善相对艺术形式是内容,但相对于生活而言,却是一种形式。同生活中美的事物一样,艺术中的善除了给观赏者以情感的享受外,它们不产生任何功利作用。

以形式和内容两种因素引起人的美感,这一特性造成了不同类型的艺术作品。有的艺术以内容取胜,如刘心武的《班主任》。这篇小说无论是人物形象刻画、细节描写还是语言表现,可以说都很不够艺术,但在20世纪80年代却轰动一时。究其原因,在于它最早描写了左倾路线在人们心灵上造成的伤害,符合了十年"文革"后人们的思想情感。有的艺术品以形式取胜,如杨雄的赋,周邦彦的词,现代派的绘画等。只有善的内容和美的形式相结合的作品,才称得上完美的艺术品。在这类成功的艺术品中,根据其内容的性质,又可以分为两类:热门艺术和永恒艺术。造成这种现象的原因,在于善的内容有的是一时一地的,如不同时期的政治斗争,一定时期人们关注的社会问题等;有的却是人类永恒的主题,如对爱情、正义、自由、新奇的追求等。较好地反映了前一类主题的作品,会成为轰动一时的热门艺术,如《白毛女》《保卫延安》《创业史》《班主任》《乔厂长上任记》等；较好地反映后一类主题的，则会成为永恒艺术，如《红楼梦》《西游记》《水浒传》《三国演义》等。

　　关于形式和内容在艺术欣赏中不同的作用，许多研究者早已注意到，但如何看待这种作用却存在分歧。德国现象学美学代表人物莫里茨·盖格尔（Moritz Geiger）把由欣赏内容引起的情感称为艺术的"表层效果"，把由形式引起的情感称为艺术的"深层效果"；把艺术欣赏中对内容的专注称为"内在的专注"，把对形式的关注称为"外在的关注"。他认为，只有"深层效果"，才是审美效果；只有"外在的专注"，才是审美的态度。他说："由一首情调感伤的民间歌曲激起的情感只能触及自我的表层。同样，存在于一出情节剧带来的激动，或者一个冒险故事那肤浅的紧张状态之中的快乐，总是存在于自我的表层激动之中的快乐，它距离艺术情感所具有的深层效果还很远……它把艺术作品的心理意味和我们从打扑克、吃吃喝喝、赛马，或者从一场学生娱乐中获得的快乐并列起来了。"他认为："不论对主观音乐还是就客观音乐而言，外在的专注都是一种合适的态度；存在于音乐体验中的内在专注在任何情况下都是业余爱好。"① 莫里茨·盖格尔从艺术欣赏的效果和欣赏态度方面发现了艺术形式与内容的不同作用，然而，他对这种现象的理解却更多地停留在艺术理论的层次上，而不是审美研究上，尽管他是以美学的名义从事研究的。

　　莫里茨·盖格尔不是把艺术当作一种审美活动，没有从审美的角度看待艺术创作和艺术欣赏的目的。关于艺术创作的目的，历来存在不同的说法，这是社会存在的反映。如强调艺术为政治服务，把艺术作为政治斗争工具的"工具说"；强调艺术教化作用的"教化说"；为艺术而艺术的"纯艺术说"；等等。这些说法无论从其产生和存在看，都有自身的合理性。但是，当历史进入以市场经济为特征的现代社会以后，艺术就被打上了商品经济的烙印。最突出的特点，艺术创作不再是昔日文人士大夫杯盏之间的酬唱，也不再是牧童牛背上的笛声。它成为一种商品，

---

　　① ［德］莫里茨·盖格尔：《艺术的意味》，艾彦译，华夏出版社1999年版，第61、107页。

必须有人欣赏，有人花钱欣赏。没有人欣赏的艺术品，再好也一文不值。这样的艺术家在现代社会甚至不能被冠以艺术家的头衔。

那么，欣赏者欣赏艺术作品的目的是什么呢？是为了政治？为了受教育？为了艺术？对于居主流地位的欣赏者来说，答案是否定的。人们欣赏艺术只是为了情感享受，只是为了审美。为了政治和教化而创作的艺术家，必须遵循和利用这个规律，否则将达不到创作的目的。为艺术而艺术的艺术家，如果不了解这一变化，盲目地追求所谓的"艺术性"，他们的观众将会愈来愈少，最终被社会淘汰。

作品的艺术性或者说技巧性，是为了增强作品的表现力和感染力。如果抛开审美目的片面地追求技巧，为艺术而艺术，这样的艺术品是没有生命力的。在艺术的发展过程中，始终存在着形式派与情感派的竞争。自由诗之于律诗的胜利，通俗歌曲之于美声唱法的胜利，都是情感对形式的胜利。20世纪80年代，我国一些很有社会影响力的通俗歌手去参加音乐考试，被学院教授们判为不及格。但是，他们的唱法却受到社会的欢迎，在教授月工资五六百元的情况下，他们的出场费高达数千元。为什么会出现这种现象呢？就在于通俗唱法和美声唱法代表了艺术的两种发展方向：情感和技巧。学院派重视的美声唱法追求技巧，极力显示人类在音乐方面的能力；通俗歌曲则追求情感，通过抒情，激发听众的情感。学院教授们要求的是技巧，观众要什么？情感。莫里茨·盖格尔指出，"音乐的发展一直是在这两种极端之间摇摆。在某些年代，音乐纯粹是一种客观性的艺术；在这样一种客观艺术之中，情感完全消失在人们对结构的几乎是纯粹理性的理解背后了；在另一些年代，音乐则是一种主观主义的艺术，是一种再现情感的艺术，是一种关于一个渗透了情感的音响世界的艺术"①。但是，他却不了解这种现象形成的深刻原因。他不明白这一审美规律，即艺术的内容相对于现实来说也是一种形式，因而内容激发的快感也属于美感。这与吃、喝引起的情感完全不同。前者来自形式，后者来自功利，他把它们混为一谈。

现实美单凭形式引起人的美感，艺术美的内容和形式却同时发挥作

---

① [德] 莫里茨·盖格尔：《艺术的意味》，艾彦译，华夏出版社1999年版，第106页。

用。这一差异使得艺术美的欣赏较之现实中一般审美现象具有更为复杂的特点。

三 欣赏活动中情感表现形式不同

美的事物必然使人产生愉悦，这在现实美的欣赏中是不言而喻的。无论是漂亮的姑娘还是英俊的小伙，是奇山异峰还是碧海蓝天，是姹紫嫣红还是冰封雪飘……它们引起的情感可以有强弱之分，但无不属于愉悦的范畴。

艺术美的欣赏则不然。一出《白毛女》，"北风吹，雪花飘"的优美旋律，喜儿扎上红头绳迎接新年的欢快场面，令观众沉醉于喜悦之中；而除夕之夜突然逼债上门的恶霸地主黄世仁及其同伙的出现，顿使观众的情感突变；杨白劳被打死，喜儿被抢走，引起观众深深的悲痛；喜儿在黄世仁家遭受折磨、蹂躏，则激起观众强烈的愤怒。在一次演出中，一位解放军战士竟忘记了这是欣赏艺术，忍不住拔枪向"黄世仁"射击……可以说，艺术美引起欣赏者的情感，包括了人类的全部情感，在小说、戏剧、电影、电视剧等综合性艺术作品中，尤其如此。

美的事物最根本的特征是以形式引起人的愉悦感，这在现实美研究中已成为共识。艺术美的欣赏提出了一个问题：为什么引起悲痛、愤怒、憎恶等情感的艺术品也可以称为美的艺术？难道这些情感也可以称为美感吗？

很早以前，人们就发现了艺术欣赏中这种不同情感的表现，提出了"悲剧""崇高"等概念。悲剧作为一种艺术现象，突出的特征是描写观众喜爱的对象的毁灭。正如鲁迅提出的："把美的东西撕开给人看。"悲剧为什么会引起人的喜爱，有人把它归结为崇高。车尔尼雪夫斯基（Николай Гаврилович Чернъышевский）说："美学家们把悲剧性看作是最高的一种伟大（即崇高）或许是正确的。"[1] 亚里士多德认为，悲剧的意义在于通过正面人物的毁灭，"唤起悲悯与畏惧之情并使这类情

---

① ［俄］车尔尼雪夫斯基：《美学论文选》，人民出版社1957年版，第98页。

感得以净化"①。这实际上也是将悲剧等同于崇高。以往关于崇高的研究，有两点是比较一致的：这就是从对象来看，崇高显示的是伟大——可以是外部形状，也可以是内在意义；从观众产生的心理效果看，畏惧是突出的特征。如何看待崇高与一般审美对象的区别，存在两种不同的观点。有些美学家将崇高与美的事物对立起来，认为崇高根本不属于美的范畴（如柏克、康德以及布拉德雷等）；有的美学家则认为崇高是美的最高阶段，崇高本身就是美（如现代英国的开瑞特等）。

这种分歧是必然的，因为摆在大家面前的是不同的对象：有的引起愉悦，有的却引起别的情感。如果不能找到它们的共同点，说它们不属于美或说它们是美的最高阶段，实际上是一回事，都是指它们与一般审美对象不同。如果不能把艺术欣赏中的各种情感统一在美感的大旗下，我们就没有理由把艺术品同现实中美的事物并列，把它们称为艺术美，我们也没有理由把艺术欣赏称为审美。

仔细分析艺术欣赏中的情感，不难发现，绘画、雕塑之类的造型艺术作品，引起的情感是单一的，并且以愉悦为主。这颇类似于现实美欣赏时的情形。文学、戏剧、电影、电视剧等语言和综合性艺术，所引起的情感则是复杂的。音乐和舞蹈介于二者之间。我们说艺术美与现实美欣赏中情感表现形式不同，主要是指文学、戏剧、电影、电视剧等艺术形式的欣赏。

这类艺术品的欣赏过程，相对来说较长，几乎相当于一般生活过程的体验。其间虽然有喜有悲有爱有恨，或大笑捧腹，或肝肠寸断，或怒发冲冠……然其最终的结果，仍然会殊途归一，归于轻松舒畅的愉悦。当然，这只能就成功的艺术品而言。拙劣的艺术品往往过于拘泥于现实，用现实牺牲艺术，从而使作品的艺术效果大大降低，使观者在欣赏结束后陷于难以名状的困惑、失落、压抑的矛盾情感之中。如一百二十回《水浒传》，它塑造了众多的令读者喜爱的英雄形象，最后却让他们死于与其他农民英雄的争斗中，有的甚至死于疾病和乱军之中。在生活中这可能是真实的，但却是不艺术的。艺术是一个独立的世界，这个世界的

---

① [古希腊] 亚里士多德：《诗学》，罗念生译，人民文学出版社1962年版，第19页。

人物要遵循自己的逻辑发展，而这种逻辑必须同观众的欣赏心理一致。正是出于这种原因，金圣叹将《水浒传》删削为七十一回，以"梁山泊英雄排座次"为结尾，从而保证了艺术的完整性。

综合性艺术的欣赏，是情感的综合性运动。在这种情感运动中，非愉悦性情感实质上是为愉悦性情感服务的，对愉悦感的产生起着铺垫和陪衬的作用。语言和综合艺术的欣赏往往是一个较长的过程，因而不可能是单一的愉悦。如果一部作品让观者一刻不停地笑，那么欣赏活动很难维持较长时间，因为观者很快会烦腻的。这是人的生理特性决定的。相反，类似相声中"抖包袱"的手法，用悬念吸引观众，最后抖出出人意料的结果，会让观众忍俊不禁，得到强烈的美感享受。艺术中的悲痛、愤怒也起着同样的作用。喜儿的悲惨遭遇令观众伤心落泪；当她重见天日，与亲人相会时，原来的悲痛便化为欢乐。恶霸黄世仁令观众愤怒、憎恨，当他最终被处决时，原来的愤怒和憎恨便大大增强了观众的愉悦感。善有善报，恶有恶报，这是人们的善良愿望，也是以往创作遵循的原则。邪恶人物的毁灭，与有情人终成眷属，在观众心中引起的情感是相同的，都属于善的愿望的满足。邪恶势力的飞扬跋扈，与善良人的多灾多难，在观众情感活动中所起的作用也是相同的，它们使愉悦在起跳前收缩身体，从而达到令人惊奇的高度。

悲剧引起的痛苦是怎样变为愉悦感的呢？关于严格的悲剧定义，理论界一直存在争论。这里只从广义的角度取其含义，即以正面人物毁灭为结局的艺术品。这类作品欣赏中情感的变化有两种原因：一是作品中的主人公体现的是某种精神——这种精神正是作品极力宣扬和赞美的、深深打动观众的东西——主人公的毁灭集中地表现了这种精神的升华。如《红岩》《红灯记》《董存瑞》《焦裕禄》等作品。在这些作品中，主人公的英勇就义，如凤凰涅槃，如羽化登仙，观众感受到的不是毁灭，而是升华、完美；人们感受到的不是痛苦，而是感动、激励。二是人的情感活动有一个规律，就是无论什么样的情感活动——快乐、悲痛、惊奇等等，当它们结束时，如果没有什么伤害依然使人受到压抑，这种情感活动就会使人感到轻松愉悦。艺术作品是一种形式，尽管欣赏过程中它会激起人各种情感，甚至悲痛和愤怒，但当欣赏结束，这些情感产生的原因便完全消失，人们的情感像得到一番锻炼一样，会感到轻松愉快。从亚里士多德起，人们便用情感的"宣泄""净化"来解释悲剧的作用。由于悲剧对情感的震撼更强烈，情感的波动幅度更大，所以其最终转化的愉悦感甚至强于喜剧。

虽然如此，许多高明的艺术家为了避免观众欣赏中因情感巨幅变化引起的不适，通常采用一些过渡的手法。在我国古代作品中，最著名的当数《梁山伯与祝英台》中化蝶的结局。在现代电影《泰坦尼克号》中，目击泰坦尼克沉海的悲惨场面，目睹男主人公死去，观众的心情被沉重的悲哀所压抑。如果就此结束，观众的心情将难以转化为愉悦。导演意识到这一点，于是千方百计采取措施，以求改变观众的心情。影片先是在老年露丝的墙壁上，安排了一幅幅青年露丝各种形式的欢快的生活照，接着安排船上的乘客和船员，列队请年轻的露丝和杰克进入豪华的船舱，热情地拥抱。前一组镜头从故事情节上讲还说得过去，后一组镜头从故事的情节上讲则是完全不可能的。因为整个剧情已经结束，观众目睹了杰克的去世；即使在露丝的记忆中，也不会出现这样的场面——因为这是原故事中所没有的。那么很显然，导演考虑的是观众欣赏心理的需要。这是杰出艺术家的神来之笔！

引起单纯的愉悦感还是复杂的情感，是现实美与艺术美的区别；而能不能把复杂的情感最终转变为愉悦感则是成功的艺术品与不成功的艺术品、美的艺术品与不美的艺术品的区别。

四　欣赏活动中意识的作用不同

在现实美的欣赏中，审美心理处于潜意识状态。美感如幽灵，悠忽而来，悠忽而去，欣赏者不知道它缘何而来？来自何方？越是成熟的审美心理，审美活动中这种特征越强烈。

艺术欣赏中也存在这种现象，特别是音乐、绘画、雕塑等作品的欣赏。著名歌手那英初学入道时，有位老师认为她没有发展前途，原因是她的嗓子略带沙哑的味道。然而，正是这个特点后来使她赢得了人们的喜爱。有研究者认为，这种嗓音最容易引起人原始情感的冲动。正确与否，姑且不论，人们喜爱这种嗓音说不出喜爱的原因，却是不争的事实。在绘画风格上，粗犷和细腻两种画风为不同的人喜爱，其中的原因人们也难以说清楚。我们只能说，它们分别符合了不同人的审美心理——潜意识的心理。

在大多数艺术欣赏中，意识却发挥着重要的作用。当阅读《水浒传》时，我们清楚地知道，梁山英雄除暴安良、杀富济贫的壮举令我们喜爱，我们深深地关心他们的命运，为他们担心，为他们高兴；我们清楚地知道，高俅、蔡京、梁中书之类贪官污吏及其爪牙为什么令我们痛恶，他们的横行霸道令我们气愤，他们被惩罚、被诛灭令我们高兴。违背了这种是非观的作品，就不会令我们喜爱，如《荡寇志》。在绝大多数的文学、戏剧、电影、电视剧的欣赏中，人们对内容的欣赏，都是在意识的指导下进行的。对于艺术形式的欣赏，更必须依靠意识。俗话说："外行看热闹，内行看门道。"所谓的"门道"，就是一定的艺术标准。用艺术标准分析评判艺术品，属于意识思维活动。

意识的参与，使得艺术欣赏中情感表现的形式较之现实美的欣赏要激烈得多。在这一点上，艺术欣赏的情感更接近于生活中对善的事物的欣赏。这种特征，形成了一定时期热门艺术的产生。这些作品因为符合当时人们某种强烈的功利愿望而轰动一时，如20世纪六七十年代的《艳阳天》《金光大道》，80年代的《班主任》《乔厂长上任记》等。但是，同善的事物一样，当时过境迁，人们的功利愿望消失，这类作品很快便会被冷落。

艺术欣赏接近于对善的事物欣赏时的强烈情感，曾经引起一些美学研究者的非议。莫里茨·盖格尔就主张把这类情感排斥在审美范畴之外。不管人们怎样评价这种现象，意识的参与，使欣赏中的情感增强，却是艺术美欣赏有别于现实美欣赏的事实。

综上所述，艺术美作为一种审美对象，具有与现实生活中一般美的事物不同的特点和形成规律。艺术美是一种特殊的审美对象，艺术欣赏是一种特殊的审美现象。艺术美的特殊性说明，把艺术作为美学唯一的研究对象是不够的，用现实生活中一般美的事物的研究，代替对艺术作为一种审美现象的研究也是不可取的。仅仅研究艺术，不仅无法掌握一般的审美规律，甚至不能正确认识艺术各种因素在审美中的作用和艺术发展的规律。美学唯有从现实生活中的审美现象出发，在掌握一般审美发生的过程、机理和规律的基础上，才有可能揭示艺术欣赏作为特殊审美现象的规律。

文学与政治关系的美学解读*

　　进入 21 世纪以来，"文学再政治化"的呼声高涨。联系 20 世纪 80 年代前文学的"过度政治化"，80 年代后特别是 90 年代的"去政治化"，文学界对政治的态度形成了一个颇具戏剧性的循环。这种现象并非中国独有，世界文学对政治的看法也不断出现"过山车"的旅程。近百年以来的中国文学，在很大程度上是跟随在世界文学的身后亦步亦趋，不同往往只是时间差而已。在 20 世纪末，当我国文学界"去政治化"之风盛行之时，许多学人就注意到"西方社会却掀起了这样那样的论述文艺与政治关系的热潮"①。在这种现象中，始终存在两种针锋相对的主张。分析这两种观点，会发现实际来自不同的观察视角：或从政治的角度要求文学服从和服务于政治，或从文学的角度要求文学脱离政治。现代科学研究告诉我们，不同的观察视角会得到不同的观察结果，要正确理解两种相对立的结果，需要有能包容原来观察视角的新视角。② 文学现象归根到底是一种审美现象，不论是政治对文学的要求，还是文学对政治的要求，最终都体现为对审美效果的要求。鉴于这种认识，本文从美学的视角审视文学与政治的几个关键问题，以期达到对立观点的沟通。

---

　　* 原刊于《江苏师范大学学报》（哲学社会科学版）2014 年第 4 期，人大复印报刊资料《文艺理论》2014 年第 11 期转载。

　　① 陆贵山：《重构文学的政治维度》，《华中师范大学学报》2008 年第 3 期。

　　② 爱因斯坦指出，"说两个事件是同时的，除非指明这是对某一坐标系而说的，否则就毫无意义"。（《爱因斯坦文集》第 1 卷，许良英、范岱年译，商务印书馆 1976 年版，第 111 页）从认识论的角度看，坐标系也就是观察视角，相对论较之牛顿力学的进步之处，就在于否定了后者唯一的绝对的观察视角，给各种观察视角以同等的权利，从而也包括了后者的观察视角。

一 "为艺术而艺术"产生的原因

主张文学脱离政治者的主要理由，是政治损害了文学的审美特性，"以为文艺必须脱离政治，只有这样才符合文艺的自身规律，符合文艺的审美本性"①。主张文学脱离政治，不是中国当代文学的创造。早在19世纪30年代，欧洲文学就出现"为艺术而艺术"的主张，倡导"唯美主义"，反对文学反映社会问题，反对文学涉及政治。在我国现代文学中，"新月派""自由人""第三种人"等文学派别，都是承袭了这种理论。近年来诸如此类的主张，只不过是这种传统观点的延续罢了。

法国作家泰奥菲尔·戈蒂耶（Théophile Gautier）为自己的小说《莫班小姐》写的长序，被认为是"为艺术而艺术"的宣言。序言提出："真正称得上美的东西只有毫无用处的东西。一切有用的东西都是丑的，因为它体现了某种需要。而人的需要就像其可怜虚弱的天性一样是极其肮脏、令人作呕的。"②英国唯美主义艺术运动倡导者奥斯卡·王尔德（Oscar Wilde）认为："唯一美的事物是跟我们无关的事物。只要一件事物对我们有用或必要，或者在某种程度上影响我们，使我们痛苦或快乐，或者强烈地引起我们的同情，或者组成了我们生活环境极其重要的部分，它就在真正的艺术范围之外。"③ 这些"为艺术而艺术"理论的先驱，为什么会形成这样的主张呢？翻开西方美学发展的历史，就不难找到其中的原因。

戈蒂耶出生前21年，也就是1790年，西方美学界发生了一件划时代的事件，这就是康德的美学名著《判断力批判》出版。康德认为，美不涉及功利，只与人的快感相关。"一个关于美的判断，只要夹杂着极少的利害感在里面，就会有偏爱而不是纯粹的欣赏判断了。"④ 康德的美学思

---

① 李志宏：《新时期文学实践昭示下的文艺与政治关系》，《马克思主义美学研究》2008年第2期。

② 赵澧、徐京安主编：《唯美主义》，中国人民大学出版社1988年版，第44页。

③ 赵澧、徐京安主编：《唯美主义》，中国人民大学出版社1988年版，第117页。

④ ［德］康德：《判断力批判》上卷，宗白华译，商务印书馆1965年版，第41页。

想在欧洲美学史上占有重要的地位，产生过巨大的影响。学界认为，"后来的各种形式主义和纯艺术论大都溯源于此"①。19 世纪初产生的"为艺术而艺术"理论，是康德美学理论在文学艺术方面的产物。100 多年来，这种观点被人们不断地重复，一直延续到当今中国文学。然而，只有正确认识康德"审美无功利"和"美在形式"的美学理论，才有助于对这种文学观点的认识。

美与功利的关系，在美学中也称为美与善的关系。最初人们认为，美与善是同一种事物。亚里士多德就认为："美是一种善，其所以引起快感正因为它是善。"② 随着研究的深入，人们逐渐认识到二者毕竟不是一回事。到了 18 世纪末，康德明确提出，美只与形式有关，而不涉及功利。康德关于美与善的区别，是美学研究的一大进步。但是，与人类生活中功利满足引起快感的普遍规律相比，美的事物为什么能够单凭形式引起人的美感呢？康德将其归之为"无目的的合目的性"，即人在欣赏美的事物之前不需要抱有任何目的，欣赏过程中也无须想到对象有任何益处，但对象的形式却符合了人的目的，从而引起人的愉快。事物为什么会有这样神奇的特性，康德无法说明，因为这实际上到了哲学思辨研究方法的极限。

20 世纪以来，现代美学借助现代生理学和心理学的研究成果，发现美的事物之所以能够单凭形式引起人的美感，真正的原因在于其符合了人的审美心理。人的审美心理由两种方式形成：一种是人先天或后天形成的对事物形式的心理需求；另一种是人在欣赏功利物的过程中，事物的样子在人大脑皮层的视觉区与快感区之间建立的新的稳定的联系通道。前者称为"需求型审美心理"，后者称为"记忆型审美心理"。③ 审美心理以潜意识的方式存在于人的神经系统并引导人的行为，以往人们不了解这一点，只看到审美现象发生时，主体仅与对象的形式发生联系，并

---

① 北京大学哲学系美学教研室编：《西方美学家论美和美感》，商务印书馆 1982 年版，第153 页。

② 北京大学哲学系美学教研室编：《西方美学家论美和美感》，商务印书馆 1982 年版，第41 页。

③ 赵惠霞：《现代美学：审美机理与规律》，人民出版社 2011 年版，第 122—123 页。

没有功利因素加入，因而认为审美无关功利，审美只涉及形式。事实上，审美活动只涉及形式不涉及功利的现象只是一种表面现象，隐藏在这种现象背后的是人潜意识的审美心理，而审美心理的形成过程完全建立在功利的基础之上。比如金项链较之银项链更为人们喜爱，就在于其所象征的价值不同；对新事物的喜爱源于人的好奇心；对色彩的喜爱则与人的生理结构有关，等等。这些对象之所以引起人的美感，与欣赏对象的功利作用紧密联系。

从现代美学的视角考察文学，作为一种特殊的审美对象，文学不仅以形式引起人的美感，而且以内容引起人的美感。这与以往文艺理论研究的成果是一致的。什么样的内容最能引起读者的美感呢？就是与读者的价值取向一致的内容，也就是现实生活中的善。政治主张是最重要的价值取向，因此表现与欣赏者相同政治倾向的作品，就能给人以强烈的情感享受，为人们所欣赏。

这种认识与文学欣赏的实际是一致的。在现实生活中，特别在政治斗争激烈的环境下，政治倾向性是文学艺术能否为人们接受的第一要素。20世纪80年代，刘心武的小说《班主任》曾经轰动一时。分析这个作品，会发现无论人物刻画、故事情节还是语言表现，可以说都很不艺术。很不艺术的作品为什么会受到人们的欢迎，就在于符合了当时民众普遍的政治诉求。特定的社会环境会形成社会成员某种共同的政治诉求，较好反映这种政治诉求的艺术作品，因为符合大多数社会成员的审美心理，就会受到人们的喜爱和追捧，成为轰动一时的"热门艺术"。中外艺术史上，这样的例子比比皆是。

现代美学关于审美现象发生原因和机理的揭示，对康德区别美与善的理论提供了科学的解释，同时也纠正了他关于审美不涉及功利观点的偏颇，这就从根本上摧毁了"为艺术而艺术"产生的理论基础，为人们正确认识文学与政治的关系提供了新的视角。

二　政治在文学中的作用

在当代中国文学界，许多人主张文学脱离政治，根源于20世纪80年代前极"左"思潮主导文学的现实教训。在那个年代，文学被作为政治的工具，为"阶级斗争为纲"的政治主张背书，严重影响了当代中国文学的健康发展。脱离这样的"政治"，毫无疑问有利于文学的发展。然而，在"文学再政治化"主张中，我们看到的却是不同的"政治"。马尔库塞（Herbert Marcuse）说，"为生命而战，为爱欲而战"即"是为政治而战"。① 加西亚·马尔克斯（Gabriel Garcia Márquez）认为："文学志趣是一种政治志趣，政治志趣也是一种文学志趣。两者都是关心现实的形式。"②

分析这些关于文学与政治的论述，会产生一种明显的感觉：在不同的论述者眼中，政治其实具有各自不同的含义。在以往关于文学与政治的争论中，这种现象一直存在。这样就产生了一个问题，当我们讲文学要服务或者脱离政治时，我们所指的是哪一个"政治"？

在不同的辞书、教科书中，会看到不同的关于政治的定义。分析这些不同的说法，会发现政治经常被人们从社会和政权的不同角度运用。从社会发展的角度而言，政治指人们对社会如何发展的主张和行动；从政权的角度而言，政治指为夺取政权或维护政权而开展的各种活动。前者可以称为广义的政治，后者可以称为狭义的政治。

广义的政治包括狭义的政治，但较后者的涵盖面更广，不仅包括统治者的行为，也包括一般平民的行为；不仅包括人们现实的活动，也包括对未来社会的构想。孔子说"孝乎惟孝，友于兄弟"是参与政治，就是从广义的政治而言。③ 马尔库塞和加西亚·马尔克斯讲文学与政治，也是从这个意义上出发的。

狭义的政治是广义的政治在现实中最集中最激烈的表现形式。狭义的政治又可以分为两种类型：一种是阶级、政党为夺取政权或维护政权开展的活动，另一种是从政者个体为了自身利益采取的行动。前者通常

---

① ［美］马尔库塞：《爱欲与文明》，黄勇、薛民译，上海文艺出版社 1987 年版，第108 页。

② ［哥伦比亚］加西亚·马尔克斯：《两百年的孤独》，朱景冬等译，云南人民出版社 1997年版，第 132 页。

③ 《论语·为政篇》。

表现为具体的制度、政策、法令等国家治理活动。当代中国文学强调文学为政治服务或主张文学脱离政策，主要讲的是这个层面的政治。后者通常表现为各种权力争斗。"多少世纪以来，一些政治哲学家总是把政治看作是一种低级、粗野和琐碎的不光彩的活动，是高雅贤明之士不屑于涉足其间的事"①，就是讲的这个层面的政治。

任何文学作品，总会表现出一定的对社会发展的看法和主张，即使作家本人没有明确的意识，他的作品也会起到这样的作用。"商女不知亡国恨，隔江犹唱后庭花"，诗人表达的是一种政治主张；唱歌的"商女"表现的也是一种对社会如何发展的态度。两种行为都会对社会发展产生影响，因而从广义的角度讲，都属于政治行为。正是在这个意义上，有评论者指出："'祛政治'本身就是一种政治。"②

千百年来，对于人类社会的发展，人们形成了一些基本的共识，如爱情、平等、自由、正义，等等。这些共识是人类文明的精华，也构成了广义政治的基本内容。在中国文学史上，《水浒传》和《荡寇志》是描写同一题材的两本小说。前者歌颂梁山泊好汉除暴安良、杀富济贫；后者称其为贼寇，必欲除之而后快。前者数百年流传不衰，被译为多种文字，深受国内外读者欢迎；后者一出笼，即受到下层民众的反对，被太平天国的兵士火烧了印版，作者的老婆也被惩办。何以如此，就在于不同的政治主张。广义的政治主张构成人类社会发展的永恒主题，艺术地表现这类主题的作品，往往会成为永恒的艺术经典。

许多学者总结20世纪80年代前文学过度政治化的经验教训，这是必要的，也是正确的。这种现象的最大教训，不是文学描写了政治，而是应和与歌颂了错误的政治。避免这类悲剧重现，要求作家建立独立的评判意识，从生活实际出发，不要人云亦云，只有这样才有可能创造出能够满足读者需要、推动社会进步的好作品。然而如果因为出现了这种现象，就因噎废食，把脱离政治作为文学发展的方向，只能给文学带来更大的灾难。20世纪80年代以后文学去政治化的实践，充分地表现了这一

---

① 曾永成：《文学政治学导论》，四川大学出版社1995年版，第113页。
② 孟繁华：《新世纪文学：文学政治的重建》，《文艺争鸣·评论》2011年第11期。

点。当作家脱离社会发展的主流，把描写的重点放在个人的情感感受，放在猎奇、性爱、凶杀等所谓的"人性"上，文学就会为社会大众抛弃，就会受到冷遇。新世纪中国文学界之所以掀起"再政治化"的热潮，文学被社会边缘化是其中最重要的原因。

现代美学的研究成果和文学发展的实践说明，文学涉及政治内容并非必然损害艺术审美性，艺术地表现大众普遍政治主张的作品，会大大增加文学作品的审美性。从广义的政治概念而言，文学根本不可能脱离政治，文学脱离政治是一道伪命题。从狭义的政治概念而言，文学如何反映政治，以什么样的态度反映政治，需要作家根据自己的观察，独立地做出判断。因为文学过度政治化的教训就转而走向反面，是另一种极端的做法。从实践的角度看，文学脱离政治，往往意味着脱离社会发展的主流，这样的做法会给文学带来更大的伤害。

三 文学独立的审美特性

主张"为艺术而艺术"的人追求文学独立的审美特性，主张文学与政治联姻的人虽然也讲文学的艺术性，却很少正面回答前者的诉求。因此，讨论文学与政治的关系，一个不能回避的问题就是：文学是否具有独立的审美特性？

根据现代美学的研究成果，每一种审美对象之所以能够引起人的美感，都有其特殊的原因。文学作品作为一种审美对象，自然也不例外。对论辩双方而言，笼统地承认这一点并不难，关键的问题是：什么是文学独立的审美特性？或者说，文学之所以成为一种审美方式，其引起人美感的原因或因素有哪些不同于其他审美对象之处？

现代美学研究认为，文学作品引起人美感的机理与现实生活中美的事物的不同之处，在于其不仅以形式而且以内容引起人的美感。如果说政治等社会题材构成了文学吸引读者的一种元素，那么，文学的基本形式则是其吸引读者的另一种元素。

文学的基本形式，诸如诗歌、小说、散文等，与现实生活中美的事物一样，是在长期的社会生活中逐步从功利事物中分化出来的。学界谈中国古代文学常讲一句话，叫作"文史哲不分家"。从美学的角度看，这种现象的实质，是文学独立的形式还没有形成，文学在社会生活中还没有独立的地位。庄子写《逍遥游》是为了阐释自己的哲学观点；李斯作《谏逐客书》是在尽臣子的责任，说服秦王保住自己的官位；左丘明著《左传》，司马迁撰《史记》，是在尽史官的职责……但是，在这些社会活动中，人们发现了另外一种东西，一种能触动人的情感、令人愉悦的形式，由此产生了唐代的散文和传奇，进而发展为现代散文和现代小说这样的文学形式。同样的道理，在劳动、祭祀和各种表达情感的活动中，人们发现了韵语的作用，从而形成了诗歌。

文学的基本形式如何引起人的美感？或者说它们中的哪些因素构成了文学独立的审美特性？这是一个复杂的问题，非一篇论文所能回答。但是如果就各种文学形式的共同特点简而言之，则有三个因素是不可或缺的，这就是形象性、故事性和情感性。

人的思维活动存在两种形式：一种是形象思维，以形象作为思维的材料，是人与生俱来的能力；另一种是抽象思维，以语言文字作为思维的材料，是后天学习获得的能力。在神经生理学上，形象思维被称为"第一信号系统"，抽象思维被称为"第二信号系统"。

作为人的一种本能，形象思维更容易为人所接受。咿呀学语的儿童，不识字甚至不会说话，却可以翻看图画，表现出普遍的兴趣。人的这种天性，使得形象化的形式成为人们普遍乐于接受的形式。文学虽然依靠语言文字，但是人们很早就发现，形象的语言与抽象的语言对欣赏者来说具有完全不同的作用。同样是记载历史，《春秋》用抽象的语言说明发生了什么事情，《左传》《史记》用形象的语言描述发生的故事。人们在实践中发现，形象的描述比起抽象的说明，更能给人留下印象，更能给人带来情感的享受，于是把这种形式从史学中抽离出来，小说的形式便由此诞生。诗歌、散文等文学形式也是如此，越是能塑造鲜明形象的作品，就越能给人带来较强的审美享受。形象性是文学从社会功利活动中被抽绎出来作为审美方式的重要原因，也是其引起人美感的重要因素。

文学中的形象性，无论是人、动物还是神仙鬼怪，他们的所作所为就构成故事。文学的故事性实质上是形象性的延伸。对故事的喜爱与对形象的喜爱一样，是人的一种天性。许多儿童都爱听故事，有的甚至形成晚上听完故事才肯睡觉的习惯。中国古代文化中，素有讲故事的传统。庄子、孟子等诸子文章中，充满了各种真实的和虚构的故事。《左传》《史记》与一般史学著作的不同之处，也在于记载了大量的故事。禅宗更是以故事作为传承教义的重要方式。南北朝时期的志怪小说、志人小说，唐代的传奇小说，乃至蒲松龄的《聊斋志异》，都是一个个故事。这些不同目的、不同类别的作品，有一个共同的特点，就是故事性。人们把故事性这种形式抽绎出来，就形成小说这种体裁，进而发展出戏剧、电影、电视剧等艺术形式。成功的文学作品，必然有一个吸引人的故事。不仅小说，《孔雀东南飞》《长恨歌》等经典诗歌也是如此。

文学是一种情感活动，能够传递情感、激发情感，是文学基本形式成为审美方式的重要原因，也是其作为审美方式的重要特点。关于诗歌的起源，以往存在两种较有影响的说法。一种是劳动起源说，另一种是祭祀起源说。无论是劳动还是祭祀，他们共同的特点是情感的表现。在我国古代，人们很早就认识到诗歌起源于情感表达的需要。《毛诗序》提出："诗者，志之所之也，在心为志，发言为诗。情动于中而形于言，言之不足，故嗟叹之，嗟叹之不足，故咏歌之，咏歌之不足，不知手之舞之足之蹈之也。"在当代文学中，有人忽视文学情感性的特点，把诗仅仅看作一种语言形式。近年网络上曾经流传一首赞美白云的诗，这样写道："天上的白云真白啊/真的，很白很白/非常白/非常非常十分白/极其白/贼白/简直白死了/啊——"这样的作品之所以被质疑是否为诗，根本的原因就在于缺失了文学情感性的特点。文学的情感性，在诗歌、散文中表现得较为直接，在小说中则隐藏于形象性与故事性之中。许多著名的小说，如鲁迅的《阿Q正传》、路遥的《人生》等，无不体现了作者强烈的爱憎。

形象性、故事性和情感性是文学基本形式作为审美方式的重要特性，是文学作品成为审美对象不可缺少的元素。在文学与政治的争论中，正如主张"为艺术而艺术"者忽视政治在审美中的作用一样，主张文学与政治联姻者往往不同程度地忽视了文学的独立审美特性。有学者总结新中国前30年文学为政治服务的具体表现，指出其中之一就是"用政治作为文学批评的唯一标准"①。对文学审美特性的忽视，导致文坛充斥了大量缺乏审美功能的所谓的"文学作品"。对这种现象的憎恶，使得一些作家走向另一个极端，即"为艺术而艺术"。这是中国当代文学中，文学与政治关系"翻烧饼"现象产生的重要现实原因。

综上所述，从美学的角度看，表现与欣赏者相同的政治主张和发挥文学基本形式的审美特性，是构成文学审美性的两种重要因素。文学界对政治的不同态度以及由此产生的争论，核心是文学创作和欣赏中如何认识和对待这两种不同的审美元素。再好的文学形式，如果与欣赏者的价值观相悖，也不会受到欢迎；再正确的价值理念，如果没有好的文学形式，也无法带给读者审美享受。唯有两种元素的完美结合，才能创造出能够激发强烈美感的文学作品。

---

① 刘淮南：《文学性与政治性》，《西北大学学报》2009 年第 6 期。

中国古代诗画标准的
相异与文人的两大文化情结[*]

同类事物遵循同样的规律，这是科学赖以建立的基础。特殊现象的出现，即意味着超出人类已有知识的新内容。钱钟书在《中国诗与中国画》中，指出了中国古代艺术发展中的一种特殊现象："相当于南宗画风的诗不是诗中高品或正宗，而相当于神韵派诗风的画却是画中高品或正宗。"① "诗原通画""诗画一律"，是艺术理论的基本常识。何以在同样的环境中，中国古代诗与画两种姊妹艺术，却会形成不同的评价标准和主流风格呢？

一

探讨这个问题，首先必须明确"南宗画风"的含义。因为就画坛而言，北宗画至明代已经"微矣"，"南北宗论"出现后，清代画坛基本为南宗画风所垄断。"南北宗论"的提出，是以推崇和倡导南宗画风为目的的。北宗画的许多特点，事实上只是作为南宗画的对立面，作为南宗画要避免的弊病提出来的。

从理论的角度看，古代艺术批评的主流标准，在诗歌、散文、戏剧等艺术领域是统一的，也是人们熟知的。所谓诗画评价标准相异的实质，

---

* 原刊于《哲学研究》2005 年第 10 期。

① 钱钟书：《钱钟书散文》，浙江文艺出版社 1997 年版，第 221 页。

是绘画的正宗标准"南宗画",背离了中国古代艺术批评的传统。所以,正确地理解南宗画风的含义,是解决这一历史疑案的关键。

何谓南北宗画,学界存在以下不同的说法。

一是"文硬说"。与董其昌同时的画家陈继儒指出:"山水画自唐始变古法,盖有两宗,李思训、王维是也。……李派粗硬,无士人气。王派虚和萧瑟,此又慧能之禅,非神秀所及也。"他进一步提出:"文则南,硬则北,不在形似,以笔墨求之。"①

二是"顿渐说"。清方薰认为:"画分南北宗,亦本禅宗南顿北渐之义,顿者根于性,渐者成于行也。"② 这实质是借南北宗禅"顿悟"和"修行"的区别,强调南宗画讲求情感抒发和北宗画注重技巧的不同特点。

三是"简繁说"。钱钟书在《中国诗与中国画》中,分析了南北方人、南北宗禅和南北宗画的区别,最后的结论是:"体现在造型艺术里,这个趋向就是绘画的笔墨'从简'、'用减'、'笔不周'。"③ 他由此把"简"与"繁"作为南北宗画的区分标准。

四是"柔刚说"。陈传席在《中国绘画美学史》中指出:"不论诗、词、文、书,皆以风格豪迈、奔放雄浑者为北宗,以婉约、清淡、轻秀者为南宗;以刚性为北宗,以柔性为南宗。这正是董其昌山水画南北分宗的风格标准。"④

四种说法,各有其道理,也都可以找到史实证据。可以说,它们从不同的角度表现了南北宗画的特点。然而,是什么因素把这些不同的特点统一在一起呢?何以最终会南风日昌北风日衰呢?中国古人何以要选择这种画风而非那种画风呢?这些问题仅从绘画作品中是难以找到答案的。

一个时代的主流艺术,是那个时代审美风尚的表现,是人们审美追求的结果。如果把艺术比作树木的枝叶,审美心理就是深植于泥土中的

① 陈传席:《中国绘画美学史》,人民美术出版社2002年版,第428、422页。
② (清)方薰:《山静居论画》。
③ 钱钟书:《钱钟书散文》,浙江文艺出版社1997年版,第203—204页。
④ 陈传席:《中国绘画美学史》,人民美术出版社2002年版,第484页。

根。艺术现象产生的原因及本质，必须在社会审美心理的发展过程中去寻找，去把握。只有把握了艺术现象的本质，才会明白其变化乃至盛衰的原因。这颇类似于陆放翁所说的："功夫在诗外。"

二

较之西方，中国古代更重视人的感觉。庄子提出："世之所贵道者，书也。书不过语，语有贵也。语之所贵者，意也，意有所随。意之所随者，不可以言传也。"① 强调的就是人的感觉。他用轮扁斫轮"得之于手而应于心，口不能言，有数存焉于其间。臣不能以喻臣之子，臣之子亦不能受之于臣"的感受，生动地说明了这一点。中国古代艺术重视表现人的感觉，因而较之西方艺术，显得含蓄、朦胧。所以，"西洋批评家看五光十色的中国旧诗都成了韦尔兰向往的'灰黯的诗歌'"②。

艺术重视表现和传递人的感觉的特点，在中国古代绘画中表现得尤为突出。这种作为中国古代绘画自觉的审美追求的特点，自汉末魏晋时期开始，表现为以下三个发展阶段。

第一个阶段，以表现描写对象的精神风貌为特征。体现这一特点的首先是顾恺之的"传神论"。顾恺之提出："四体妍蚩，本亡关于妙处，传神写照，正在阿堵中。"③ 强调通过描画人的眼睛表现人的神态。在顾恺之之前，绘画主要表现对象的外形。对外形的描写依靠眼睛的直接观察，而神态却要在视觉的基础上靠感觉来把握。随后，谢赫在"传神论"的基础上，提出了"气韵"的概念，要求绘画表现人的神态风度。谢赫的"气韵"，主要指对人物的表现。此后，荆浩将其用于对山水的表现。再后来，"气韵"又被扩大到整个作品对人的感受，即作品的艺术风格。谢赫"气韵说"的提出，标志着我国古代绘画表现客体对象的审美追求达到了顶峰。

---

① 《庄子·天道》。
② 钱钟书：《钱钟书散文》，浙江文艺出版社1997年版，第206页。
③ （南朝宋）刘义庆：《世说新语·巧艺》。

第二个阶段，以表现画家的主观情感，即"写意"为特征。绘画从写实到写意的转变，是伴随着从人物画到山水画的转变完成的。唐宋时期，随着经济的发展，城市的繁荣，自然山水日益成为人们喜爱的审美对象。宋代郭熙在《山水训》中，对这种心理作了深刻的剖析："尘嚣缰锁，此人情所常厌也；烟霞仙圣，此人情所常愿而不得见也。……今得妙手，郁然出之，不下堂筵，坐穷泉壑；猿声鸟啼，依约在耳；山光水色，滉漾夺目。此岂不快人意实获我心哉！此世之所以贵夫山水之本意也。"① 欧洲人对山水画的喜爱，直到 19 世纪才发生。普列汉诺夫研究认为，原因在于对城市风光的厌倦。② 这与郭熙的看法是一致的。

山水画替代人物画成为绘画的主流，是人的审美心理使然。对于这一点，没有美学学理的中国古人是不清楚的。但是，古人在山水画的欣赏过程中，体验到了这种强烈的审美感受。我国古代第一部山水画论的作者宗炳就提出，山水画的功能在于"畅神而已"，认为"神之所畅，孰有先焉"③，把山水画愉悦情性的审美功能一下子提升到无以复加的地位。

绘画的作用既然不是"摹写"而是"畅神"，那么重心就不是"形似"，而是传达画家在欣赏山水时的感受，使欣赏者能够借此产生同样的体验。继宗炳之后，王微提出"明神降之"，姚最提出"立万象于胸怀"，萧绎提出"格高而思逸"，张彦远提出"书画之艺，皆须意气而成"，朱景玄提出"万类由心"……这些论述语言形式不同，但出发点却是一致的，即把画家的主观感受视作绘画表现的主要内容，把是否表现出画家的主观感受作为衡量作品高低的标准。在这种理论指导下，中国古代绘画进入写意时代。

绘画要表现画家的主观情感，是否只要表达出情感的作品就是好的作品呢？或者说绘画表达的情感是否需要加以选择呢？中国古代绘画从

---

① 北京大学哲学系美学教研室编：《中国美学史资料选编》上册，中华书局 1981 年版，第 12 页。

② ［俄］普列汉诺夫：《普列汉诺夫美学论文集》第 1 册，曹葆华译，人民出版社 1983 年版，第 331 页。

③ 北京大学哲学系美学教研室编：《中国美学史资料选编》上册，中华书局 1981 年版，第 178 页。

理论到实践的回答都是肯定的。这种对表达情感的选择，使中国古代绘画的审美追求进入新的阶段。

第三个阶段，以"南宗画风"成为绘画的最高标准和主流为特征。这种选择首先表现在对绘画作品的评价上。唐李嗣真品评书画，首标"逸品"，将其作为最高的品第。唐朱景玄著《唐朝名画录》，分"神、妙、能、逸"四品。北宋黄休复作《益州名画录》，将画家和画分为"逸格、神格、妙格、能格"，将"逸格"作为绘画的最高标准。尽管各人对"逸品"的理解存在差异，但这种逸品审美观却最终成了中国古代画坛的终世之论。

"逸品"标准的提出，确定了中国古代绘画情感选择的方向。但"逸品"如同中国古代艺术评论中许多概念一样，具有强烈的感觉色彩，可以意会而难以言传，在实践中往往产生歧义。南宋邓椿就指出："画之逸格，至孙位极矣，后人往往益为狂肆，石恪、孙太古犹之可也，然未免乎粗鄙。至贯休、云子辈，则又无所忌惮者，意欲高而未尝不卑。"[1] 这种批评与苏轼在《题王逸少帖》中对怀素、张旭书法的批评的主旨是一致的，即反对放纵激越的情感。这种批评从反面规定了中国古代绘画中情感选择的方向。

从正面对这种审美追求进行理论建设，影响最大的首先是欧阳修。欧阳修提出："萧条淡泊，此难画之意。……故飞走迟速，意浅之物易见，而闲和严静趣远之心难形。"[2] "萧条淡泊"和"闲和严静趣远"，由此成为中国古代画的最高标准。苏轼在此基础上，提出了"萧散简远，妙在笔画之外……发纤秾于简古，寄至味于澹泊"的标准，[3] 对这种审美追求作出进一步的界定。米芾和倪瓒作为画家，则不仅从理论而且从实践上，对完成这种审美追求作出了重要的贡献。米芾主张绘画应"平淡天真"，反对"富艳"、"丑怪"、"多巧"和"雄杰"，创造了著名的"米家山水"画法。倪瓒提出："诗亡而为骚，至汉为五言，吟咏得情性

---

① 陈传席：《中国绘画美学史》，人民美术出版社 2002 年版，第 282 页。
② 《欧阳文忠公文集》卷一百三十《鉴画》。
③ 《苏东坡集》后记卷九《书黄子思诗集后》。

之正者，其惟渊明乎。韦（应物）、柳（宗元）冲淡萧散，皆得陶诗之旨趣，下则王摩诘矣。……至若李（白）、杜（甫）、韩（愈）、苏（轼），固已煊赫煌煌，出入今古，逾前绝后，较其情性，有正始之遗风，则间然矣。"① 在这里，倪瓒把情性分为两种，平淡自然为正，激烈怨愤为不正。倪瓒认为，绘画是为了娱乐，所以唯有表现平淡和悦的正性情，才能达到目的，而表现激昂怨愤的情感对人则是有害的。他说："仆之所谓画者，不过逸笔草草，不求形似，聊以自娱耳。"② 正是从娱悦情性的目的出发，早于倪瓒的苏轼和晚于其后的董其昌等人，对有"诗仙""诗圣"之称的李白和杜甫，也都委婉地提出了批评。

从绘画为了"畅神"，到对表现情感的选择，中国绘画一步步完成了自己的探索，至宋元时期达到巅峰。"南北宗论"正是在此基础上对中国古代绘画审美追求过程的系统总结。"南北宗论"指出了我国自唐代以来绘画中存在两种不同画风的现象，重点总结和阐释了被称为"南宗画风"的绘画理念。正是在这种理论指导下，明清出现了南宗画风一统天下数百年的局面。

南北宗画风的区别，核心是表现和倡导的情感的区别。南宗画风体现了中国古代绘画自觉审美追求的方向和成果，以表现和倡导平和淡泊的情感为特征。北宗画风更多地带有自发的性质，体现的是与南宗画风相对的情感，即激越怨愤的情感。对两种不同情感的追求，导致了色彩、技法等方面的不同变化，最终形成了不同的艺术风格。以往关于南北宗画风的区别，"简繁说"是从技法而言；"文硬说""柔刚说"则从欣赏感受而言；"顿渐说"指出南宗画重情感是正确的，但认为北宗画重技法而忽视情感则不够准确。中国古代绘画的主流是写意，北宗画的主流也是写意。作为南宗画对立面总和的北宗画中，有部分画院画重技法轻感情是符合实际的，但用北宗禅的这种特点作为整个北宗画的概括却是不够准确的。总而论之，这些关于两种画风的不同特点，都是围绕着两种情感的表现而形成的。

---

① 陈传席：《中国绘画美学史》，人民美术出版社 2002 年版，第 334—335 页。
② （元）倪瓒：《清閟阁全集》卷十。

　　南宗画作为中国古代绘画的正宗和主流，是中国古代画家情感选择的结果，也是中国古代文人修身理想的反映。中国古代文人修身强调"静"。庄子说："夫虚静恬淡寂漠无为者，天地之平而道德之至。故帝王圣人休焉。"① 把"虚静"作为自然和道德的最高标准，认为是帝王和圣人修养所达到的境界。《乐记》提出："人生而静，天之性也。"佛禅修行，皆以"静心"为宗。"能静即释迦，平直是弥陀。"② 把"静"和"平和正直"视作佛祖境界。"静"即"静心"，即使精神处于平和淡泊的状态。"平和"，指情感平顺和悦，不怨、不愤、不怒、不急、不躁；"淡泊"，即超然地看待外物，不因外物而扰乱心境。"淡泊"是达到平和心态的途径，也是以平和心态看待外物的表现。"静心"与"平和淡泊"，乃同一心态的不同称谓而已。恽南田说："画至于静，其登峰矣乎。"③ 道出了南宗画追求的理想效果。

三

　　从娱悦情性的目的出发，以表现平和和淡泊情感为特征的南宗画风，最终成为中国古代绘画的主流和正宗标准。与此相反，在诗歌领域，以李白、杜甫为代表的，以反映社会事件、激越情感为特征的诗风，却始终处于主流和正宗的地位。导致这种现象产生的原因，首先在于中国古代文人的两大文化情结，其次在于诗画两种艺术的不同特点。

　　"文以载道"和"娱乐情性"，是始终纠缠在中国古代文人心中的两大文化情结。前者指的是艺术创作的社会功能，后者指的是艺术创作对个体的审美功能。总体而言，在中国古代文化传统以及文人的心目中，"载道"要比"娱情"的地位高。孔子说："志于道，据于德，依于仁，游于艺。"④ "道"居首，"艺"居末，只是玩玩而已。曹丕说"文章乃经国之大业，不朽之盛事"，强调的也是艺术的社会功能。中国古代讲"修

---

① 《庄子·天道》。

② 《坛经·疑问品第三》。

③ 陈传席：《中国绘画美学史》，人民美术出版社 2002 年版，第 534 页。

④ 《论语·述而简》。

身、齐家、治国、平天下", "修身、齐家"是基础, "治国、平天下"则是最高目的。"达则兼济天下, 穷则独善其身。"只有到不得已的时候才讲修身, 能兼济天下则首先要兼济天下。被称为"古今隐逸诗人之宗"的陶渊明, 就是官做不下去了才隐逸的。总之, 在"文以载道"和"娱乐情性"两大情结中, 前者具有优先的地位。

为什么诗歌要强调社会功能, 绘画却强调娱乐情性呢？这是在社会功能优先的前提下, 根据两门艺术的不同特点做出的选择。

关于诗与画的区别, 前人有很多论述。其中最有影响的, 当数诗乃时间艺术, 画乃空间艺术。莱辛在《拉奥孔》中论述绘画或造型艺术和诗歌或文字艺术的主要区别, 就是绘画宜于表现"物体"或形态, 诗歌宜于表现"动作"或情事。[1] 晋代陆机提出："宣物莫大于言, 存形莫善于画。"[2] 这里的"物"指的就是"事", 与莱辛讲的是同一个道理。诗歌与绘画在表现对象上的这种差别, 使得前者更适合表现具有时间延续性的社会事件, 后者在这方面显然受到局限。诸如杜甫的《三吏》《三别》, 白居易的《长恨歌》《琵琶行》之类的作品, 就很难用绘画表现, 即使勉强表现, 也没有诗歌这样的效果。这是选择诗歌"载道"的第一个原因。

诗与画的另一不同特点, 是其诉求方式：诗通过语言文字直接诉诸人的意识, 画则通过视觉诉诸人的感觉。北宋邵雍说："画笔善状物, 长于运丹青。丹青入巧思, 万物无遁形。诗笔善状物, 长于运丹诚。丹诚入秀句, 万物无遁情。"[3] 诗与画均可以状物写事, 但画长于色彩形貌, 诗长于思想情绪。这是由于各自不同的诉求形式所决定的。语言文字是思维的基本元素, 所以用语言文字作为诉求形式的诗歌, 可以明确地表达出各种不同的情感, 而绘画显然难以达到这一点。如杜甫"国破山河在, 城春草木深。感时花溅泪, 恨别鸟惊心"之类的情感, 就是画不出来的；苏轼"横看成岭侧成峰, 远近高低各不同。不识庐山真面目, 只

---

① ［德］莱辛：《拉奥孔》, 朱光潜译, 人民文学出版社 1981 年版, 第 80—90 页。

② （唐）张彦远：《历代名画记》卷一《叙画之源流》引。

③ （宋）邵雍：《伊川击壤集》卷十八《诗画吟》。

缘身在此山中"之类的哲理，也是画笔所难企及的。特别是在社会矛盾激烈，社会情感迫切需要表达的时候，诗歌较之绘画显然具有迅捷、准确的优势。革命战争时期留下了大量为人称颂的诗歌，却鲜能见到表现这个时期社会情感的绘画，就是一个明显的例子。这是诗歌成为古代"载道"选择的第二个原因。

古代诗与画分工的第三个原因，是两种艺术不同的传播方式、欣赏对象和欣赏环境。古代的诗歌，不仅可以吟咏，而且可以传唱。绝句和七古乐府是能入谱的。唐时"宫掖所传，梨园弟子所歌，旗亭所唱，边将所进，率当时名士所为绝句"。王江宁三人旗亭唱诗的传说等等，清楚地证实了这一点。因为诗可以在公众场合传唱，为大众所欣赏，所以适合抒发社会性情感，适宜承担"载道"的社会功能。古代绘画则不同。由于缺乏印刷技术，绘画的传播主要依靠欣赏真迹，而有影响的作品多为个人或宫廷收藏，有幸一览的人实属寥寥无几。所以，即使绘画可以承担社会功能，其作用也是十分有限的。欣赏个人收藏的绘画，多为闲暇之时的活动，正如私人聚会不适宜讨论国事一样，休闲时间欣赏的绘画，也不适宜表现社会性的情感。这是导致中国古代诗与画分工最终形成不同评价标准的直接原因。

四

综上所述，中国古代诗与画评价标准相异，在于二者分别承担了"载道"和"娱情"两种不同的社会功能。诗与画的这种分工，是在"文以载道"和"娱乐情性"两大文化情结并存，前者优先于后者的前提下，根据诗与画表现题材、诉求方式、传播途径、欣赏对象和欣赏环境的不同特点决定的。诗与画不同的创作目的，导致了各自不同的评价标准和主流传统，形成了中国古代诗与画评价标准相异的奇特的艺术现象。

探讨中国古代诗与画评价标准相异这一奇特艺术现象的关键，是正确认识南宗画风的实质和形成原因。南宗画风是中国古代文人修身理想的具体体现和实现途径。只有从这个角度出发，才能抓住南宗画风的实质，理解创作中各种不同技法变化的原因，认识这一艺术现象产生的意义。

　　值得强调的是，人类的审美心理是随着社会环境的发展而不断变化的。所谓的传统标准，都是特定社会条件的产物，都是需要发展变化的。事实上，中国古代的诗歌，虽然"载道"为主流标准，但也不乏表现个人情趣的作家和作品；绘画虽以南宗画风为正宗，但也存在以北宗画风为主流的南宋绘画时期。以往评论多从主流标准出发，对另类作品批评多而揭示其合理性少，这对艺术的发展是有害而无益的。

从南宗画风看中国古人的审美追求[*]

　　南宗画风作为中国古代绘画的正宗和主流，是学界公认的史实。^① 然而，什么是南宗画风，学界却一直未有定论。近年来，更出现了以"柔"为标准否定南宗画风的倾向。笔者以为，南宗画风是中国古代文人修身理想的一种表现形式，正确地认识和对待南宗画风，不仅事关中国传统文化精神的继承和发扬，而且对当代文化的发展趋向乃至民族精神的确立具有一定的影响。

一

　　绘画分南北宗，明代董其昌首倡。然而董其昌并非空穴来风，其理论建立的基础和主要方法，是对中国古代绘画历史的总结和陈述。

　　"南北宗论"的提出，从对中国古代绘画的陈述开始。董其昌指出："禅家有南北二宗，唐时始分。画之南北二宗，亦唐时分也。但其人非南北耳。北宗则李思训父子着色山水，流传而为宋之赵干、赵伯驹、伯骕，以至马、夏辈。南宗则王摩诘始用渲淡，一变钩斫之法，其传为张璪、荆、关、董、巨、郭忠恕，米家父子，以至元之四大家，亦如六祖之后有马驹、云门、临济，儿孙之盛。而北宗微矣。"在这段话中，董其昌传递了三条重要的信息：一是绘画有南北宗之分，从唐代就开始。当然，这是对史实研究的结果，而非前人就有的认识。二是南北宗画的代表人

　　* 原刊于《西安石油大学学报》2007 年第 3 期。
　　① 钱钟书：《钱钟书散文》，浙江文艺出版社 1997 年版，第 207 页。

物和艺术特点。对于这一点，后人虽小有争议，但总体是承认的，也就是说董的陈述是符合艺术史实的。三是南宗画愈来愈昌盛，而北宗微矣。也就是说，南北宗画从唐代的双雄并立，至明代已演变为南盛北衰。

董其昌对绘画史实的陈述，明代及后代许多人表达了同样的见解。与董同时的陈继儒就说："写画分南北派，南派以王右丞为宗，……所谓士夫画也；北派以大李将军为宗，……所谓画苑画也。"① 沈颢在《画麈·分宗》中也说："禅与画俱有南北宗，分亦同时，气运复相敌也。"

"南北宗画论"是对中国古代绘画的理论总结。它指出了我国自唐代以来绘画中存在两种绘画风格和南风日盛北风日衰这样一种史实，同时对南北宗画的不同特点从理论上进行了总结。当然，董其昌提出"南北宗论"的目的，也就是其理论建设的焦点，是推崇和倡导南宗画风。从这种理念出发，南北宗论对南宗画风作了较为细致的阐述，而北宗画的许多特点，却只是作为南宗画的对立面提出来的。这是理解南北宗画论的重要前提。"南北宗论"的提出，加剧了绘画南盛北衰的发展趋势，最终形成的明清两代南宗画风一统天下三百余年的局面。

何谓南北宗画，学界一直存在不同的说法，集其要者如下：一是"文硬说"。陈继儒指出："山水画自唐始变古法，盖有两宗，李思训、王维是也。……李派粗硬，无士人气。王派虚和萧瑟，此又慧能之禅，非神秀所及也。"他进一步提出："文则南，硬则北，不在形似，以笔墨求之。"② 二是"顿渐说"。清方薰认为："画分南北宗，亦本禅宗南顿北渐之义，顿者根于性，渐者成于行也。"③ 这实质是借南北宗禅"顿悟"和"修行"的区别，强调南宗画讲求情感的抒发和北宗画注重技巧的不同特点。三是"简繁说"。钱钟书在《中国诗与中国画》中，分析了南北方人、南北宗禅和南北宗画的区别，最后的结论是："体现在造型艺术里，这个趋向就是绘画的笔墨'从简'、'用减'、'笔不周'。"④ 他由此把"简"与"繁"作为南北宗画的区分标准。四是"柔刚说"。陈传席在

① 陈传席：《中国绘画美学史》，人民美术出版社 2002 年版，第 422 页。

② 陈传席：《中国绘画美学史》，人民美术出版社 2002 年版，第 428、422 页。

③ （清）方薰：《山静居画论》。

④ 钱钟书：《钱钟书散文》，浙江文艺出版社 1997 年版，第 203—204 页。

《中国绘画美学史》中指出："不论诗、词、文、书，皆以风格豪迈、奔放雄浑者为北宗，以婉约、清淡、轻秀者为南宗；以刚性为北宗，以柔性为南宗。这正是董其昌山水画南北分宗的风格标准。"① 从这种标准出发，陈传席提出，正是南宗画这种柔弱的审美观导致了自宋以降中国的柔弱和屈辱。

四种说法表述方式虽然不同，但其表述的意向却是一致的，即认为两种画派表现了两种不同的情感，南宗画风以表现和倡导平和淡泊的情感为特征，北宗画风体现的是与南宗画风相对的情感，即激越怨愤的情感。对两种不同情感的追求，导致了色彩、技法等方面的不同变化。"简繁说"是从技法而言；"文硬说""柔刚说"则从欣赏感受而言；"顿渐说"指出南宗画重情感是正确的，但认为北宗画重技法而忽视情感则不够准确，北宗画的主流也是表现情感的，只不过表现的情感不同而已。

二

林风眠说过："艺术家为情绪冲动而创作，把自己的情绪所感到而传给社会人类。"② 南宗画作为中国古代绘画的正宗和主流，是中国古代画家情感选择的结果。③ 中国古代画家何以要选择平和淡泊的情感而反对激越怨愤的情感呢？根本的原因，在于平和淡泊是中国古代文人追求的理想的精神境界。

中国古代文人修身，特别强调"静"。庄子说："夫虚静恬淡寂漠无为者，天地之平而道德之至，故帝王圣人休焉。"④ 把"虚静"作为自然和道德的最高标准，认为是帝王和圣人修养所达到的境界。《乐记》提出："人生而静，天之性也。"佛禅修行，皆以"静心"为宗。"能静即

---

① 陈传席：《中国绘画美学史》，人民美术出版社 2002 年版，第 484 页。
② 林风眠：《林风眠散文》，花城出版社 1999 年版，第 15 页。
③ 关于中国古代画家情感选择的发展过程，可以参看《中国古代诗画标准的相异与文人的两大文化情结》。
④ 《庄子·天道》。

释迦，平直是弥陀。"① 把"静"和"平和正直"视作佛祖境界，这与庄子"帝王圣人休矣"的思想如出一辙。"静"即"静心"，即使精神处于平和淡泊的状态。"平和"，指情感平顺和悦，不怨、不愤、不怒、不急、不躁；"淡泊"，即超然地看待外物，不因外物而扰乱心境。"淡泊"是达到平和心态的途径，也是以平和心态看待外物的表现。"静心"与"平和淡泊"，乃同一心态的不同称谓而已。恽南田说："画至于静，其登峰矣乎。"② 道出了南宗画追求的理想效果。

中国古代文人之所以把"静"作为修身的理想境界，主要出于以下三方面原因。

（1）心静有利于做事。老子说："淡泊以明志，宁静以致远。"庄子用寓言故事对此做了阐述。他写梓庆削木为镰，"见者惊犹鬼神"，其奥秘在于"必齐心静心"；写"佝偻者承蜩，犹掇之也"，其要诀在于"用志不分，乃凝于神。"③ 刘勰强调："陶钧文思，贵在虚静。"④ 也出于同样的道理。心静便于客观地看待事物，鞭辟入里，抓住实质；可以集中精力，调动自身的潜能，达到最佳的效果。所以，古往今来，大凡军事、竞技乃至处理一切重大事情，人们都强调冷静。曾国藩在日记中写道："'静'字功夫要紧……若不静，省身也不密，见理也不明，都是浮的。"⑤

（2）心静有益于处人。老子认为，世间一切纠纷皆由于人们争强好胜、贪恋金钱权势而成，所以只有"无为而治"，使人们无欲无望，清静自然，天下才能安宁，个人才能幸福。列子用逆旅人有妾二人，"恶者贵而美者贱"的故事，说明了夸耀和谦恭在处人中的不同结果；他借用老子之口，批评杨朱"举止傲慢，目空一切，这样谁愿意与你在一起呢？"⑥通过这些故事，列子表达了与老子同样的见解，即谦和虚静，不仅可以

---

① 《坛经·疑问品第三》。

② 陈传席：《中国绘画美学史》，人民美术出版社 2002 年版，第 534 页。

③ 《庄子·达生》。

④ （南朝梁）刘勰：《文心雕龙·神思》。

⑤ 成金编著：《成就曾国藩一生的八大学问》，金城出版社 2003 年版，第 323 页。

⑥ 《列子·黄帝第二》。

避免矛盾，而且可以使自己在人际交往中处于有利位置。孔子讲："三人行，必有吾师"，前提也是虚心谦和。

（3）心静有益于愉悦情性，健康长寿。把静心作为一种精神修养，莫过于佛教。相传佛祖释迦牟尼就是在菩提树下静静地思考了几个昼夜，参透了人间各种问题，才跳离精神苦海，悟道成佛的。禅，在梵文中就是沉思静虑。达摩将禅学传入中国之际，要求信徒们做的，就是对着墙壁默然肃坐，让心静下来，称作"安心"。安心、静心，实质是建立独立的自主意识，不因物喜，不以己悲。心安而后思静，思静而后情感快乐。唐代李翱糅合儒学与佛教精华，提出"复性论"，其要旨在于把"寂然不动"的觉醒状态作为修身追求的理想目标，认为在这种状态中，人可以不喜、不怒、不哀、不惧、不爱、不恶、不欲，具有人类最高的智慧和最完善的品德，能够洞察人世间一切被情欲掩盖的真情，而不受任何烦扰。周敦颐在《太极图说》中也表达了同样的思想。①

在追求静心的同时，古人反对与此相左的情感。《吕氏春秋》云："是故圣人之于声、色、滋味也，利于性则取之，害于性则舍之，此全性之道也。"②《孟子》记述了这么一段对话："公孙丑问曰：'高子曰：小弁，小人之诗也。'孟子曰：'何以言之?'曰：'怨'。"③ 虽然孟子对《诗经》中这首诗的"怨"的原因作了解释，但从中可以看出，在古人看来，"怨"不是君子应该有的行为。孔子说："唯女子与小人为难养也，近之则不逊，远之则怨。"④ 也是基于这样的认识标准。

从这种标准出发，班固对屈原提出了非议："今若屈原，露才扬己，竞乎危国群小之间，以离谗贼。然责数怀王，怨恶椒兰，愁神若思，强非其人，忿怼不容，沈江而死，亦贬絜狂狷景行之士。……谓之兼诗风雅而与日月争光，过矣。"⑤ 尽管前有司马迁后有王逸，对班固的说法持不同意见，但仔细分析会发现，司马迁、王逸讲的是尽忠为国，班固讲

---

① 闻继宁：《中国哲学精粹》，安徽人民出版社 1992 年版，第 203、224 页。
② 《吕氏春秋·孟春纪第一·本生》。
③ 《孟子·告子章句下》。
④ 《论语·阳货篇》。
⑤ 《四部丛刊》本《楚辞》卷一《离骚序》。

的是个人修身。也就是说，屈原的行为与《小弁》的"怨"一样，虽事出有因，情有可原，但终属君子修身所不应提倡的行为。

近代蔡元培力倡"以美育代宗教"，一方面要通过美育消除"人我之见""利害之心"，从而使人的感情丰沛而有活力，能够以平和、客观的眼光看待外物，与外部世界和谐相处；另一方面，反对各种偏激狂热之"激刺感情"，保护心灵家园不受其害。蔡元培反对宗教"扩张己教、攻击异教"的激刺感情，也反对"近代帝国主义之激进，物质文明之狂热"，认为前者使人陷入政治狂热之中丧失自辨力，往往被政治野心家利用，后者"几若人类为金钱而生活，遂使拜金主义弥漫全国"①。这种主张，显而易见地承袭了中国古代传统文化精神。

"平和淡泊"乃中国古代文人修身的理想境界。正是这种精神追求，使得南宗画风最终成为中国古代绘画的正宗和主流。南宗画讲静心，重点是强调静对身心健康的作用。董其昌说过："黄大痴九十而貌如童颜，米友仁八十余神明不衰，无疾而逝。盖画中烟火供养也。"② 心态对人体的作用，20世纪末现代医学才大体揭示了其机理。而早在几百年前，中国古人从实践中就意识到这一点。中国古代的隐逸，实质大多是现实不得意之后的选择，追求心灵的平静，是在经过痛苦的摸索之后才寻到的光明之路。以有"古今隐逸诗人之宗"的陶渊明为例，白居易早就指出："呜呼陶靖节，生彼晋宋间。心实有所守，口终不能言。"在残酷的外部环境中，保持平静的心态是个体生存的需要，而真正做到这一点，却是需要付出极大努力的。中国古代绘画情感选择的探索，正是元代文人在特殊的社会环境下，经过痛苦的磨炼才最后完成的。明末南北宗画论一出，南宗画风从者如流，迅速一统天下。造成这种现象的原因，除了传统文化的影响外，关键在于当时文人的理想和希望在现实中得不到满足，而南宗画风为他们痛苦的心灵开辟了一条快乐之路。

---

① 蔡元培：《蔡元培全集》第2卷，浙江教育出版社1995年版，第282页。
② 陈传席：《中国绘画美学史》，人民美术出版社2002年版，第431页。

三

近代以来，南宗画风不仅在画坛受到冷落，在理论界也受到非议。究其原因，有艺术自身规律的作用，有社会现实的原因，也有认识上的误解。

从艺术自身的规律而言，艺术的生命在于创新，故盛极而衰，乃为常理。赋至汉为鼎盛，也自汉而衰；律诗至唐为鼎盛，也自唐而衰；词至宋为鼎盛，也自宋而衰；曲至元为鼎盛，也自元而衰……江山代有才人出，各领风骚数百年。任何艺术形式、艺术风格，都不可能长盛不衰，这是人类新奇性审美心理所决定的。南宗画风同样不可能逃脱这种艺术规律。在统治画坛数百年后，被新的画风挤下王座，艺术规律的作用是其中重要的原因。

从社会现实的角度看，近代以来，随着西方列强的侵入，封建统治的衰败，民族矛盾、阶级矛盾日渐激烈。值此之际，无论是一般民众还是知识分子，革命图强成为社会的主流呼声。这种社会心态与南宗画风倡导的平和淡泊的情感是不相容的。从鸦片战争开始，近百年间战火连天。新中国成立以后，天下虽大定，但"以阶级斗争为纲"至 20 世纪 80 年代前始终居社会意识形态主导地位。搞斗争，自然不会倡导"平和淡泊"，南宗画风遭冷遇也就在所必然了。

从艺术实践看，清末以降以吴昌硕、黄宾虹为代表的绘画主流，正是从对传统绘画的反动开始的。古人绘画讲究细润，忌用宿墨（脏），吴、黄却以用宿墨（脏墨脏色）为特色。他们的画不是静，而是动，不求平和淡泊，而求激烈昂奋。诚如评论家所言，这类绘画体现的是磅礴雄浑的"大气""雄气"，甚至可以说是"狂气、霸悍气"①。这种绘画在南宗画风统治画坛几百年后，给人以耳目一新之感，同时也满足了那个时代中国人所需要的情感。

时至今日，当社会以革命为主变为以建设为主，当人与人之间的斗

---

①　陈传席：《中国绘画美学史》，人民美术出版社 2002 年版，第 654 页。

争演变为构建和谐社会，如何正确地看待南宗画风，如何正确地看待中国传统的修身理想，就成为画界乃至当代社会必须重新回答的问题。

早在五四运动方兴未艾之际，蔡元培就提出了"革命不要忘记美育"的忠告，力陈放纵激越情感之害。九年之后，林风眠痛心疾首地感慨："虽有蔡孑民先生郑重的告诫……，但这项曾在西洋的文化史上占得了不得地位的艺术，到底被'五四'运动忘掉了；现在，无论从哪一方面讲，中国社会人心间的感情的破裂，又非归咎于'五四'运动忘了艺术的缺点不可！"① 五四运动之后，中国又经历了近百年人际间的斗争，这对中国人感情世界的影响将是深远的！

不同时代有不同的主题，不同时代的人需要不同的情感。当建立和谐社会成为当代主题的时候，重新认识中国古代文人的修身理想，以及体现这种理想的南宗画风，应该是一件有意义的事。

---

① 林风眠：《林风眠散文》，花城出版社 1999 年版，第 85 页。

斗牛尾巴该夹还是该摆[*]

——谈谈虚假细节在文学艺术中的作用

一

苏轼《书戴嵩画牛》载："蜀中有杜处士，好书画，所宝以百数，有戴嵩牛一轴，尤所爱，锦囊玉轴，常以身随。一日曝书画，有一牧童见之，拊掌大笑曰：'此画斗牛也。牛斗力在角，尾搐入两股间，今乃掉尾而斗，谬矣！'处士笑而然之。"①

杜处士之然，实苏轼之然。不惟苏轼，古今许多评论者都把这个故事作为艺术违反生活真实的范例。《写作趣谈》在引用这个故事后就发了一通议论："描写事物，贵在真实，而要描写真实，首先必须观察入微，……如果我们作文时，对所写的事物只是粗略地看上一眼两眼，想也不想，就看不清，看不全，也必然得不到'真'，动起笔来，总会象戴嵩画牛'掉尾而斗'。"②

戴嵩是唐代名画家，尤以画牛著称，后人谓得"野性筋骨之妙"，与韩干画马，并称"韩马戴牛"。这样一位名画家，真的不知道斗牛的尾巴是夹着还是摆动着吗？《写作趣谈》在引用这个故事的同时，还记述了另一则有关戴嵩画牛的故事：说是宋代名画家米芾，临摹戴嵩的《斗牛

* 原刊于《西安石油学院学报》1997 年第 1 期。

① 《苏轼文集》卷七十，中华书局 1986 年版。

② 《写作趣谈》，地震出版社 1983 年版，第 67 页。

图》，冒充真迹，被人识破，原因在于原作牛眼睛里有牧童的影子，米芾临摹时却没有注意到。这个故事说明戴嵩观察生活是非常细微的。以如此细微的观察，却不知道斗牛的尾巴是夹还是摆，这是不可能的。既然知道，为什么不按照生活真实创作呢？这便涉及文学艺术创作的一个规律：虚假细节的运用。

二

虚假细节是文学艺术创作中的一种特殊现象。相对实际生活而言，这类细节是不真实的，不合情理的；相对于文学艺术本身的要求来说，这类细节是允许的、有益的、必需的，因而可以说是符合艺术真实的。古今中外，文学艺术中运用虚假细节的范例并不少见。

《歌德谈话录》记载，歌德与秘书爱克曼有一次欣赏荷兰大画家吕邦斯的风景画，在歌德的启发下，爱克曼惊奇地发现，画中的人物受到迎面很明亮的光照，而旁边的树木则受到来自侧后方的光照，把阴影投到人物脚下的地面，使得人物更加突出，"显得特别美"，他不禁惊叫起来："天哪，光是从两个相反的方向射来，这是违反自然的啊！"歌德笑着说："关键正在这里啊！……光从相反的两个方向射来，这当然是牵强歪曲，你可以说，这是违反自然。不过我还是要说它高于自然，要说这是大画师的大胆手笔，他用这种天才的方式向世人显示：艺术并不完全服从自然界的必然之理，而是有它自己的规律。"[①]

宋代名画家李公麟的名作《李广夺胡儿马图》，写汉代名将李广受伤被捉，佯装病重，乘敌兵不备，夺其马与弓箭南归的故事。画面上李广催马南驰，敌兵紧追不舍，李广张弓搭箭，紧对追兵，箭尚未离弦，而敌兵已应弦而倒。宋代著名诗人黄庭坚很赞赏这幅画，认为"含不尽之意"。画家自己也称："使俗子为之，当作箭中追骑矣。"[②]

在我国古典小说中，运用虚假细节的例子也俯拾即是。譬如关云长

---

① ［德］歌德：《歌德谈话录》，朱光潜译，人民文学出版社 1982 年版，第 136 页。
② 张光福编著：《中国美术史》，知识出版社 1982 年版，第 356 页。

刮骨疗毒、刘玄德马跃檀溪、鲁智深倒拔垂杨柳等。细细想来，这些细节在生活中基本都是不可能的事，但正是这些虚假细节，使得人物形象跃然纸上，大大增强了作品的生动性、可读性。

　　然而，相当一段时间以来，我国文艺创作和文艺批评中，由于片面地理解细节真实的要求，用生活的真实要求文艺，衡量文艺，裁判文艺，忽视虚假细节在文艺创作中的作用，使得许多作品因求真而至淡然寡味，甚而违反艺术规律，破坏艺术效果。如何突破这种束缚，使文艺作品更具感染力，这是当今文艺创作亟待解决的一大问题。为此，有必要认真探讨虚假细节在文艺创作中的作用。

三

　　虚假细节在文艺创作中有哪些作用呢？也就是说艺术家在什么情况下才不惜违背生活真实，运用虚假细节呢？分析古今文艺创作的实践，大致有以下几种。

　　（1）当生活细节与艺术效果发生矛盾，艺术家会突破生活的局限，创造和运用虚假细节，以增强艺术效果。

　　这种矛盾首先表现为事物某一特点与艺术追求的意境、整体形象的矛盾。戴嵩的《斗牛图》即为一例。在现实生活中，牛斗架时尾巴夹在双股之间，但作为艺术形象的斗牛，画家要表现的是其威武雄猛的气势，奋发张扬的精神，很显然，夹起尾巴的细节与这种艺术追求是矛盾的，照搬生活将有损于艺术效果，于是画家创造性地采用了摆动尾巴这一"虚假细节"。不明白这个道理的苏轼，因而在此类艺术欣赏中屡屡出乖。他除了批评戴嵩外，还曾经批评五代著名花鸟画家黄筌。在《书黄筌画雀》中，他说："黄筌画飞鸟，颈足皆展。或曰：'飞鸟缩颈则展足，缩足则展颈，无两展者。'验之，信然。"[①] 苏轼批评戴嵩和黄筌，认为二人违背了生活真实，是观察不细之故，岂不知，这正是两位绘画大师的高明之处。苏轼说过："论画以形似，见与儿童邻。"在这两幅画的处理上，

---

　　① （宋）苏轼：《苏东坡集》。

两位画家正是求神忘形，而苏轼本人却是求形忘神。从具体的艺术规律讲，则在于苏轼没有从艺术内在规律的角度去理解这种细节的处理，没有认识到虚假细节这一特殊的艺术方式。

电影、电视剧作为现代新兴的艺术形式，也深深地受到虚假细节这一艺术规律的困扰。80年代，斯琴高娃出演电影《骆驼祥子》的女主角虎妞，按照老舍的原著，虎妞是位十分丑陋的嫁不出去的老姑娘。斯琴高娃扮演的虎妞，却化装得比较漂亮，为此，有些人对此提出批评，但是，这位漂亮的"虎妞"却受到广大观众的接受和喜爱。与斯琴高娃扮演虎妞的情况恰恰相反，宋丹丹在出演电视剧《爱你没商量》的女主角艾华时，完全按照生活的实际情况，把自己装扮得如同一个真正的患病多年的病人，但是，却没有引起观众的重视和喜爱。对此，电视剧导演为宋丹丹叫屈，说她如此真诚地献身艺术，甚至不惜丑化自己的形象，却不为人们所赏识。为什么"虚假"的反倒受欢迎，"真实"的反倒受冷落，难道真的是观众的欣赏水平太低了吗？并非如此。这里涉及一个艺术规律，即电影、电视剧首先是一种视觉艺术，视觉是人的感官系统中影响力最强的器官。一个丑的外形，希望成为一个美的造型艺术形象，虽然不能说完全不可能，但可以说比较艰难。因为外形丑的感觉会削弱人物内在美对观众形成的印象。关于这一点，莱辛在《拉奥孔》中曾经做了详细的分析。斯琴高娃的成功，正如许多伟大的艺术家所做的那样，正是运用"虚假细节"这一艺术手段，避免了现实生活与艺术效果的矛盾。宋丹丹的失败则在于违背了这一艺术规律。

生活细节与艺术效果的矛盾，还表现在人物的结局上。在我国古典小说中，"恶有恶报，善有善报"和"冤有头，债有主"，都是处理人物结局的基本规律，但是这在生活中是不尽可能的。特别是在万军之中，或者动乱的社会中，总是两个仇人最终相遇在一起，正义战胜邪恶的结局，在生活中的概率更是微乎其微。但是如果不这样处理，就达不到作品惩恶扬善的目的，也不能满足观众的欣赏心理。因此，这种创作规律正是运用虚假细节的方法，以求得完满的艺术效果。有的作家不明白这一点，间或忽视了这一点，就会给作品带来缺憾。一百二十回《水浒传》之所以给人以虎头蛇尾之感，与其对人物结局的处理关系很大。作者让作品前半部塑造的生龙活虎的梁山好汉，或死于乱军之中，或溺于水中或死于疾病……这在生活中也许是真实的，但在艺术中却是明显的败笔。艺术作品是一个独立的完整的世界，这个世界有自己内在的规律。首先，重要人物是活跃在前台的表演者，一般人物只起到环境或背景的作用，如乱军厮杀，民众逃散等。如果"表演者"互相搏斗，"背景"突然跳出来，将其中一个表演者杀死，就破坏了这种规律。其次，人物的结局，必须由作品中人物的矛盾决定，而不能插入外力，犹如舞台上的人物生死，应由戏中人物的力量对比决定，而不能由台下跳出一人，将争斗的一方杀死。诸如洪水和疾病，可以作为一种背景，推动剧情的发展，但却不能作为决定重要人物命运的力量。金圣叹删掉《水浒传》后五十回，不能说不与后半部分这种过多破坏艺术完整的描写有关。

在现代文艺作品中，因为采用生活真实细节，而影响艺术效果的例子也为数不少。如《白鹿原》中的"白灵之死"，作者让象征白鹿原灵气的这样一个重要人物，却死于"肃反运动"的冤案中。这在生活中是真实的，在艺术中却属于"背景杀人"。更有甚者，多年前有一出名为《兄弟姐妹》的戏剧，其矛盾斗争的最终结局是反面人物为公安局抓走，是典型地用剧外力量决定人物命运的例子。

（2）当生活细节不足以表现人物性格特征，艺术家会运用虚假细节，突出人物的性格特点。

《三国演义》中"关云长刮骨疗毒"，书中写道："佗乃下刀，割开皮肉，直至于骨，骨上已青：佗用刀刮骨，悉悉有声。……公饮酒食肉，谈笑弈棋，全无痛苦之色。"用刀割肉刮骨，能忍受住已属罕见，岂能"谈笑弈棋，全无痛苦之色"，除非人没有知觉方能如此。作者采用这个虚假细节的用意，无怪乎为后文一句话作注："君侯真天神也！"

《水浒传》第七回写鲁智深倒拔垂杨，那杨树上老鸦做了个巢，众泼皮有的要架梯子上去拆，有的要盘上去拆，而鲁智深"用右手向下，把身倒缴着，却把左手拔住上截，把腰只一趁，将那株绿杨树带根拔起"。老鸦可以筑巢，能架得住梯子，承受起一个成年男子攀登的树，少说也有碗口粗，这样粗大的树，盘根错节，岂能用人力拔出来，这在生活中是完全不可能的。施耐庵用这个虚假细节，生动地表现了鲁智深力大无比、豪迈洒脱的特点，给人以极深的印象。

与古人相比，现代作品的虚假细节可以说越来越没有气魄了，但即便如此，仍然会受到"违反生活真实"的批评。蒋子龙在《乔厂长上任记》中有一个细节：乔光朴和童贞这对二十年前的情人，在乔厂长上任前夕商定准备结婚。但在宣布乔光朴任职的党委会上，乔光朴听到工厂里许多关于他与童贞的传闻，为了不给反对者以口实，党委会结束时，他突然宣布，两小时前，他已与童贞结婚了。作品发表后，这个细节受到非议。批评者认为作者不懂法律，违反了生活真实，不领结婚证怎么能结婚呢？按照生活实际，这种批评是有道理的，不办结婚手续结婚不符合法律规定，更何况是两位党员领导干部。但这是艺术作品，作者正是运用这个虚假细节，突出了乔光朴坚毅果断，办事大刀阔斧、雷厉风行的特点，增加了人物的艺术感染力。从这个例子可以看出，当前盲目求真的风气何等之深。

四

虚假细节与那种脱离生活实际的肤浅描写有什么区别呢？二者相比，虽都属与生活不相符，但前者是作家深入了解生活后有意为之，后者是因不了解生活而盲目为之；前者会大大增强艺术感染力，后者则相反。

从虚假细节的运用可以看出，细节真实只是一种创作方法，必须服从于文艺创作的最终目的。细节真实可以增加作品的可信性和感染力，这正是现实主义创作方法的长处。但是，细节真实只是一种手段，是为艺术效果这个创作的最终目的服务的，所以，不仅当方法与目的发生矛盾时必须改变方法，而且当方法不足以达到目的时也必须改变方法。文艺创作不应该拘泥于生活实际，而应该在生活的基础上大胆创造，以塑造出更加生动的艺术形象。文艺批评应从艺术的内在规律出发，支持和鼓励这种创作方法，而不能机械地用生活规范艺术，扼杀艺术的活力。艺术表现方法的优劣最终应以艺术效果为标准。

虚假细节的运用是有前提的。除了艺术效果的要求外，虚假细节必须有一定的生活真实作为基础。正如鲁迅先生指出的："燕山雪花大如席，是夸张，但燕山究竟有雪花，就含着一点诚实在里面，使我们立刻知道燕山原来有这么冷。如果说'广州雪花大如席'，那可就变成笑话了。"① 有益于增强艺术效果和有一定的生活真实作基础，是虚假细节运用的两个基本前提。失去前者，虚假细节描写就失去了运用的目的和价值；失去后者，虚假细节描写就会违背初衷，弄巧成拙，最终影响作品的艺术效果。

① 《鲁迅论文学艺术》，陕西人民出版社 1979 年版，第 76 页。

第四部分

美育理论发微

美育与心灵家园建构[*]

——论蔡元培"以美育代宗教说"的当代意义

　　20世纪初，随着封建帝制的灭亡，作为两千多年封建社会精神支柱的儒学也随之衰落。在新的时代，以什么样的精神，通过什么途径，来凝聚人心，重塑民族魂魄，建构心灵家园，成为思想界仁人志士思考的重要问题。当时有人把西方社会的发展归之于宗教的影响，而把中国的种种弊端归之于宗教的缺失。有的"遂欲以基督教导国人"，有的"以孔子为我国之基督，遂欲组织孔教"①。对此蔡元培坚决反对，他旗帜鲜明地提出"以美育代宗教"的主张，倾注毕生的心血为美育的实施而努力，甚至在弥留之际仍念念不忘"美育救国"。蔡元培何以坚持"以美育代宗教"，美育何以能够代替宗教，研究这些问题，对于现代人建构心灵家园具有重要的意义。

一

　　宗教的产生缘于人的感情的需要。人类诞生之初，对万物之来源、自然之变化无从了解，故推之于种种神灵，如西方之上帝、印度之佛祖、阿拉伯之真主、中国之盘古。神灵是宗教产生的前提，但它并不等于宗教，也并非必然产生宗教。宗教产生于信仰，当人把心灵和感情交给所

　　* 原刊于《哲学研究》2002年第9期，人大复印报刊资料《美学》2002年第12期转载。
　　① 高叔平编：《蔡元培教育文选》，人民教育出版社1980年版，第28页。

崇拜的神灵时，宗教便随之产生。

宗教对感情的作用，首先在于给人以现实痛苦来源之解释。不同的宗教有不同的解释，如基督教之偷吃禁果，佛教之前世罪孽，其共同之处，是把人生的痛苦归咎于人类自身原有的罪孽，认为唯有通过赎罪，方能升入"天堂"，到达"极乐世界"。其次是通过祈祷、忏悔等形式，使人得到心理的平衡、心灵的安宁。两千多年来，宗教是西方人心灵的家园、感情的庇护所，形成了西方以赎罪为特征的罪感文化。

近代以来，随着科学的发展，宗教的谬误日益为人们所认识，于是其慰藉感情的作用也日见衰退。19 世纪末至 20 世纪初，资本主义从自由竞争进入垄断时期，现代化的工业生产，把人沦为机器的附庸、金钱的奴隶，加深了个人与社会的对立、阶级与阶级的对立。尼采用"上帝已死"来宣告两千年来基督教作为西方人精神支柱时代的结束。但是尼采等存在主义哲学家，在把目光从神转向人时，却只看到了单个的"超人"而非社会的普通人即"末人"。存在主义提出用"行动和冒险"来逃避心灵的不安，只不过是一杯浇愁的酒，并没有为人们找到心灵的乐土。

学贯中西的蔡元培对此洞若观火。他指出："夫宗教之为物，在彼欧西各国已为过去问题。盖宗教之内容，现皆经科学的研究解决之矣。吾人游历欧洲，虽见教堂棋布，一般人民亦多入堂礼拜，此则一种历史之习惯。"[1] 因此，他坚决反对用宗教来建构国人的心灵家园。

二

令人奇怪的是，中国虽然也创造了开天辟地的神，但却没有发展为宗教。宗教的起因在于人慰藉感情的需要，那么没有宗教，古代中国人是怎样解决这种感情需求的呢？

比较中西文化，不难发现与西方以宗教为主流的文化不同，神在中国古代文化中，始终未居主流地位。中国古代的哲人，大多是不信神的，这一点不能不使人感到惊奇、敬佩。对于外部世界与人的关系，中国古

---

[1] 高叔平编：《蔡元培教育文选》，人民教育出版社 1980 年版，第 28 页。

代文化的主流认识是"天人合一"。"天人合一"的内涵极为广泛，今人对此多有争议。然究其根本，起码包括了以下三点：（1）万物与人皆是自然的产物，天包括人，人是天的组成部分；（2）万物与人的生长变化皆有其自然规律，即"天道"；（3）人生需顺应天道，即自然规律。从这三条出发，又生发出许多不同的理解。其中对中国古代社会影响较大的有二：一是以儒学为代表的将礼教神化的"天理"。《左传》云："夫礼，天之经也，地之义也，人之行也"；宋明理学讲"存天理，灭人欲"；荀子说"君臣、父子、兄弟、夫妇……与天地同理，与万世同久"①。这种把世俗道德神化的做法，其作用与用宗教规范人的行为是相同的，有利于封建社会的统治，因而为封建统治者所欣赏，在封建社会始终居统治地位。一是以道家为代表的将人生自然化的"天理"。庄子有两个故事很能体现这种思想。庄子的妻子死了，庄子击缶而歌。惠施责怪他，他却说："人死了，生命和形体都没有了，这是自然的变化。我妻子从自然而来，又回到自然中去，这如同四季流转，有什么值得悲伤的呢！"庄子和惠施在水边散步，庄子赞叹道："鱼戏水中，多么快乐啊！"惠施说："你不是鱼，怎么知道鱼快乐呢？"庄子说："你不是我，怎么知道我不知道鱼快乐呢？"第一个故事从人生即自然过程的理念出发，把一般人悲伤的事也看作愉快的事。第二个故事用现代美学的理论解释，就是唯其自己心中快乐，方能视万物快乐。一个连妻子去世都能看作快乐的人，痛苦怎么能进入他的心灵呢？

以人生为自然过程的认识观，形成了中国古代的乐感文化。乐感文化作为主导，也渗入外来宗教。佛教传入中国，演变为禅。文士李翱问药山禅师何为禅，药山答："云在青天上，水在水瓶中。"人问如何学禅，禅师道："饿了吃饭，困了睡觉。"这已经不是超凡脱俗的天国，而是融入了世俗生活、人情常理的佛教。禅宗折射出了乐感文化的吉光片羽，表现为荣辱不惊的心境，与儒家"富贵不能淫，贫贱不能移，威武不能屈"的处世态度相对应。

乐感文化的核心是寻求人生之乐趣，其主要表现在三个方面：一是

---

① 《荀子·王制》。

道家以出世为特征的寄情山水之乐。如陶渊明的"采菊东篱下",林和靖的"梅妻鹤子",以及由此而形成的对田园山水的审美爱好。二是儒家以入世为特征的事功之乐。如笃志向道,"一箪食,一瓢饮,在陋巷"而不改其乐的颜回;"先天下之忧而忧,后天下之乐而乐"的范仲淹;以及"独乐乐"不如"与人乐乐","少乐乐"不如"与众乐乐"的士大夫感受和"助人为乐"的平民认识。三是以诗、文、琴、棋、书、画为代表的艺术之乐。艺术乃慰藉感情之第一工具,中外人士多有论述。中国古代文人大多集艺术家与鉴赏家于一身,对此体验更为深切。一般而言,文人士大夫多以儒道互补,达则以事功为乐,穷则以山水为娱,艺术则始终作为寄托感情的重要形式。

中国古代的乐感文化,突出人的主动精神,肯定人生和人的感性快乐,较之西方的罪感文化否定人生、以赎罪为快乐的纯精神感受,无疑更能增加人生的乐趣。两千多年间,国人正是用"天人合一"代替了对神的崇拜,用审美的愉悦代替了宗教慰藉感情的作用。但是,乐感文化必须以相当的文化水平为基础,故其始终难以跳出文人士大夫的圈子;同时,乐感文化由于缺乏类似宗教那样通俗的形式,因而很难普及到百姓之中。对于一般民众,依然有借外部力量慰藉感情之需要。所以中国古代农民起义,自陈胜、吴广起,多用神的名义相号召,借宗教的形式以组织,并能屡屡奏效。佛教、基督教传入,虽文人士大夫多反对,如范缜之"神灭论"、韩愈之谏迎佛骨等,然宗教在民间却能得到蓬勃发展。

蔡元培国学根基深厚,深得中国古代乐感文化之精髓。当他接触到近代西方美学,特别是席勒(Schiller)审美教育的主张后,便立即意识到审美与中国古代乐感文化的联系,以及美育作为一种形式,在陶养感情、凝聚人心、重塑民族精神上的重要作用。因此,他在反对以宗教教导国人的同时,力主以美育代宗教。

三

审美的源头可以追溯到人类社会的滥觞。当原始人为取悦神灵载歌载舞、用粗犷的线条在岩石上描绘他们喜爱的形象时，审美只是人类一种本能的活动。柏拉图"美是什么"的发问，开启了人类自觉探索审美规律的时代。美学是这种自觉活动的结果，美育则是美学成果的应用。从审美到美学再到美育，人类完成了由自在到自觉的飞跃。

最早提出把美学研究成果付诸实践的是席勒。席勒看到了近代西方社会由于人文精神的崩溃、心灵家园的丧失而产生的种种弊端，但他把这些弊端归罪于人心腐化，归罪于人的感性。他认为，人的发展分为"物质（身体）状态"、"审美状态"和"道德状态"三个阶段，"不管是个人还是全人类，如果要完成自我实现的全部过程，都必须按照一定程序经历这三个阶段"。席勒把审美活动当作人和人类从感性阶段进入理性阶段的必不可少的桥梁，认为"如果要把感性的人变成理性的人，唯一的路径是先使他成为审美的人"①。这样，席勒虽然是提出美育理论的第一人，但他对美育的认识并没有摆脱西方宗教文化否定人的感性生命的影响，没有超出中外古今美育为德育、智育服务的窠臼。

蔡元培的美育思想受席勒的启发，却与席勒不同，他充分肯定和重视人的感性，重视感情在人生命中的作用。蔡元培主张以美育代宗教，就是要用美育代替宗教作为人寄托心灵、慰藉感情的作用。他指出："美育者，应用美学之理论于教育，以陶养感情为目的也。"② 把陶养感情作为美育的目的，是蔡元培的一大创造。在这一点上，可以看到中国传统乐感文化的影响。

人来到世间，非自我意愿所决定，所以不存在为什么而生的问题。然而人生于世，却是一个自主选择的过程，因而为什么活、应该怎样活，自古以来就成为人们思考的问题。近代以来，存在主义的风行一时，宗教思想的空前活跃，都表现了对这一问题的关注。但存在主义和宗教并没有解决这一问题。蔡元培提出以美育代宗教，就是对这一问题思考的结果。

心灵家园的建构，建立在对人生的认识之上。有什么样的人生认识，

---

① 朱光潜：《西方美学史》下卷，人民文学出版社1982年版，第452页。

② 高叔平编：《蔡元培教育文选》，人民教育出版社1980年版，第195页。

就有什么样的建设方案。蔡元培以陶养感情为目的的美育，建立在这样的人生认识之上：（1）人不是动物，不能仅仅为食色等物质需求本能而活着；人必须有精神追求，在生存基本问题解决以后，精神的追求才能给人生带来乐趣，使人生丰富多彩。（2）人不是机器，不能仅仅靠社会外在的指令而行动、而活着。人应该有自己的思想、追求和感情，有自己的生活目的。没有感情的人，是不健全的人；没有个性的社会，是不健全的社会。两千多年的封建社会，在"存天理，灭人欲"的思想指导下，人的感情和个性受到极大的压制。推翻封建帝制以后，就必须通过美育，使人的感情得到陶冶、个性得到张扬，形成"健全的人格"。（3）人活着的意义在于跳出动物本能，但却不能脱离感性活动；人是社会化的生物，但却不能被外部设定的指令完全束缚；理想的人生，是感情与理性、个性与社会性、灵与肉的和谐运动，达到合目的与合规律的统一。美育是到达这一理想境界的桥梁。

美育之所以能够代替宗教，担负起现代人建构心灵家园的重任，是因为它是一种情理自由结合的形式。在认识论中，理性排除感性，才达到正确认识；在伦理学中，理性主宰感性，才成为道德意志；只有在审美中，理性和感性才自由交融、自由把握、自由观赏，从而构成审美心理结构。当这种审美心理建立以后，就成为人的一种内在需求，人就可以超越现实的功利，享受这种精神的快乐。建立在人类感情活动规律之上的美育，对感情之陶冶，如引水之趋下、驱鸟之归林，自然而然，无须强迫。它本身就是人的需要，是人的生活目的。美育建构心灵家园，是一个培植有益感情、消除有害感情的过程。一方面，以其有乐趣的特点，调节感情的发展，使之丰沛而有活力；以其普遍性和超功利性，消除"人我之见""利害之心"，使之以客观、平和的眼光看待外物，在与外部世界的和谐相处中，求得心灵的自由和愉悦。一方面，反对各种偏激狂热之"激刺感情"，保护心灵家园不受其害。蔡元培指出："盖无论何等宗教，无不有扩张己教、攻击异教之条件。回教之谟罕默德，左手持'可兰经'，而右手持剑，不从其教者杀之。基督教和回教冲突，而有十字军之战，几及百年。基督教中又有新旧教之战，亦亘数十年之久。至佛教之圆通，非他教所能及。而学佛者苟有拘牵教义之成见，则崇拜舍利受持经忏之陋习，虽通人亦肯为之。甚至为护法起见，不惜于共和时代，附和帝制。宗教之为累，一至于此，皆激刺感情之作用为之也。鉴激刺感情之弊，而专尚陶养感情之术，则莫如舍宗教而易以纯粹之美育。"①

蔡元培不仅反对宗教的"激刺感情"，而且指出："以近代帝国主义之激进，物质文明之狂热，而影响于教育界者有二弊：一曰极端之国民教育。二曰极端之实利主义。"② 前者"重在整齐、严肃，尤在服从"，磨灭受教育者的个性，使其丧失自辨力，往往被政治野心家利用，德日两国就是代表；后者片面追求物质利益，"几若人类为金钱而生活，遂使拜金主义弥漫全国。美国其代表也"③。蔡元培认为，在这种偏激的感情支配下，"人格之权利与自由，绝望不能发展，其实甚觉痛苦"④。

四

美育较之宗教，优势在于其建立在人的感情活动规律的科学基础之上；较之传统的乐感文化，优势在于其具有能够普及推广的方式。与现代教育相结合，不仅拓展了美育的推广渠道，而且使现代教育得以完善。

自古以来，中外教育的目的，无外乎德、智、体素质的提高。其中虽有美育因素，但始终未有独立的地位。之所以如此，在于教育者不是从受教育者的需要出发，不是从人的需要出发，而是从社会的需要或者统治者的需要出发。与传统的教育理论不同，蔡元培认为："教育是帮助被教育的人，给他能发展自己的能力，完成他的人格，于人类文化上能尽一分子的责任；不是把被教育的人，造成一种特别器具，给抱有他种目的的人去应用。"⑤ 由对外部世界的关注转变到对人自身的关注，由对群体的关注转变到对个体的关注，是近现代社会不同于古代社会的重要

---

① 高叔平编：《蔡元培教育文选》，人民教育出版社 1980 年版，第 30 页。
② 《蔡元培选集》第 2 卷，中华书局 1959 年版，第 410—411 页。
③ 《蔡元培选集》第 3 卷，中华书局 1959 年版，第 282 页。
④ 《蔡元培选集》第 3 卷，中华书局 1959 年版，第 395 页。
⑤ 高叔平编：《蔡元培教育文选》，人民教育出版社 1980 年版，第 145 页。

转变。感情是人生的重要组成部分，缺乏感情的教育是不完善的教育。鉴于此，蔡元培指出："美育为近代教育之骨干。"

蔡元培把美育与体育、智育、德育一起，列为教育的四大内容之一，并且特别强调："惟世界观及美育，则为彼所不道，而鄙人尤所注重。"① 蔡元培之所以重视美育，给予美育以前所未有的地位，在于他对感情的认识。感情是心灵的表现，心灵是生命的主宰。心灵对人生有多重要，感情就有多重要；感情对人生有多重要，美育就有多重要。美育是现代教育的内容，也是科学地建构心灵家园的重要方法和载体。

缺乏或失去感情，人的心灵就如同荒凉的沙漠。蔡元培指出："常常看见专治科学，不兼涉美术的人，难免有萧索无聊的状态。无聊不过，于生存上强迫职务以外，俗的是借低劣的娱乐作消遣；高的是渐渐成了厌世的神经病。因为专治科学，太偏于概念，太偏于分析，太偏于机械的作用了……抱着这种机械的人生观与世界观，不但对于自己竟无生趣，对于社会也毫无感情；就是对所治科学，也不过'依样画葫芦'，决没有创造精神。防这种流弊，就要求知识以外兼养感情，就是治科学以外，兼治美术。有了美术的兴趣，不但觉得人生很有意义，很有价值；就是治科学的时候，也一定添了勇敢活泼的精神。"② 科学研究需排除感性干扰，但长期忽视感情的陶养，就会变成失去感情的"机器人"，不仅使生命失去乐趣，而且影响创造的活力，甚至因人格扭曲造成对社会的危害。达尔文曾经谈到这样的亲身体验："事实上，失去这种趣味和能力就意味着失去了幸福，而且还能进一步损害理智，甚至可能会因为本性中情感成分的退化而危及道德心。"③ 科学研究如此，社会其他工作也如此。所以，美育不仅是现代教育的核心，也是现代人必不可少的生活内容。

美育不仅可以陶冶感情，而且可以促进德、智、体的发展。美育对德、智、体的作用主要通过以下方式完成。

以美储善。美育的实质是通过欣赏美的事物，使人建立相关的审美

① 高叔平编：《蔡元培教育论著选》，人民教育出版社 1991 年版，第 7 页。
② 《蔡元培选集》，中华书局 1959 年版，第 175 页。
③ 滕守尧：《审美心理描述》，四川人民出版社 1998 年版，第 330 页。

心理。当这种审美心理建立以后，就成为人的一种内在需求，成为人行为的自觉规范。如果人违背自己的审美心理，他就会感到自责、痛苦。从效果看，美育这种作用与道德有相同之处，但从作用的机理讲，却属于不同的渠道。德育诉诸理性、意识，属于"他律"，即外力要求主体如何；美育诉诸情感、潜意识，属于"自律"，即自己要求这样做。德育的功利性虽较美育直接明了，但其最终效果却没有美育所产生的个人自觉性和约束力强。正因为如此，亚里士多德反复强调，为了教育的目的，必须选择"富有伦理性的旋律和曲调"①。孔子认为，一个道德君子的修身三部曲是"兴于诗，立于礼，成于乐"，把"乐"作为道德修养的最高阶段。美是生命活力之所在，善只有通过美，才能进入人的心灵，成为人的自觉行动。

以美启真。古人云："知之者不如好之者，好之者不如乐之者。"② 现代教育的真谛，在于提高学生的学习兴趣。有了兴趣，枯燥乏味的数字会变成五彩缤纷的图画，孤灯苦读的寂寞就成了愉悦享受的时光。兴趣从何而来？美育是使者。蔡元培指出："数学中数与数常有巧合之关系。几何学上各种形式，为图案之基础。物理、化学上能力之转移，光色之变化……无不于智育作用中，含有美育之原素；一经教师之提醒，则学者自感有无穷之兴趣。"③ 学科中的美育元素是事物的"本能状态"，经过教师的提醒，则提升到"自觉状态"。盐之于水，有味无痕，然能在此中品出味道来，即将潜移默化的本然变为意识的自觉。这就是美育的奥妙，即通过兴趣达到开启真理的目的。

以美兴体。体育之目的在于锻炼身体，然若无乐趣则难以吸引人参加，即使参与也难以持久。故推广体育者，多在体能锻炼之中增加游戏的色彩，又以各种竞赛调动人的热情。健美操、健美赛之类，更是直接以美的旗帜相号召。此皆借美育以吸引人，激发人的兴趣，达到体育的目的。美育的精髓在趣在乐，不仅对教育中各部分有促进作用，社会生

---

① 《教育学文集·美育》，人民教育出版社 1989 年版，第 113 页。
② 《论语·雍也》。
③ 高叔平编：《蔡元培教育文选》，人民教育出版社 1980 年版，第 196 页。

活三百六十行，行行皆可借美育以促进之。

今人论蔡元培美育思想，多以为当时重要的是变革社会制度和经济制度，在那样的社会条件下谈美育未免"带有空想的性质"。然而美育与革命，实乃社会发展之不同层面。把社会的改善和发展，完全寄托在人格的完善上，固然失于理想化；但以为随着经济制度、社会制度的改变，一切都会随之改变的想法同样是片面的。实践证明，物质的富裕并不能必然带来道德的高尚、生活的幸福，甚至会出现相反的现象。从这个意义上讲，蔡元培"以美育代宗教说"实具前瞻性的眼光。在社会主义市场经济体制逐步确立、物质文明迅速发展的今天，尤其值得人们思考、借鉴，发扬光大。

美育与健全人格培养[*]

——论蔡元培美育思想的特色及当代意义

　　蔡元培的美育思想和实践是我国近现代史上珍贵的遗产，对近现代中国的教育界和思想界产生了深远的影响，其中通过美育健全人格培养的观点至今仍然具有重要的现实意义。

一 "养成健全人格"——蔡元培美育思想的出发点

　　"美育"的概念是近代社会的产物，但作为一种教育方式，很早就存在于中外教育之中。蔡元培的美育思想直接受到这种教育方式的影响，但又具有完全不同于以往的崭新内容。其中最大的不同之处，在于它具有不同于以往的美育目的。这种全新的教育目的，构成了蔡元培美育思想不同于以往的出发点。

　　古今中外的教育，或强调德，或偏重才，然其出发点均在社会，是以一定社会之需要为教育目的的。我国夏、商、西周时期，"学在官府"，"政教合一"，教育的目的自然是为了奴隶主统治的需要。到了周平王东迁，王室衰微，"天子失官，学在四夷"，私学兴起。孔子作为随后两千多年封建社会教育的陶范者，以"文、行、忠、信"教学生，其最终目的乃在于使学生成为符合封建礼教的"君子"。孔子虽然提出"性相近

　　* 原刊于《陕西理工学院学报》2005 年第 1 期。

也，习相远也"① 的命题，承认人的天性，但他的教育乃在于反对"率性"，在于压制个性以服从社会整体的共性。孔子的教育很重视"乐"的作用，但孔子的"乐"，并不是我们今天理解的一般意义上的音乐。首先，"乐"这一概念当时并不专指音乐，"它与诗、歌、舞、曲密切联系在一起，是文学、艺术、音乐、舞蹈等美育形式的总称和综合。孔子使用的主要教材《诗》，本身就含有'乐章'一义"②。其次，孔子的"乐"，是按照一定的礼法规定制定的乐，是体现和教育人们遵守封建礼法的乐。《论语·八佾》记载：鲁国大夫季氏用了"八佾"的乐舞，孔子愤然道："是可忍也，孰不可忍也！"因为按周礼规定，"八佾"只能是周天子使用的，大夫只能用"四佾"，用"八佾"便是"僭越"。鲁国的孟孙、叔孙、季孙三家大夫在祭祀时唱了《周颂》中的诗乐《雍》，违反了周礼，孔子奚落他们："'相维辟公，天子穆穆'，奚取于三家之堂？"并感叹道："礼云礼云，玉帛云乎哉！乐云乐云，钟鼓云乎哉？"③ 强调礼不仅仅是玉帛之物，乐不仅仅是钟鼓之声，这些只是形式，更重要的是其中的伦理道德规范，后者才是礼乐的根本，不然就是"遗其本而专事其末，则岂礼乐之谓哉！"④ 考察我国两千多年封建社会的教育，美育的形式和在教育中的地位虽间有变化，而其目的则始终继承了孔子这种传统。

西方教育基本继承了古希腊的传统，以"智者文化""科技文化"为主线，美育是智育的工具。⑤ 其间也有强调德育的理论，在这种理论中，美育则是德育的工具。柏拉图在《理想国》中提出，教育和文艺要服从于建立理想城邦的需要，凡是不利于维护神权和奴隶主统治的文艺，一律不得存在。亚里士多德反复强调，为了教育的目的，必须选择"富有伦理性的旋律和曲调"⑥。很显然，在这种以社会需要为目的的教育理论

① 《论语·阳货篇》。

② 张连捷：《孔子美育思想初探》，《教育学文集·美育》人民教育出版社 1989 年版，第288 页。

③ 《论语·八佾》。

④ （宋）朱熹：《论语集注》卷九，《朱子全书》第 6 册，上海古籍出版社 2002 年版，第 222 页。

⑤ 严元章：《中国教育思想源流》，生活·读书·新知三联书店 1993 年版，第 58 页。

⑥ 《教育学文集·美育》，人民教育出版社 1989 年版，第 113 页。

中，美育只能处于从属的地位。

蔡元培则认为："教育是帮助被教育的人，给他能发展自己的能力，完成他的人格，于人类文化上能尽一分子的责任；不是把被教育的人，造成一种特别器具，给抱有他种目的的人去应用的。"① 从培养学生健全人格的目的出发，蔡元培提出学校教育要"处处使学生自动"，指出"通常学校的教习，每说我要学生圆就圆，要学生方就方，这便大误"；提出"文理是不能分科的"，以便于学生的全面发展；提出"教育是要个性与群性平均发达的"，教师要看学生各人的个性，去帮助他们；反对"罢黜百家独尊孔氏"，主张不同学术派别，"若都是'言之成理，持之有故'的，就让他们并存，令学生有选择的余地"；"教育事业当完全交与教育家，保有独立的资格，毫不受各派政党或各派教会的影响"的主张；从这样的教育理论出发，蔡元培提出给美育以独立的学科地位，"以美育代宗教"。

把培养学生健全人格作为教育的最高目的，用人格发展的需要作为教育的规范，是蔡元培不同于传统教育理论的根本所在，也是其美育思想崭新的出发点。当然，换一个角度，也可以把蔡元培"养成健全人格"的教育目的看作一种社会发展的需要，看作一定社会需要的产物。但这是一种完全不同于以往教育理论的社会需要，是近代社会的产物。由对外部世界的关注转变到对人自身的关注，由对群体的关注转变到对个体的关注，是近现代社会不同于古代社会的重要转变。早在 19 世纪，马克思在批判资本主义社会"异化"现象的同时，就提出了"人的全面发展"的概念。在历史跨入 21 世纪之际，江泽民从中国当前的现实出发，又一次强调把人的全面发展作为社会发展的目的。② 蔡元培"养成健全人格"的教育目的，与"人的全面发展"的主张，具有同样的现实基础，是对近现代社会发展需要的敏锐反映。虽然在大多数人民生存基本条件没有得到满足的旧中国，在列强蹂躏、国将不国的 20 世纪初，期望仅仅通过教育使国民"养成健全人格"的愿望是难以完全实现的。但是，这种对

---

① 蔡元培：《教育独立议》，《中国现代教育文选》，人民教育出版社 1989 年版，第 12 页。
② 江泽民：《论"三个代表"》，中央文献出版社 2001 年版，第 177—178 页。

社会发展敏锐的洞察力和前瞻性眼光，决定了蔡元培美育思想在未来社会发展中的作用。

纵观古今，理想化的理论往往有两种形式：一是空想，如陶渊明的"桃花源"；二是不允于当世，却可行于后世，如孔子的教育思想。蔡元培的美育思想属于后者。在近代中国，培养健全人格的教育主张不可能被统治者接受；在社会主义的今天，人的全面发展则成为国家追求的目标。从这个意义上讲，蔡元培关于社会制度的变革不能代替人的素质提高，社会的发展依赖国民健全人格的认识，以及建立在这一认识之上的教育暨美育理论，在当前具有重要的现实意义。

二　"陶养感情"——蔡元培美育思想的核心

美育的作用是什么？或者说它在教育中应该起到什么样的作用？不同目的的美育理论有不同的回答。在以社会需要为目的的美育理论中，美育的作用仅仅是提高受教育者对教育内容的兴趣。在以"养成健全人格"为目的的美育理论中，蔡元培赋予美育以不同于以往的全新的任务。蔡元培指出："美育者，应用美学之理论于教育，以陶养感情为目的也。"①"陶养感情"是蔡元培美育思想的核心。

在蔡元培看来，在实现"养成健全人格"这个教育目标中，美育和智育具有同等重要的作用。他提出："所以美育者，与智育相辅而行，以图德育之完成也。"②有人由此认为蔡元培美育的最终归宿仍然是道德，其实不然，他所讲的德育概念与一般教育理论中的德育有明显的不同。他说："人生不外乎意志；人与人相互关系，莫大于行为；故教育之目的，在使人人有适当之行为，即以德育为中心也。"③可见他的德育不仅仅指道德教育，而是指"使人人有适当之行为"，即立身处事的能力。他把这种决定人行为的能力分为两方面，即智慧和激情，分别通过智育和

① 蔡元培：《美育》，《中国现代教育文选》，人民教育出版社 1989 年版，第 15 页。
② 蔡元培：《美育》，《中国现代教育文选》，人民教育出版社 1989 年版，第 15 页。
③ 蔡元培：《美育》，《中国现代教育文选》，人民教育出版社 1989 年版，第 15 页。

美育来完成。他说："顾欲求行为之适当，必有两方面之准备：一方面，计较利害，考查因果，以冷静之头脑判定之，凡保身卫国之德，属于此类，赖智育之助者也。又一方面，不顾祸福，不计生死，以热烈之感情奔赴之；凡与人同乐、舍己为群之德，属于此类，赖美育之助者也。"① 在他看来，情感是"健全人格"不可或缺的组成部分，具有与智慧同等重要的意义，因而美育与智育就具有同等重要的地位。

蔡元培认为，具有健全人格的人必须具有丰富的感情，而美育可以丰富和激励人的感情。他在《美术与科学的关系》中指出："常常看见专治科学，不兼涉美术的人，难免有萧索无聊的状态。无聊不过，于生存上强迫职务以外，俗的是借低劣的娱乐作消遣；高的是渐渐成了厌世的神经病。因为专治科学，太偏于概念，太偏于分析，太偏于机械的作用了。……抱着这种机械的人生观与世界观，不但对于自己竟无生趣，对于社会也毫无感情；就是对所治科学，也不过'依样画葫芦'，决没有创造精神。防这种流弊，就要求知识以外兼养感情，就是治科学以外，兼治美术。有了美术的兴趣，不但觉得人生很有意义，很有价值；就是治科学的时候，也一定添了勇敢活泼的精神。""所以知识与感情不好偏枯，就是科学与美术，不可偏废。"② 蔡元培认为，美育的有无将影响人的精神状态、人生态度。有美育则人生有生趣，无美育则人生无生趣。对人生有生趣则不惟自己过得有意义，而且对社会有感情、有责任，对工作有兴趣、有创造性；对人生无生趣则个人生活乏味无聊，或囿于以追求官职为目标，或陷于以低劣的娱乐作消遣，对社会无感情，陷入自私自利，对工作无兴趣、无创造性，只能"依葫芦画瓢"。

蔡元培这种认识是很深刻的。几千年来，人们不断地探索人生的目的。科学研究表明，人生与自然界各种生物的产生一样，只不过是一个自然的过程。不存在为什么而生的问题，只存在怎样活才有意义的探索。人生的一切活动，最终都体现为人的感受。因此，与感受紧密相关的感情就显得十分重要。科学研究需排除感性干扰，但长期忽视感情的陶养，

---

① 蔡元培：《美育》，《中国现代教育文选》，人民教育出版社 1989 年版，第 15 页。
② 《蔡元培选集》，中华书局 1959 年版，第 175、173 页。

就会变成失去感情的"机器人"。不仅使生命失去乐趣，而且影响创造的活力，甚至因人格扭曲造成对社会的危害。达尔文（Darwin）曾经谈到这样的亲身体验："事实上，失去这种趣味和能力就意味着失去了幸福，而且还能进一步损害理智，甚至可能会因为本性中情感成分的退化而危及道德心。"① 钱伟长说过："文学修养不仅能使我们更好地对科学知识加以理解与表达，而且是我们在科学技术上有所创造和突破的不可忽视的因素。科学技术当然要靠逻辑思维，但它绝不排斥想象力与形象化。"科学研究如此，社会其他工作也如此。

蔡元培认为，美育的作用不仅在于增强人的生活情趣，而且在于培养人高尚的情感。他指出："不顾祸福，不计生死，以热烈之感情奔赴之；凡与人同乐、舍己为群之德，属于此类，赖美育之助者也。"在这里，他指出了审美教育的两大作用：一是可以使人摆脱个人的功利思考，二是可以使人培养公而忘私的高尚精神；二者是相互联系的，前者是后者的前提，后者是前者的一种表现形式。摆脱个人的功利思考并非必然具有高尚的情感，也可能陷入个人的某种情感，或遁入空门。但只有摆脱个人的功利思考，才能树立公而忘私的高尚精神。

审美教育何以能够做到这一点，在于审美活动的本质。审美活动中，事物之所以能够单凭形式使人产生美感，在于这种形式符合了人的审美心理。审美心理是事物形式在人大脑皮质视觉区与快感区之间建立的新的联系通道。这是人在欣赏功利物的过程中，由于人体特殊的神经生理活动规律而形成的。② 审美心理是一种潜意识，对于意识而言具有一定的独立性。看见符合审美心理的事物，我们不能不产生愉悦感；看见不符合审美心理的事物，我们即使努力也无法产生愉悦感。审美教育的实质，是通过教育的过程使人建立与高尚事物相关的审美心理。当这种审美心理建立以后，就成为人的一种内在需求，人就可以超越现实的功利，追求这种精神的需要。如果由于某种原因人的行为违背了自己的审美心理，他就会感到自责、痛苦。从效果讲，这与德育是相同的。但从作用的机

---

① 滕守尧：《审美心理描述》，四川人民出版社1998年版，第330页。
② 赵惠霞：《审美发生论》，陕西人民出版社2002年版，第101页。

理讲，却属于不同的渠道：德育诉诸理性、意识，美育诉诸情感、潜意识。较之诉诸理性、意识的德育来说，诉诸情感、潜意识的美育所建立的审美心理，更具有个人自觉性和约束力。孔子之所以提出"兴于诗，立于礼，成于乐"，把"乐"作为道德修养的最高境界，就缘于美育这种自律作用。

三 独立的学科——蔡元培关于美育的地位

审美教育对于"养成健全人格"这个教育总目标具有如此重大的作用，自然必须在教育中给予重要的地位。对此蔡元培提出："所谓健全的人格，内分四育，即：（一）体育，（二）智育，（3）德育，（四）美育。"① 把美育与德智体并列，置于同等重要的地位，这是古今中外教育史上绝无仅有的。瞿葆奎先生在《说美育》一文中系统地研究了我国和欧洲古代杰出的思想家、教育家关于美育的论述，得出的结论是："这样看来，无论中国古代的教育家，如孔、荀；古希腊的教育家，如柏拉图、亚里士多德；也无论是近代资产阶级教育家，如赫尔巴特、斯宾塞，或者洛克、卢梭（我们这里没有篇幅论及他们了！），恐怕这些人谁也没有从他们自己的教育思想体系中，论证过美育是与德育、智育、体育同为并列的教育的'组成部分'。"②

蔡元培不仅破天荒地将美育作为教育的四大组成部分之一，而且一反前人强调美育对其他学科作用的说法，详细地论述了其他学科对美育的作用。他指出："数学中数与数常有巧合之关系。几何学上各种形式，为图案之基础。物理、化学上能力之转移，光色之变化；地质学的矿物学上结晶之匀净，闪光之变幻；植物学上活色生香之花叶；动物学上逐渐进化之形体，极端改饰之毛羽，各别擅长之鸣声；天文学上诸星之轨道与光度；地文学上云霞之色彩与变动；地理学上各方之名胜；历史学

---

① 蔡元培：《普通教育和职业教育》，《中国现代教育文选》，人民教育出版社 1989 年版，第 6 页。

② 《教育学文集·美育》，人民教育出版社 1989 年版，第 104—122 页。

上各时代伟大与都雅之人物与事迹；以及其他社会科学上各种大同小异之结构，与左右逢源之理论；无不于智育作用中，含有美育之原素；一经教师之提醒，则学者自感有无穷之兴趣。"① 美育对各学科的作用，和各学科对美育的作用，实际上是同一种现象。不同的结论，反映了观察者不同的出发点。从社会的需要出发，仅仅把德、智作为教育的目的，必然只能看到前者；蔡元培从"养成健全人格"出发，把"陶养感情"作为教育的目的之一，自然就看到了后者。蔡元培把教育中凡能引起人兴趣的内容都归入美育，在于这些内容都可以起到激发人情感的作用。

蔡元培曾经说过："从前将美育包在德育里的。为什么审查委员会，要把他分出来呢？因为挽近人士，太把美育忽略了。按我国古时的礼乐二艺，有严肃优美的好处。西洋教育，亦很注重美感的。为要特别警醒社会起见，所以把美育提出来，与体智德并为四育。"② 单从这段话理解，似乎蔡元培是在说，美育本来是可以包含在德育中的，只是"因为挽近人士，太把美育忽略了"，所以"为要特别警醒社会起见"，才把美育单独提出来。有的学者根据这段话，以及"美育者，与智育相辅而行，以图德育之完成也"的论述，认为蔡元培最终认识到，"美育是难乎与德育脱节的，是难乎不属于德育的"。这种理解值得商榷。如果说前一句话是蔡元培把美育作为教育独立的组成部分的理由，那么这种理由是难以成立的。因为如果美育属于德育的范畴，即使一时被人们忽视，也应该而且完全可以通过一些技术性的措施，使人们引起重视；不应该也没必要为了引起人们的重视，就把一个内容分为两部分。特别在学科地位这样的大问题上，更是如此。如果根据后一句话得出美育属于德育的结论，那么也就可以得出智育属于德育的结论。虽然有以德育为根本目的的教育，但在教育的组成部分上，却未有人把智育也划归德育之中，更何况近代以创新著称的蔡元培。之所以如此，笔者以为，是蔡元培早期美育思想不够成熟的反映。

这篇文章是蔡元培 1920 年在赴欧美考察教育时，路过新加坡，应南

---

① 蔡元培：《美育》，《中国现代教育文选》，人民教育出版社 1989 年版，第 15 页。
② 蔡元培：《美育》，《中国现代教育文选》，人民教育出版社 1989 年版，第 8 页。

洋华侨中学之请所作的演说。我们可以把这段话与 10 年后他为《教育大辞书》撰写的美育条目比较。后者开篇就提出："美育者，应用美学之理论于教育，以陶养感情为目的者也。"这样的任务德育能承担吗？不能！因为有独立的任务，才能有独立的地位。这才是蔡元培把美育作为教育四大组成部分的根本的原因。

值得指出的是，新中国成立以来，我国教育或突出智育，或突出政治，美育几乎被遗忘。近年来，有的大学开设了"美育"课，内容却近乎德育。因为人们普遍认为，美育只是一种教育方式或手段，是德育的"附庸"或"组成部分"，因此不能作为教育独立的组成部分，也不能成为独立的学科。甚至一些研究美育的专家也持这种观点。究其原因，根本还在于对教育目的的认识。在这一点上，蔡元培的美育思想确实大有值得我们借鉴的地方。

四　系统的美育方式——蔡元培美育思想的实践性

蔡元培提倡美育是为了强国富民，所以美育如何实行，怎样才能取得好的效果，是他始终关注的问题。为了把美育的主张落到实处，蔡元培专门写了《美育实施的方法》的文章，系统地提出了美育实施的方法，规划了实施美育的蓝图。

蔡元培的美育对象，不仅仅是学生，而是包括了整个社会的成员。他的美育规划，包括了社会的各个方面，包括了每个人的自生到死。他说："我说美育，一直从未生以前，说到既死以后。"根据当时的社会现状，他把美育分为学校教育、家庭教育和社会教育三个方面。各个方面的美育如何进行，他都提出了明确的方法、途径和要求。

蔡元培的美育方法，归纳起来，大致可以分为三种：即美的环境教育、美的艺术教育、各种能够激发和丰富人感情的方式和美学理论教育。这些方法贯穿在他的美育规划中，但在不同的方面，由于教育对象的变化，侧重点则有所不同。

按照蔡元培的规划，首先要建立公立的胎教院，给孕妇住。这是美育的起点。胎教院的美育，主要是美的环境教育和艺术教育。环境方面，他要求胎教院"要设在风景佳胜的地方","建筑的形式要匀称，要玲珑……四周都是庭园"，"园中杂莳花木，使四时均有雅丽之花叶"，"选毛羽秀丽、鸣声谐雅的动物，散布花木中间"，"引水成泉，勿作激流。汇水成池，蓄美观活泼的鱼"。艺术教育方面，"陈列雕刻图画，都取优美一派；应有健全体格的裸体像与裸体画"；"备阅览的文字，要乐观的、和平的"；"每日可有音乐，选取的标准，与图画一样，激刺太甚的、卑靡的，都不取"。总之，要创造一个优美、平和、活泼的环境，使孕妇精神愉快，以利胎儿的成长。

学校美育，是蔡元培美育的重点，涉及美育的各种方法。环境方面，他要求自幼儿园到大学，各级学校都要有"美育之设备"，"例如，学校所在之环境有山水可赏者，校之周围，设清旷之园林。而校舍之建筑，器具之形式，造象摄影之点缀，学生成绩品之陈列"，都要符合美的要求。课程方面，他认为幼儿园的课程，"若编纸、若粘土、若唱歌、若舞蹈"；小学课程"如游戏、音乐、图画、手工等"；中学、大学的文学、音乐、戏剧课程等，都是直接的美育，应该重视。除此之外，他特别强调其他学科中，能够激发和丰富人感情的内容和形式在美育中的作用。

关于美学理论在美育中的作用，蔡元培没有直接提及，但他用美育实践做了明确的回答。蔡元培在美学理论研究上的建树，远不如他在美育上的贡献。但他从美育的要求出发，积极呼吁和探索建设科学美学体系，对我国美学的发展产生了很大的影响。有学者说："蔡元培是为提倡美育而研究美学，并非为建构美学而顺及美育。"① 这个评论是很中肯的。蔡元培在《我在北京大学的经历》这篇自传性文章中说："我本来很注意美育的，北大有美学及美术史课……没有人肯讲美学，十年，我讲了十余次，因足疾进医院停止。"可见，他是把美学理论教育作为大学美育重要的组成部分。

蔡元培的家庭美育，重在美的环境教育。他提出的居室要求，不惟他所处的时代，即使近百年后的今天，我国绝大多数家庭也是达不到的。但他提出的"清洁与整齐"，语言行为文明，人与人平等，却不仅是可行

---

① 阎国忠：《美学领域中的中国学人》，安徽教育出版社 2001 年版，第 118 页。

的，而且是很有意义的。

社会美育方面，蔡元培首先强调美的环境的教育。他对市乡上下水管道、街道、建筑、公园、名胜的建设，乃至坟地的布置都提出了具体的要求，务求美观。他要求设"寄儿所"，以免儿童流落街头；"设习艺所，以收录贫苦与残疾之人"，不许有沿途乞食者；要求载客运货之车，最好用机动车，逼不得已用畜力、人力，"则牛马必用强壮者"，人力运轻便之物，避免"老牛、羸马之竭力以曳重载，或人力车夫之袒背浴汗而疾奔"。其次强调艺术教育。他要求设立美术院、美术展览会、音乐院、音乐会、公立剧院、影剧院、历史博物馆、古物学陈所、人类学博物馆等，展出高尚优美的艺术作品，限制"卑猥陋劣之作"。

蔡元培的美育规划是一个有机的整体。作为一个教育家，他十分重视学校的美育，同时也认识到，社会环境对人的影响更大。面对20世纪初旧中国的落后现状，他感叹道："我们现在除文学界，稍微有点新机外，别的还有什么呢？书画是我们的国粹，却是模仿古人的。古人的书画是有钱的收藏了，作为奢侈品，不是给人人供见的。建筑雕刻，没有人研究。在嚣杂的剧院中，演那简单的音乐，卑鄙的戏曲。在市街上散步，止见飞扬的尘土，横冲直撞的车马，商铺上贴着无聊的春联，地摊上出售那恶俗的画纸。在这种环境中讨生活，怎么能引起活泼高尚的感情呢？"[①] 因此，他认为："美育之道，不达到市乡悉为美化，则虽学校、家庭尽力推行，而其所受环境之影响，终为阻力；故不可不以美化市乡为最重要之工作也。"[②]

蔡元培的美育思想，从当时的社会现实看，许多地方带有理想的色彩。然而，在21世纪的今天，随着经济全球化的发展，社会主义市场经济体制的逐步建立，以及物质财富的丰富，用什么样的精神，通过什么样的途径，来建构人们的心灵家园，塑铸民族魂魄，成为思想界、教育界面临的重要问题。在这样的时代课题面前，蔡元培昔日理想化的美育思想，却有了重要的现实意义。

---

① 蔡元培：《文化运动不要忘了美育》，《蔡元培选集》，中华书局1959年版，第107页。
② 《蔡元培美学文选》，北京大学出版社1983年版，第177页。

当前高校美育需要改进的三个方面[*]

近年来，高校美育和整个学校美育一样，受到各方面空前的重视。但是，由于多方面的原因，当前高校美育基本局限于艺术教育，不仅落后于以往美育研究的成果，而且落后于历史上的美育实践，美育的发展水平与受到的重视程度很不相称。如何改进当前高校美育教学，笔者认为应该从以下三个方面加以推进。

一　在加强审美教育的同时，重视和开展审美化教育

在以往美育研究和实践中，美育根据目的的不同，存在两种不同的表现形式。一种是在德育、智育和体育教学中运用美育方法的美育，直接目的是提高这些学科的教学效果；另一种是专门采用艺术教育等形式的美育，目的在于帮助学生陶养感情和培养陶养感情的能力。为了区别这两种美育形式，我们把前者称为审美化教育，把后者称为纯粹审美教育。

（一）在人类发展史上，审美化教育首先是作为一种教育方法出现

早在我国春秋时期，孔子就提出人才教育的三部曲："兴于诗，立于礼，成于乐。"也就是通过诗教激发人学习的兴趣，通过礼教帮助人确立做人的行为规范，通过乐教使这种行为规范成为人的秉性。欧洲在古希

＊ 2019 年全国高等教育学会美育分会年会主旨发言稿。

腊时期，柏拉图就提出："我心中的教育就是把儿童的最初德行本能培养成正当习惯的一种训练，让快感和友爱以及痛感和仇恨都恰当地植根在儿童的心灵里……整个心灵的谐和就是德行，但是快感和痛感的特殊训练会使人从小到老都厌恨所应当厌恨的，爱好所应当爱好的。"① 孔子和柏拉图所讲的教育，就目的而言属于德育，就方法而言属于美育，是用美育的方法达到德育的目的。在古代教育中，审美化教育就像孔子和柏拉图所讲的那样，一直是作为一种方法，依附于德育、智育和体育。

现代社会，随着教育目的的变化，审美化教育逐渐摆脱依附地位，成为美育的重要组成部分。古代教育以一定社会的需要为目的，现代教育以学生的身心健康发展为目的。蔡元培提出："教育是帮助被教育的人，给他能发展自己的能力，完成他的人格，于人类文化上能尽一分子的责任；不是把被教育的人，造成一种特别器具，给抱有他种目的的人去应用的。"② 按照我们今天的表述，就是要以人为本，"促进学生全面而有个性地发展"。随着现代教育目的的变化，审美化教育就不再仅仅是提高其他学科教育效果的方法，而是陶冶学生性情的一个重要路径，成为美育的重要组成部分。

蔡元培曾经详细地论述了审美化教育在美育中的作用，他指出："数学中数与数常有巧合之关系。几何学上各种形式，为图案之基础。物理、化学上能量之转移，光色之变化；地质学的矿物学上结晶之匀净，闪光之变幻；植物学上活然生香之花叶；动物学上逐渐进化之形体，极端改饰之毛羽，各别擅长之鸣声；天文学上诸星之轨道与光度；地文学上云霞之色彩与变动；地理学上各方之名胜；历史学上各时代伟大与都雅之人物与事迹；以及其他社会科学上各种大同小异之结构，与左右逢源之理论；无不于智育作用中，含有美育之原素；一经教师之提醒，则学者自感有无穷之兴趣。"③ 蔡元培所讲的，主要是各学科内容中美育的元素。事实上，在以往教育中，有经验的教师还会采用美育的方法，提高教学

---

① ［古希腊］柏拉图：《文艺对话集》，朱光潜译，人民文学出版社 1983 年版，第 300 页。

② 蔡元培：《教育独立议》，载《中国现代教育文选》，人民教育出版社 1989 年版，第 12 页。

③ 蔡元培：《美育》，载《中国现代教育文选》，人民教育出版社 1989 年版，第 15 页。

的效果。比如，把课程内容编成口诀，或者用图表、图画乃至动漫的形式展示教学内容等。

美育对各学科的作用，与各学科对美育的作用，在现实中实际上表现为同一种现象。不同的结论，表现的是不同的教育目的。从古代强调社会需要的教育理念出发，就会只重视前者；从现代以人为本的教育理念出发，自然就需要重视后者。

（二）审美化教育作为美育的重要组成部分，是现代美育研究和实践的重要成果，但是很长时间以来，这一成果未能受到足够的重视

早在1927年，艺术教育家林风眠就指出："九年前中国有个轰动人间的大运动，那便是一班思想家、文学家所领导的'五四'运动。这个运动的伟大，一直影响到现在；现在无论从那一方面讲，中国在科学上、文学上的一点进步，非推功于'五四'运动不可！但在这个运动中，虽有蔡孑民先生郑重的告诫，'文化运动不要忘了美术'，但这项曾在西洋的文化史上占得了不得地位的艺术，到底被'五四'运动忘掉了；现在，无论从哪一方面讲，中国社会人心间的感情的破裂，又非归咎于'五四'运动忘了艺术的缺点不可！"①

五四运动之后近百年间，美育不仅被大大小小的政治运动忘记了，而且在相当的一段时间也被教育忘记了。聂振斌曾经指出："美育，在我国无产阶级的教育事业上，并没有提到应有的位置。美育和智育、德育的关系，长期不被人们所重视，也很少有人从理论上加以阐述。甚至在某些人的心目中，美育似乎与无产阶级是绝缘的，因而也就成为资产阶级的'专利品'。"②

新中国成立前多年的战乱，新中国成立后接二连三的政治斗争，改革开放以来物质主义的影响，应试教育的压力，再加上美育的长期缺失，导致民众特别是年轻人情感陶养严重不足。近年来，中学生、大学生中层出不穷的暴戾行为和轻生事件，就是美育缺失后果露出水面的冰山。

① 林风眠：《林风眠散文》，花城出版社1999年版，第85页。
② 聂振斌：《蔡元培的美育思想》，上海文艺出版社《美学》1981年版第3期。

近年来，随着国家教育指导思想的变化，美育工作受到各方面的高度重视。但是，与这种高度重视不相匹配的是，美育在实践中基本局限在艺术教育，不仅审美化教育没有受到重视，而且纯粹审美教育的其他方式也没有被列入统一部署。

笔者以为，作为改进美育工作的第一步，首先加强艺术教育是正确的。艺术教育作为美育的重要方式，不仅便于操作，也容易见效。特别是对于学前教育、义务教育和中学教育，更是如此。但是，如果由此把美育等同于艺术教育，则是美育理念和教育理念的倒退，长此以往将会影响美育的发展。

（三）十八届三中全会提出改进美育教学，体现了以人为本的现代教育理念

现代教育理念，归根结底，就是要尊重教育规律和学生身心发展规律，让学生的成长过程更加全面健康，更加自主快乐。为此，美育不能仅仅局限在艺术教育上，而是要把美育作为一种教育理念，充分运用以往美育研究的成果和美育实践的成功经验，把审美规律贯穿到教育的每一个环节。要实现这个目的，在加强纯粹审美教育的同时，重视和推行审美化教育，就成为一种必然的选择。

多年以来，死记硬背式的应试教育严重挫伤了学生学习的自觉性，扼杀了学生的好奇心和创造力，受到社会各方面的诟病。应试教育之所以长期存在，根本原因在于教育理念落后。在这种教育理念主导下，灌输式、填鸭式教育大行其道，题海战术被尊为制胜法宝，美育特别是审美化教育被严重忽视。多年前有的学校也开设了美育课，但却受到各方面的冷落，效果几乎无从谈起。当前如果不改变教育理念，全方位系统化地开展美育活动，仅仅依靠艺术教育单兵突进，弄不好又会重蹈前车之辙。

当前，由于中小学应试教育的影响，许多学生进入高校后失去了学习的动力。如何重新唤起学生的学习兴趣、好奇心和创造力，是高校教育需要解决的一个现实课题。在这种背景下，高校重视和推行审美化教育就显得非常必要和迫切。同时，高校较之中小学，受到学生升学的外

部压力较小，更适合在这方面先行改革，从而为整个教育系统全面推行审美化教育积累经验。

高校推行审美化教育，首先要确立和倡导现代教育理念，以人为本，促进和实现人的全面发展、快乐发展。其次要总结审美化教育的基本规律和不同学科的运用方法，逐渐形成科学规范的要求，树立教学榜样，交流推广。最后要建立效果评价标准和检查评比制度，确保审美化教育健康有效发展。

二　在加强审美艺术教育的同时，重视和推广审美理论教育

相对于审美化教育，纯粹审美教育专门以陶养感情和培养陶养感情能力为目的。按照以往美育研究的成果，纯粹审美教育可以分为审美理论教育、审美艺术教育和审美环境教育三个方面。当前高校美育中，审美艺术教育最受重视，审美环境教育次之，需要加强对审美理论教育的重视和推广。

（一）开展审美理论教育，重要的是开展美学基本理论教育

1930 年，蔡元培为《教育大辞书》撰写"美育"条目时提出："美育者，应用美学之理论于教育，以陶养感情为目的也。"[1] 美育是美学理论在教育中的实践活动，美学理论对于美育具有基础性、指导性的作用。所以，不仅从事美育的高校教师需要了解和掌握美学理论，受教育的高校学生同样需要了解和掌握美学理论。

美学是研究人的感觉活动规律特别是审美活动规律的科学。18 世纪中叶，鲍姆嘉通创立美学学科，美学逐渐在欧洲的大学普及开来。1904年，清政府把"美学"作为工科"建筑学门"的主课之一。1912 年，中华民国临时政府把美学作为文学、哲学等文科专业的必修课。

作为美育的先驱和倡导者，蔡元培非常重视审美理论教育在美育中

---

① 《蔡元培教育论著选》，人民教育出版社 2011 年版，第 526 页。

的作用。他在《我在北京大学的经历》这篇自传性文章中说："我本来很注意美育的，北大有美学及美术史课……没有人肯讲美学，十年，我讲了十余次，因足疾进医院停止。"现代审美教育起源于美学理论，是美学理论在教育中的运用。所以，不重视美学理论的审美教育，只能是盲人骑瞎马，不仅效果难以保证，而且存在南辕北辙的危险。

（二）审美理论教育的目的，首先在于使人树立自觉的审美意识

爱美之心，人皆有之，审美是人的自然能力和需求。在审美理论教育之前，绝大多数人的审美如同自然状态的生物本能，是自发的而非自觉的。审美理论教育的目的，首先在于使人们了解自己这一天性，从而自觉主动地从事审美活动。

近代西方美学中有一种观点，叫作审美态度论，认为"外物美与不美，或能否发现外物的美，都由这种态度所决定"①。这种观点虽然不能用于一切审美实践，但在强调主体在审美活动中的作用方面，无疑是符合实际的。著名哲学家冯友兰认为，人与禽兽的根本区别，"在有觉解与否。禽兽和人是同样的活动，而禽兽并不了解其活动的作用，毫无自觉。人不然，人能了解其活动的作用，并有自觉"。圣贤与一般人的区别，在于对生活的觉解程度不同。"圣人的生活，原也是一般人的生活，不过他比一般人对于日常生活的了解更为充分。"② 审美教育关乎人的感情活动，审美自觉意识的有无，对教育效果的影响较之人类一般活动更为重要。有审美自觉意识的人，在同样的审美教育活动中，较之无自觉意识的人会收到成倍的收获。

（三）美学是关于审美规律的科学，美学理论对于美育活动具有直接的指导作用，美育活动只有在美学理论的指导下，遵循审美规律，才能取得预期的效果

把审美艺术教育当作美育的全部内容，甚至把二者等同起来的观点，

---

① 滕守尧：《审美心理描述》，四川人民出版社 1998 年版，第 21 页。
② 冯友兰：《儒家哲学之精神》，《三松堂学术文集》，北京大学出版社 1984 年版，第 497 页

在美学发展史上有着深远的历史根源。美学创始人鲍姆嘉通在《美学》一书中，就把美学又称为"自由艺术的理论"，"实际上他的美学的确没有跳出传统诗学与演说术的框框"①。黑格尔三卷本《美学》巨著的开场白就是："这些演讲是讨论美学的，它的对象就是广大的美的领域，说得精确一点，它的范围就是艺术，或则毋宁说，就是美的艺术。"② 这些认识的产生与当时的哲学思想和社会现实有关，受这些认识的影响，美学研究中一直存在把艺术作为美学唯一研究对象的做法。但是，在现代美学研究中，这种认识已经被认为是片面的、不可取的。事实上，不了解自然和社会生活中审美现象产生和变化的规律，仅仅从艺术的角度研究美学，甚至连一些艺术现象也无法得到解释。

美国的理查德·加纳罗和特尔玛·阿特休勒两位教授合写了一本人文学通识教材，名字叫作《艺术：让人成为人》。2007 年这本书的中文本重印时，北京大学朱青生教授为该书写了一个序言，题目叫作《艺术：是个问题》。序言中写道："艺术作为人文的方法和方式既可以引人趋向高尚，也可以倒过来诱人坠入沉沦。一个文化产业管理教授坦承，从业者大都是从人性的弱点下手，来组织生产和营销对精神造成安慰和迷幻的产品以获取利润。看看每个得了网瘾的孩子父母无助而焦虑的眼神，映照的何止是'艺术'对少年的诱拐？也包括娱乐游戏对人间的玷污。一个沉迷于网吧娱乐的人，也正是顺着音乐、戏剧、电影、电视、艺术等的活动正脱开高明，趋向欲念，不离兽性，接近物性。文化不可能必然地趋向文明，在一片权术和利益的江湖，'文化'就会反过来造成铁石心肠（人性的最低一等——物体存在）和衣冠禽兽（人性的倒数第二等——生命存活）。……艺术到底使人往上，还是往下，这的确还是个问题！"③

朱青山教授阐述了一个事实：艺术既具有让人成为人的作用，也具有让人远离人的作用。为什么艺术会具有这样两种截然不同的作用呢？因为艺术只是一种方式、方法和工具。不同的宗教可以用艺术宣扬它们

① ［德］鲍姆嘉通：《美学》，简明、王旭晓译，文化艺术出版社 1987 年版，第 11 页。

② ［德］黑格尔：《美学》第 1 卷，朱光潜译，商务印书馆 1981 年版，第 3 页。

③ ［美］理查德·加纳罗、特尔玛·阿特休勒：《艺术：让人成为人》，北京大学出版社 2014 年版，第 5 页。

的宗教，不同的政治可以用艺术宣扬它们的政治主张，不同的道德可以用艺术宣扬它们的道德……在传播和影响他人方面，艺术就像一辆性能优良的汽车，不同目的的人都可以乘坐它迅速地到达自己的目的地。在这种情况下，笼统地、盲目地把审美教育等同于艺术教育，其中的风险可想而知。

艺术教育如何才能实现美育的目的而不至于事与愿违，就需要美学理论的指导。美学之于审美教育，犹如气象学之于天气预报。不懂得气象变化的基本原理和规律，想准确预测每天的天气，就像是瞎猫捉老鼠，完全靠碰运气。同样的道理，不懂得审美现象发生的机理和基本规律，想要通过审美教育达到目的，也只能是碰运气。所以，不仅高校美育需要重视和推广审美理论教育，整个美育工作都需要重视美学理论的作用。

（四）人的活动分为理性和感性两种形式，理性可以影响感性，感性也可以影响理性

在德育和智育中强调美育的作用，是用感性影响理性；在美育中强调审美理论教育的作用，是用理性影响感性。理性思维是人较之其他生物最为突出的特点，决定人行为的目的和方向。孔子之所以强调人的成长必须"立于礼"，就在于礼教决定德育的方向和目的，乐教只是实现这个目的的手段。马克思指出："批判的武器当然不能代替武器的批判，物质力量只能用物质力量来摧毁；但是理论一经掌握群众，也会变为物质力量。"[1] 同样的道理，审美理论教育虽然不能起到陶养感情的具体作用，但是，当受教育者掌握了审美理论，美育实践活动的效果就会发生化学裂变式的反应。

高校推行审美理论教育，从路径上讲，主要是开设美学、艺术理论、艺术史等课程和相关学术讲座。当前，需要把审美理论教育课程作为通识教育的内容，供所有学科的学生选择。通过审美理论教育，帮助学生建立自觉的审美意识，了解和掌握审美的基本规律。

---

[1] 《马克思恩格斯选集》，中共中央编译局编译，人民出版社 2012 年版，第 9 页。

三 在改进审美教育的过程中，重视培养学生审美自我修养的能力

现代教育的目的，在于帮助学生全面发展，美育因此成为现代教育重要的组成部分。美育的目的，在于帮助学生陶养感情。习近平曾经问一名大学生村干部，情商重要还是智商重要。大学生村干部回答都重要。习近平强调说，做实际工作情商很重要。从美育的角度看，情商就是陶养感情的结果。从人的成长过程看，大学生不仅在学校时需要陶养感情，走向社会后依然需要陶养感情，陶养感情是人贯穿一生的活动。因此，高校美育不仅需要帮助受教育者陶养感情，而且需要帮助受教育者培养陶养感情的能力。

审美教育的过程是由教育者和受教育者共同完成的，审美教育的效果最终要通过受教育者体现，没有受教育者的主动参与，审美教育的目的就无从实现。人们常说，"授人以鱼不如授人以渔"。对于即将走向社会的高校学生来说，"渔"较之于"鱼"尤显重要。

在当前高校美育教学中，强调陶养感情较多，强调培养学生陶养感情能力较少，这就不能很好地实现现代教育目的、美育教学目的和满足学生成长的需要。因此，高校在改进审美教学的过程中，需要重视培养学生审美自我修养的能力。

审美自我修养能力，就是个人自主进行审美活动陶养感情的能力。从个人的角度而言，参与审美教育是审美自我修养的重要途径；从审美教育的角度而言，审美自我修养是审美教育的重要形式。学生审美自我修养能力的大小，不仅直接影响高校美育的效果，而且事关学生终身的成就和幸福，高校美育需要特别予以重视。

（一）培养学生审美自我修养的能力，要帮助学生形成自觉的审美意识，形成审美学习的习惯，掌握基本的审美规律

人较之动物最高明之处，就是善于学习。学习的实质，就是把前人探索的成果为我所用，把前人失败的教训引以为戒。你掌握了多少人的

经验体会，你就具有了多少人的智慧；你学会了伟人的方法，你就站在了伟人的肩上。在美育教学中，要引导学生形成良好的审美学习习惯，向书本学，向实践学，向前人学，向周围的人学，充分吸收各方面的营养，提高自己的审美能力。

提高审美能力，重要的路径是掌握审美规律。审美是人的一种需要和活动方式，正如饮食一样。对于饮食而言，怎么吃喝有益于人的健康，是饮食研究需要解决的问题。对于审美而言，怎样审美有益于人的幸福，也是美学研究的重要问题。了解和掌握这方面的研究成果，就成为审美能力的重要内容。

在社会生活中，审美对人的作用并不总是有益的。比如大学生中存在的"追星"现象，也是一种审美现象。演员因为在电影、电视剧中扮演的角色为人们带来快乐，歌手因为演唱的歌曲为人们带来快乐，从而成为人们喜爱的对象。但是，许多学生因为喜爱明星而盲目模仿他们的穿戴、爱好和其他行为方式，包括一些不健康的方式，有的甚至做出一些极端的行为，受到社会的诟病。这种现象产生的原因，就是因为不了解这种审美心理产生的规律。

事实上，这种现象自古就有，并被一些聪明的人利用。晋室南渡后，国库空虚，只有数千匹白绢。如何把这些白绢变成钱，解决皇室和朝廷的开支费用，就成为朝廷的大事。当时的丞相叫王导，他想出了一个点子，动员朝中有名望的人，都穿上用白绢制作的单衣，于是社会上有点地位的人纷纷效仿，使得白绢单衣成为一种时尚，白绢价格因而大涨，每两丈白绢价值达黄金一两。王导瞅准时机，下令卖掉国库中的白绢，解决了东晋建国初期紧张的财政状况。

王导的做法之所以能够成功，就在于利用了人们审美的盲目性。审美盲目性在现代社会非常普遍。20世纪七八十年代，的确良、涤纶之类化纤衣服在国内大为走俏。这种衣服穿上不透气，出点汗就沾在身上，由于透光，女性的内衣乃至身上的痣也能看到，而且价格高过传统的棉布。为什么人们喜爱呢？就在于它是工业品，来自西方国家。对于农村人来说，还因为城里人穿。现在许多年轻人爱穿印有英文字母的衣服，全然不知也不管字母的含义，以致有年轻女孩穿着侮辱性文字的衣服招摇过市成为笑话的案例。这些现象与"追星族"现象一样，都是出于审美盲目性的原因。

解决诸如此类的问题，从美育的角度看，就是要帮助人们认识其中的审美规律，提高审美的能力。现代美学关于审美心理形成的"审美心理社会地位规律""审美心理社会发展水平规律"等规律，已经科学地揭示了这些现象产生的原因。① 在这类现象中，人们真正企慕的是名人的社会地位，是西方富裕的生活，对名人行为的盲目模仿、对西方事物的盲目崇拜，只不过是审美快感泛化的结果。了解和掌握了这些审美规律，人们就能明确自己的真正追求，避免求美而成丑，花钱买罪受。

（二）培养学生审美自我修养的能力，要帮助学生学会审美自我反省，有的放矢地陶养感情

反省法是美学研究的重要方法，也是审美自我修养的重要途径。审美自我反省就是在审美过程中，通过反思体味审美活动中自己思想感情的变化，总结和发现审美自我修养规律的方法。

感情活动作为人的一种生理心理活动方式，每个人具有自己不同的特点。近年来流行一种观点，认为人的性格是由血型决定的，不同血型的人有不同的性格特点。比如，A 型人胆小，做事谨慎；B 型人喜欢自由，做事随心所欲；AB 型人比较自我，行为怪异；O 型人直爽，做事比较冒失。这种理论的正确与否暂且不论，人的感情活动或者性格存在不同的类型，却是不争的事实。

通过美育陶养感情，从个人的角度而言，就是通过对感情的调控弥补性格缺陷，使感情活动处于健康快乐的状态。要陶养感情，首先要了解自己感情活动的特点，缺什么补什么，多什么减什么。如果不了解这一点，美育就缺乏明确的目标和方向，实践中就会出现天热加衣服、天冷扇扇子的行为，不仅起不到陶养的效果，反而会加重感情的缺陷。

中国古代教育非常注重因材施教，根据受教育者的不同特点采取不同的方法。孔子的学生子路有次问孔子："听到就做吗？"孔子回答："有

① 赵惠霞：《现代美学：机理与规律》，人民出版社 2011 年版，第 142—156 页。

父亲兄长在世，怎么能听到就做呢？"过了一会，有个叫冉有的学生又来请教同样的问题，孔子却说："听到就做。"有个叫公西华的学生一直待在孔子身边，听到孔子对两个人的回答，感到困惑不解，就请教孔子为什么对同一个问题却给出两种完全不同的回答。孔子说："冉有胆子小，所以我鼓励他；子路胆大过人，做事冒失，所以我压一压他。"[①] 孔子在这里，也是在进行审美教育，即帮助学生陶养感情。我们可以想一下，如果孔子对两个学生采取一样的回答会产生什么样的效果？两个学生尚且存在差异，更何况众多的学生在一起。学校审美教育由于条件的限制，难以做到针对每一个人的特点进行。为了弥补这种缺陷，就需要引导学生通过审美自我反省，了解自己的性格特点，明确需要强化哪些方面的感情，弱化哪些方面的感情。学生有了这种能力，不仅可以使审美自我修养做到有的放矢，而且可以在审美教育中趋利避害。

审美自我反省除了了解自己的感情特点，还可以通过反省达到对审美规律的理解和发现。审美规律的学习属于意识范畴，只有亲身体验审美规律的作用，才能真正理解审美规律。孔子说："学而时习之，不亦悦乎？"当学生学到了审美规律，在实践中体验到审美规律，得到的快乐将会远远超过一般从事审美活动的快乐程度。如果进一步通过反省，发现并掌握了自身感情活动的规律，将会大大增加美育的效果。

（三）培养学生审美自我修养的能力，要为学生参加审美实践创造条件，帮助学生形成艺术爱好和艺术技能

俗话说，"事非经过不知难"。对于感情陶养来说，亲身经历尤显重要。所以，高校美育教学在组织学生进行艺术欣赏的同时，要创造条件，让学生经常参与艺术实践，通过长期的审美实践，达到审美教育的目的。

国务院印发的《关于全面加强和改进学校美育工作的意见》（以下简称《意见》）提出，"学校美育课程主要包括音乐、美术、舞蹈、戏剧、戏曲、影视等"。"普通高校要在开设以艺术鉴赏为主的限定性选修课程基础上，开设艺术实践类、艺术史论类、艺术批评类等方面的任意性选

---

① 《论语·先进篇》。

修课程。"其中关于美育课程内容的规定，应该是考虑到学前和小学学生的实际和中学、大学已经开设文学类课程的状况。从高校开展美育实践的现实情况看，除了《意见》提出的艺术形式外，诗歌、散文的写作和朗诵，以及书法、摄影等形式，都比较受学生欢迎，也容易开展。

开展美育实践活动，要以课堂教学为基础，积极创新课外活动方式，组织和吸引学生参加。在课外活动中，要发挥学生的主体作用，尽量让学生自己组织进行，学校相关部门和教师给予引导帮助。学校要为学生课外美育实践活动创造必要的条件。比如，每个高校最少应该有一个内部刊物或报纸，为学生提供交流文学创作成果的平台；对学生组织的各种艺术爱好团体和艺术竞赛活动提供必要的费用；等等。在各种美育实践活动中，学校和教师要根据学生的实际，注意培养学生的个人爱好，帮助学生掌握一种或多种艺术技能，为学生终身审美自我修养打下良好基础。

总而言之，当前改进高校美育教学，要从高校实际出发，吸收以往美育研究和实践成果，系统规划，分步落实。具体而言，需要在以下三个方面加以改进：即在加强审美教育的同时，重视和开展审美化教育；在加强审美艺术教育的同时，重视和推广审美理论教育；在改进审美教育的过程中，重视培养学生审美自我修养的能力。

第五部分

广告美学、爱情美学发微

广告传播中的文化心理规律及其运用*

广告传播中的文化心理规律指这样一种因果关系：广告符合消费者的文化心理，可以有效地引起人们的注意，给人们留下美好的印象，最终直接或间接地促成人们的购买行为；反之，则引起人们的反感，甚至引发民众的抗议和政府的制裁，给企业带来负面影响。研究和运用文化心理规律，是广告创作取得成功的重要前提和方法。

一　文化心理是一个国家、地区或民族文化传统在人们心理上的反映

在社会生活中，周围的人会通过各种方式——或赞扬，或批评，或评说，甚至一种眼神，一个表情——告诉我们何为对，何为错，何为美，何为丑，从而潜移默化地形成和改变我们的文化心理。特别是教育，更是系统地将本民族的文化传统传授于我们，使其成为我们重要的心理因素。

文化心理涉及道德观念、审美心理、风俗习惯、宗教信仰等方面内容，可以分为两大部分：一是有意识的，如道德观念、风俗习惯、宗教信仰等，我们知道什么是对的、什么是错误的，什么是我们喜欢的，什么是我们不喜欢的。二是无意识的，主要是社会审美心理。它是潜意识的，只有面对具体欣赏对象时，我们才能清楚地说明自己的感受。

* 原刊于《人文杂志》2004 年第 5 期。

　　不同的社会具有不同的文化心理，这种文化差异会直接影响到人们对产品和广告的态度。凯迪拉克是美国人心目中的豪华车标志，通用汽车公司曾想用它来打开日本高档车市场，然而日本人却不买账。通用公司研究发现，日本人的爱好与美国人大不相同。日本人喜欢豪华车的后座靠背斜度大一些，可以半坐半躺；喜欢车的座椅用高级的天鹅绒包裹，而非美国人彰显豪华的真皮。日本皇室和政府首脑用的世纪车、总统车很少出口，日本人知道，这种具有强烈日本文化特色的豪华车，与西方人的文化心理有较大的差距。他们迎合美欧人心理推出的凌志、无垠，在美国都卖得不错。在欧美许多国家，裸泳和日光浴是一种普遍现象，女电视模特儿穿三点式内衣做广告人们习以为常，而中国电视广告这样做观众就难以接受。文化心理差异存在的现实，要求广告创作必须重视和研究广告播出国家和地区的文化心理。

二　文化心理是人们评判是非美丑的标准，也是消费者评判广告的尺度

　　对于文化心理的认识程度，在一定意义上决定着广告宣传的成败。立邦漆是一家新加坡公司的产品，在国外的广告都是由具有世界性职业标准的 4A 公司制作。立邦漆的老总非常重视广告中的文化心理，他说："我是新加坡人，来到中国以后我不了解情况，4A 公司和我一样不了解中国，所以在中国的广告要找中国人做。"正是由于这种认识，才有了《立邦漆——"处处放光彩"》的广告力作，同时也使得在国际市场同类产品中排名六七位的立邦漆，在中国市场达到了三分天下有其一。①

　　日本丰田汽车公司则与此相反。2003 年 12 月，丰田公司分别为其三款新车"陆地巡洋舰"、"霸道"和"特锐"在中国刊登广告。其中丰田霸道的广告画面，是一辆行驶的丰田霸道引起路旁两只石狮的注意，其中一只石狮抬起右爪向霸道车行礼。广告标题为："霸道，你不得不尊

---

①　於春主编：《处处放光彩——成功广告语访谈录》，中国经济出版社 2003 年版，第 19 页。

敬。"陆地巡洋舰的广告是：崎岖的山路上，一辆丰田"陆地巡洋舰"迎坡而上，后面的铁链上拉着一辆看起来十分笨重的"东风"大卡车。广告刊出后，立即引起一片抗议声。很多人认为，狮子是中国人民心目中神圣的吉祥物，是中华民族的象征之一，广告让其向日本车"敬礼"是对中国人的侮辱；"东风"牌汽车是中国民族工业的标志之一，绿色的东风卡车与我国的军车非常相像，广告对"东风"车的贬损也是对中国人的侮辱。由于公众反应激烈，丰田汽车公司不得不召开新闻媒体座谈会，宣布终止两则广告的宣传，并就两则广告内容向中国消费者公开道歉。随后，丰田公司在丰田网站发布了对中国消费者的公开致歉信。①

中外广告发展史上，类似的事例很多。正反两方面的事例说明，广告创作只有符合消费者的文化心理，才能给人以美感，进而达到广告的目的。在中国这个具有五千多年传统的文明古国，广告创作尤其需要重视和遵循文化心理规律。

三 文化心理对广告创作的成功与否至关重要，广告创作不仅要遵循文化心理规律，而且要积极利用文化心理规律

广告创作如何利用文化心理规律，分析国内外成功的广告实践，可以归纳出如下三种方法。

（1）借助传统法

借助传统法是最直接的运用文化心理的方法。其特征是把广告宣传对象与传统文化中人们熟悉的事物联系起来，借用这种熟悉的事物，增强人们对广告宣传对象的注意和印象。川贝枇杷膏饮料广告是借助传统法的典范：

（音效：知了叫声，木鱼敲击声）
老师父：灭去心头火自凉！

---

① 《丰田霸道广告惹众怒》，《华商报》2003年12月8日24版。

小和尚：师父，这句禅语如何解？

老师父：靠你自己解。

小和尚：这……

（音乐起，悠扬的弦乐）

旁白（女）：这种时候，你需要一杯京都念慈庵蜜炼川贝枇杷膏调制的特色饮品。

旁白（男）：传统念慈庵蜜炼川贝枇杷膏，夏日加冰水饮用，滋阴降火，生津止渴。

旁白（女）：带给你前所未有的清凉感受。

（音效：喝水声）

小和尚：师父，我明白了！

旁白（女）：内本清凉，真正清凉。①

"禅"是佛教中国化的产物，是中国传统文化的重要组成部分，对中国社会和文化具有极其广泛的影响。把一个商品和这么一个影响广泛的文化观念成功地联系起来，对于提高商品知名度的作用可想而知。这则广告不仅使该产品从原来的药用品发展成一种防暑降温的大众饮料，扩大了产品的市场，而且获得了第 16 届全国优秀广播广告三等奖。

美国"TIMEX"手表改变译名，是借助传统法的另一种表现形式。该表在香港市场销售时，中文译名叫作"大力"。然而台湾地区的销售总代理调查认为，这个译名在中文中具有"粗"的感觉，会影响消费者将商品看成是粗品。对于讲究精细的手表类商品来说，这是销售上的大忌。于是，该表于 1969 年 11 月 3 日在台湾 7 种主要报纸上同时刊出巨幅广告，有奖征求译名，最终在 8.7 万个应征方案中，选中"天美时"作为该表在世界各地统一使用的名称。② 没接触过 TIMEX 表的人，对其不会有什么印象。但听了"天美时"和"大力"两个名字，却会产生不同的

---

① 於春主编：《处处放光彩——成功广告语访谈录》，中国经济出版社 2003 年版，第 103 页。

② 白光主编：《华夏当代广告评析 150 例》，中国广播电视出版社 2003 年版，第 191 页。

感受。这就是文化心理的影响。成功借用传统文化心理的广告，可以提高商品的品位，使消费者未见商品先生好感。

（2）道德认同法

俗话说："道不同不相为谋。"道者，大可以为政治观点，小可以为生活琐事的看法。观点不同，看法相异，自然如冤家对头，话不投机半句多。如果志同道合，则如酒逢知己，棋逢对手，虽初次见面，胜似多年至交。道德认同法就是利用人们这种心理习惯，通过陈述与消费者相同的道德观念，拉近双方的距离，增强亲近感，从而达到广告宣传的目的。威力洗衣机广告是直接运用道德认同法的范例：

> 画面：一个美丽的小山村，一条流水潺潺的小溪，头发花白的母亲正在溪旁晾晒衣物。
>
> 画外音（女）：妈妈，我又梦见了村边的小溪，梦见了奶奶。妈妈，我给您捎去了一样好东西。
>
> 画面：一辆载着一台洗衣机的卡车从青山绿水映衬的远方驶来。妈妈和村子里的人们围着洗衣机有说有笑，脸上充满了幸福、骄傲。
>
> 画外音（男）：威力洗衣机，献给母亲的爱。①

孝敬父母，是中华民族的传统美德。20 世纪 80 年代以后，随着我国城市化进程的加快，很多农村青年成了城市人。他们生活在城市中，但家乡的一草一木时刻牵动着他们的心，特别是年老的父母，更是他们深深的牵挂。这则广告抓住了人们这种心理，通过弘扬民族传统美德，引起了消费者的共鸣，增加了消费者的亲近感。

道德认同感不仅表现在重大的观念上，而且体现在细小的行为原则上。如中国网通的广告语，最初是"有我天地宽"，创作人员感到过于张扬、霸气，不符合中国传统的道德观念，于是改为"由我天地宽"。江中草珊瑚含片的电视广告，厂家提出的广告语是："我成功的背后，是一片片深情。"广告公司觉得这个广告语太外露了，没有深度，不符合中国文

---

① 白光主编：《华夏当代广告评析 150 例》，中国广播电视出版社 2003 年版，第 159 页。

化传统，最终在担任广告模特的歌星成方圆的建议下，改为："我歌声的背后，是一片片深情。"另外，诸如洗衣机的广告词"贤妻良母"、电饭锅的广告词"给太太一份'安全感'"、手表广告"妈妈以时间换取我的成长"、剃须刀的广告"孩子孝，爸爸笑"等，运用的都是道德认同法，这些广告无一例外地都获得了成功。

（3）情感沟通法

人是有感情的生物，影响和改变一个人行为最有效的方法，莫过于打动他的情感。孔子提出一个人君子修身的三部曲是"兴于诗，立于礼，成于乐"，之所以把"乐"作为道德修养的最高阶段，就在于"乐"可以打动人的情感，使人的情感道德化。当人的情感被打动后，人的行为就成为发自内心的要求，这种作用是一切外部的因素——如道德、法律等无法达到的。广告中的情感沟通法，就是利用人体这种活动规律，通过情感沟通，引发消费者对产品或企业的亲近感，从而达到广告的目的。美国贝尔电话公司广告是通过亲情沟通与消费者情感的典范：

> 电视画面：傍晚，一对老夫妇正在用餐。电话铃响，老妇人起身去客厅接完电话，又返回到餐桌旁。
>
> 老先生："谁的电话？"
>
> 老妇人："女儿打来的。"
>
> 老先生："有什么事？"
>
> 老妇人："没事。"
>
> 老先生："没事几千里地打来电话？"
>
> 老妇人呜咽道："她说她爱我们。"
>
> （两位老人相对无言，激动不已）。
>
> 旁白："用电话传递你的爱吧！"①

相隔两地，思乡之情，思亲之情，人人有之。特别是年迈的父母在家，更是时刻牵动着漂泊游子的心。一曲《常回家看看》何以能迅速响

---

① 白光主编：《外国当代广告评析150例》，中国广播电视出版社2003年版，第268页。

彻神州大地、大江南北，就在于它勾起了人们这种挥之不去的亲情，深深地打动了人们的心灵。贝尔公司这则广告之所以能够成为广告创作的经典之作，也在于通过这种亲情的传播，沟通了与观众的感情，使人们在感动之余，对企业和产品留下了深刻而美好的印象。

人类的感情丰富多彩，爱情、亲情、友情、乡情、民族之情……只要找到其与广告产品的相通点，在产品与人的情感世界之间架起桥梁，就能起到情感沟通的效果，这是中外成功广告创作者屡试不爽的真理。

《广告美学——规律与法则》序[*]

大卫·奥格威曾经为哈撒韦牌衬衣做了一个成功的广告，使这个116年默默无闻的品牌一下子红火起来。这个广告为什么会获得成功呢？奥格威说："它到底为什么会那么成功，我大概永远也不会明白。"[①]

对于大多数广告工作者特别是刚刚步入广告界的新人来说，他们迫切需要了解广告创作和传播的规律，就像乍到一个新地方的游客，迫切需要一张导游图一样。然而，许多广告大师却告诉他们："广告没有真理，很难说你这个广告为什么要这样做，为什么不那样做。"[②]

有人说：自己做出来的，却不知道为什么，这不可能。这似乎有点不可思议，但却是事实。这种现象表现的是经验与科学的区别。曾经有一位老农，预报下雨准确无误，气象站聘请他做顾问，派一位女技术员跟着老农学习。一晃半年过去了，老农的预报仍然百发百中，可女技术员一点收获都没有。气象台领导给老农做工作，让他把经验传授给学生。老农说："不是我不教她，实在是没什么可教的。"领导问："那你每次是怎样预测的？"老农说："我尾巴骨一痒，肯定下雨。"这就是经验。经验不是科学，经验只有上升为普遍规律，与人类已有的知识体系一起来，才能形成科学。

有人把广告分为三个层面：一是技术层面，解决的是想法如何变成

---

　　[*]　赵惠霞：《广告美学——规律与法则》，人民出版社2007年版。

　　[①]　[美]大卫·奥格威：《一个广告人的自白》，中国物价出版社2003年版，第114页。

　　[②]　於春主编：《处处放光彩——成功广告语访谈录》，中国物价出版社2003年版，第229页。

作品的问题；二是创作层面，解决的是根据具体产品如何产生想法的问题；三是理论层面，研究的是广告创作和传播如何实现广告目的的规律。多年来，广告研究大多集中在前两个层面，这与广告发展初期的状况是吻合的。20 世纪后期以来，随着广告业突飞猛进的发展，理论研究不足的弊端开始显现。表现在广告实践中，最突出的现象是平庸广告泛滥和问题广告频繁出现。在这种形势下，越来越多的研究者开始从美学的角度审视广告。20 世纪末以来，许多大学相继开设了广告美学课程，相继有五六本广告美学专著出版。

广告研究何以要与美学结缘呢？因为从美学的角度看，广告的实质是运用一定的形式（文字、图像、声音等）引起受众的注意，进而影响受众的情感和行为。广告中存在的许多不解之谜，美学中同样存在。很久以来，美的事物引起人愉悦的情感，欣赏者却不知道这情感从何而来、缘何而起。这与成功的广告创作者不知道其成功的原因相同。"趣味无争辩"这句美学常用语，与"广告无真理"在某些时候指的是同一种现象。事实上，从美学的角度讲，广告欣赏实际上就是一种审美现象。美学是专门研究审美现象的学科，经过两千多年的发展，现代美学已基本掌握了审美现象产生的机理和基本规律。美学基本原理的突破，为相关学科的发展提供了基础，促成了 20 世纪中叶以来应用美学的蓬勃发展。广告中的许多不解之谜，只有运用现代美学的成果才能予以说明，这就是广告美学产生的原因。

广告美学作为一门新兴学科，应当如何发展呢？从当前广告美学研究的实际和广告美学未来的发展而言，有两个问题特别值得注意。

首先，广告美学是一种应用美学，所依据的美学原理对学科的发展至关重要，因而必须反映美学发展的前沿水平。从 18 世纪以来，美学逐步完成了从古代美学到现代美学的跨越。其中最突出的特点，就是从依靠哲学思辨寻找"美"的方法和思路，转变到运用生理学、心理学、社会学等科学成果探求审美现象发生的过程和规律。如果广告美学的研究依然停留在传统美学的体系中，这样的理论是无法指导广告美学健康发展的。美学原理是广告美学的基础，是广告美学研究广告现象的工具，美学原理的高度决定广告美学研究所能达到的程度，所以，广告美学研究必须紧随美学发展的脚步。

其次，广告美学作为一门理论科学，虽然研究各种广告形式、广告要素，但落脚点不能停留在语言、色彩、图像等技术层面，而要揭示广告创作和传播中普遍的审美规律，说明广告成功和失败的原因，给广告活动以理论上的指导。如果仅仅停留在技术层面，采用美学的术语却跳不出广告学的范畴，就无法回答实践提出的问题，达到指导实践的目的。

根据这种思路，本书运用现代美学关于审美现象发生机理的最新研究成果，分析解剖了近千个成功的广告案例，最终形成"一点、三说、八大规律和二十九法则"的研究成果。

——"一点"：指产品与消费者审美心理的相通点。事物为什么能引起人的美感呢？按照现代美学的研究成果，在于符合了人的审美心理。广告为什么能引人注意、招人喜爱呢？同样是符合了人的审美心理。所以，广告创作和传播首要的任务，就是要寻找产品与消费者审美心理的相通点，并且用这种相通点作为广告创作的核心和着力点。

——"三说"：指广告创作和传播应遵循的基本思路，即首先必须弄清楚"说什么、对谁说、如何说"。一个产品，有许多信息可以说、需要说。成功的广告，不是事无巨细，眉毛胡子一把抓，什么都说，而是有所选择。怎样选择呢？这就是"说什么"要解决的问题。一个产品，当然是知道的人越多越好，买的人越多越好。然而，以往的实践证明，把所有的人作为宣传的对象，正如企图一下子捉住 5 只麻雀的猫一样，愿望与效果总是相反的。成功的广告，只选择可能的购买者作为诉求对象。怎样选择呢？这就是"对谁说"要解决的问题。俗话说："话有三说，巧说为妙。"广告发展到现代，宣传的方式和技巧已经非常之多。一个广告，采用什么方式才能最好地达到宣传目的呢？这就是"如何说"要解决的问题。"三说"的另一种表述形式，就是明确诉求内容，明确诉求对象，科学选择诉求方式，这是广告创作和传播必须遵循的基本原则。

——"八大规律"：指广告创作和传播的八条基本规律。分别是功能优先规律、新奇规律、文化心理规律、时尚心理规律、名人效应规律、借月沾光规律、性本能影响规律和艺术表现规律。这些规律是从美学的角度，科学总结古今中外成功广告经验的结果。遵循这些规律广告就能较好地达到目的，违背这些规律则会事与愿违受到惩罚。

——"二十九法则"：指运用广告创作和传播八大规律的二十九种方法，实质上也是八大规律在实践中的二十九种表现形式。"二十九法则"分属于八大规律，其中功能优先规律有：功能情感法、整体效果法、突出特点法、针对需求法；新奇规律有：产品特点求新法、表现形式求新法、逆向思维法、设置悬念法；文化心理规律有：借助传统法、道德认同法、情感沟通法；时尚心理规律有：借助社会事件法、借助流行理念法、时尚理念沟通法；名人效应规律有：自然联系法、特点联系法、粘贴联系法、名人评价法；借月沾光规律有：名品联系法、名物联系法、名作联系法、名事联系法；性本能影响规律有：美女形象法、男女关系法、性趣味吸引法、红线止步法；艺术表现规律有：体裁套用法、喜剧夸张法、智慧创造法。

广告美学是一门新兴学科，这种性质决定了当前研究所能达到的高度是有限的。为此，重要的是要选择一种形式，使得研究的成果最终可以系统化，后人可以在前人的基础上前行，从而促进学科的发展。笔者认为，广告美学的根本任务是研究和总结广告创作和传播中的审美规律，对规律及其表现形式的总结，是广告美学研究成果系统化的最佳形式。具体的规律和表现形式可以商榷、变换，但这种研究思路和形式不仅可以提供相互交流的平台，而且可以将最终的研究成果系统化。

为了帮助读者理解广告创作和传播中的基本规律，本书前两章介绍了广告和美学的发展状况以及现代美学的主要研究成果和广告美学的基本原则；第三章到第十章，介绍了八大规律和二十九法则；结束语部分，介绍了各种规律的综合运用和效果分析。全书采用了大量的广告案例，努力使这些规律和法则通俗易懂。本书紧密联系广告实践，着重规律的总结和阐释，不仅可以为广告初学者提供基本的创作思路，对具有丰富经验的广告人也不乏启迪之处。

爱情的美学密码[*]

我今天报告的题目是"爱情的美学密码"，是我近年来研究爱情美学的成果。去年9月，清华大学出版社出版了我的研究成果《爱情美学》，书中提出了男女相爱的1种普遍现象和七条基本法则。《爱情美学》出版以后，我在原来研究的基础上又做了进一步的研究，发现了爱情存在的四个维度和爱情发展的三种轨迹。这些成果反映了爱情发生发展的普遍规律，我把它称为"爱情的美学密码1743"，今天与大家一起分享。

一 男女相爱的"托尔斯泰现象"

首先，我要给大家介绍男女相爱中一种非常普遍的现象，我把它称为"托尔斯泰现象"。

1862年，34岁的列夫·托尔斯泰爱上了漂亮、单纯的姑娘索菲娅·安德烈耶芙娜，向她递上一封炽热的求爱信。17岁的索菲娅第一次遇到"求婚"，又惊又喜，不知道该怎么办，拿着求爱信向姐姐请教，被她的母亲听到了。她的母亲认为这是一桩打着灯笼也找不到的好婚姻，立马为她拿定了主意，让索菲娅应允了托尔斯泰。被爱神之箭射中的托尔斯泰有点兴奋过度，接下来做了一个非常愚蠢的事：他把自己以前所有的日记献给了索菲娅。

列夫·托尔斯泰出身于名门贵族之家，世袭伯爵，一直过着锦衣玉

---

* 西安思源学院"滋兰讲堂"2018年报告内容。

食的生活。16 岁考入喀山大学东方语系，3 年后中断学业回家经营庄园。1851 年到他哥哥所在的军队当了一名下级军官，参加了沙俄与奥斯曼土耳其的克里米亚战争和塞瓦斯托波尔保卫战，由于作战勇敢晋升上尉。同时，他还出版了多部小说，在社会上已经具有一定的影响。年轻时的托尔斯泰，正如他后来作品中描写的沃伦斯基伯爵、聂赫留朵夫公爵等贵族青年一样，放浪形骸，纵情声色，沉迷赌博，经常嫖妓，还与自己农场的一个女工生了个孩子。

托尔斯泰一直有记日记的习惯，他在日记中详细地记述了他以往的生活细节。这样的日记，对于索菲娅这样单纯的女孩子来说，记录的完全是一个闻所未闻的可怕的肮脏的世界。索菲娅看完日记，号啕大哭，精神几乎崩溃，费了好大的周折，最终才挺了过来。索菲娅的表现，令托尔斯泰产生了一个疑惑：她这样纯洁的姑娘，怎么会爱上我呢？怎么可能爱上我呢？托尔斯泰在日记中写道："对她的爱发生怀疑，我想她是在欺骗自己……"

他们的婚礼原定在求婚的一个星期后进行，在索菲娅痛哭后的几天里，托尔斯泰脑海始终思索着这样一个问题："她怎么会爱上我？"在始终找不到合理解释的情况下，他觉得必须停止他们的行动。托尔斯泰面容憔悴地跑到索菲娅面前，痛苦地说："这一切可以停止和挽回，还来得及。"索菲娅听了这句没头没脑的话，大吃一惊，不解地问："您是要反悔……您不愿意？"托尔斯泰肯定地说："是的，要是您不爱我的话。"索菲娅喊道："您疯了吗？"托尔斯泰喃喃地说："我想您不会爱我的，您怎么会爱上我这样的人呢？"

婚礼的一切都准备好了，该请的客人都发出了请帖，新娘也做好了出嫁的最后准备，新郎却跑来说出这种稀里糊涂的话。年轻的索菲娅束手无策，哇的一声哭了起来："我的上帝啊，我该怎么办呢？"看到索菲娅的眼泪，托尔斯泰才从自己的思考中回过神来。他似乎感到自己的做法有点不对劲，但还是要求这个 17 岁的少女说明爱自己的理由。索菲娅只好尽力地满足他的要求，说爱他是因为完全理解他，因为她知道他喜欢什么，因为他所喜欢的东西都是好的……听着索菲娅的解释，托尔斯泰慢慢平静下来，他似乎解开了心头的疑团，这才急匆匆地跑回去做婚礼准备。

表面上看，托尔斯泰的疑问得到了解答。但是，只要理智地想一想就会明白：一个姑娘爱上一个男人，难道仅仅会"因为完全理解他，因为她知道他喜欢什么，因为他所喜欢的东西都是好的"这样的原因吗？很显然，这些不是他们相爱的真正原因，起码不是最根本的原因。所以，托尔斯泰得到的答案，只是一种心理上的、形式上的满足。但是，他对这个问题的自觉思考，却使他成为这种现象的代表。

爱情美学中的托尔斯泰现象，指的是男女相爱却说不清楚相爱原因这样一种现象。在现实生活中，托尔斯泰现象非常普遍。为了说明这一点，我想提到两首歌。一首叫作《爱之初体验》，是20世纪末台湾的一首摇滚歌曲，在大陆也很流行。其中有这么几句歌词："什么天长地久，只是随便说说，你爱我哪一点，你也说不出口……"另一首叫作《爱上你的全世界》，由田然作词，李悠扬谱曲，2017年由歌手高安和乌兰托娅演唱，其中有这样几句歌词："爱你什么说不清楚，这份痴心有些糊涂，离开时我会倍感孤独，你在身边就已知足，爱上你的全世界你的全部……"我不是音乐爱好者，对歌曲知之甚少。但在我听到的歌曲中，就有两首表现托尔斯泰现象，而且时间跨越了20多年，可见这种现象之普遍。

20世纪中叶，保加利亚作家瓦西列夫写了一本《情爱论》，这本书1984年被翻译成中文。在《情爱论》中，作者这样写道："通常是怎样选择恋爱对象呢？让我们来探讨一下现代姑娘的意识吧。她面临的是一个大难题，一个斯芬克斯的谜语。"[①] 如果说托尔斯泰现象表现了寻找男女相爱原因的普遍性，那么瓦西列夫把男女相爱的原因称作恋爱中"斯芬克斯之谜"，则说明了寻找这个问题答案的艰巨性。这是一个自古就存在至今尚没有完满答案的难题。

怎样才能解决这个问题呢？我想借用苏格拉底与柏拉图讨论爱情的故事来说明我的研究思路。有一次，柏拉图问他的老师苏格拉底："什么

---

① ［保］基·瓦西列夫：《情爱论》，陈行慧译，生活·读书·新知三联书店1986年版，第354页。

是爱情？"苏格拉底说："你到麦田去，采一株最大最黄的麦穗。只能采一次，不能走回头路。"柏拉图出去很长时间，却空着手回来了。苏格拉底问："为什么没采到？"柏拉图说："最大最黄的麦穗倒是看到了，不过当时不知道前边有没有更大更黄的，于是继续往前走。后来再也没有见到超过那株的麦穗，又不能走回头路，结果什么也没有采到。"苏格拉底说："这就是爱情。"

苏格拉底为什么说采麦穗就是爱情呢？因为二者有非常相似的地方：就是寻找过程的盲目性。表面上看，两种活动中寻找的标准都是清楚的：在采麦穗中，寻找的是"最大最黄的麦穗"；在爱情中，寻找的是"真爱"。但是，怎样的麦穗才是"最大最黄"的呢？怎样的爱情才是"真爱"呢？缺乏量化的标准，没办法掌握，没办法操作。所以，大多数人在实践过程中完全是盲目的。

如何才能摆脱这种盲目性呢？方法有以下两种。

第一种方法是比较。俗话说得好，不怕不识货就怕货比货，哪个好哪个差，放在一起比较一下就会一目了然。可是，如果说在采麦穗中不准走回头路只是一种人为的规定，生活中寻找爱情难以走回头路却是无法逆转的现实。一份好的姻缘错过了，就很难再寻找回来。除非你是权力无上的君王，否则为什么别人会等待你比较挑选呢！即使你有优先权，但你挑选出来的是不是真爱，需要经过时间的考验，而生命的过程是不能重复的，你怎么知道与你生活在一起的就一定是其中最真的那份爱情呢？你怎么知道在你错过的感情中就没有比现有的这份更好的呢？

第二种方法是量化标准。如果柏拉图知道以往"最大最黄的麦穗"的标准，就像吉尼斯世界纪录标记的那样，是不是可以增加采到"最大最黄的麦穗"的概率呢？是不是可以避免空手而归起码可以获得相对接近标准的结果呢？答案应该是肯定的。同样的道理，如果人们掌握了"真爱"的标准，知道什么样的爱情属于"真爱"，也就可以增加寻找到"真爱"的概率和速度。

第二种方法之所以容易成功，实际上是给第一种方法增加了一个因素，一个寻找的标准。但是，在现实生活中，很多人还没有形成爱情的自觉意识，他们不会想"我爱他什么""他爱我什么"这样的问题，他们把喜欢当作爱情，跟着感觉走，走哪儿算哪儿。有爱情自觉的人，虽然有想法却没有办法，因为没有现成的标准可以参考，所以每个人都需要摸着石头过河。

我的研究，就是试图解答男女相爱的斯芬克斯之谜，通过对爱情规律的揭示，使没有爱情自觉意识的人觉醒，为寻找真爱的人提供一份参考标准。

二　男女相爱的七条基本法则

人类诞生据说已有 600 多万年，有文字记载的历史大约 5000 多年，两性相爱始终贯穿在这个漫长的过程之中。为什么在这么长的历史进程中，人们始终无法破解男女相爱的斯芬克斯之谜呢？其中一个至关重要的因素，就是美学发展的限制。男女相爱一个基本的前提，就是彼此喜欢对方的相貌。一个人为什么喜欢这样的相貌而不喜欢那样的相貌，这种现象称之为审美现象，是美学研究的对象。如果不知道审美现象发生的基本原理，人们就不可能知道男女相爱中这种现象产生的原因。

2011 年，我完成了对审美现象发生机理和基本规律的研究，当年人民出版社出版了这个成果，名字叫作《现代美学：审美机理与规律》。在这之后，我运用现代美学的基本理论，研究男女相爱这种审美现象，发现了男女相爱的七条基本法则。

第一条法则，叫作"亚当夏娃法则"，又称为本能影响规律，指人的先天本能影响恋爱对象选择和爱情发展这样一种现象。

亚当夏娃的故事来自基督教的《圣经》，《圣经》这样讲道：世界之初，上帝创造了万物之后，按照自己的样子，用泥土捏了一个男人，并赋予他生命，取名亚当，把天下的一切生物交给他管理。后来，上帝看亚当一个人生活太孤独，就施展法力使他昏睡，然后取下他的一根肋骨，用这根肋骨变成一个年轻的女人，取名夏娃。亚当和夏娃在伊甸园中整天游戏玩耍，非常快乐。一天，他们受蛇的诱惑，偷吃了园中的智慧果，就看到自己赤裸的身体，产生了羞耻的感觉。于是，他们用树叶编织成围裙，把自己的身体遮掩起来。上帝来到园中，看到他们的行为，知道他们违反了禁令，就把他们赶出了伊甸园。亚当和夏娃流落在大地上，二人结合，繁衍了人类。由于女人是男人的肋骨变的，所以女人总喜欢依偎男人；由于女人是男人的一部分，所以男人格外喜爱女人。

《圣经》的故事大约诞生在公元初年，与以往其他创世记的神话相比，更接近人类的现实生活。亚当和夏娃偷吃了智慧果，知道了害羞，懂得了遮羞，与人类从儿童长大为成年人的过程非常相似。什么东西让他们害羞？他们遮蔽的是什么东西？就是性。

什么是性？从生理学的角度讲，性是人一种先天的本能，称为性本能。与生活中人们一般理解的性概念不同，科学意义上的性本能，指的是先天的影响人与异性交往态度、行为的一切生理因素。性本能同其他本能一样，是人体一种先天的规定性。这种规定性，决定了异性之间相互吸引、相互追求的行为趋向。

现代科学研究认为，女孩从 11 岁到 18 周岁，男孩从 13 岁到 20 周岁，是性功能逐渐发育成熟的时期，称为青春期。在这个时期，男孩的体内开始分泌雄性激素，女孩开始分泌雌性激素。在性激素的作用下，男孩和女孩的身体开始发生变化，体型、声音和行为都会出现明显的性别特征。与此同时，他们的心理也会发生明显的变化，表现为对异性的敏感、好奇和喜爱。性本能是男女相爱的生理基础，男女相爱的各种社会活动，都建立在性本能这个生理基础上。

20 世纪 90 年代，我国曾经流行一首歌曲，名字叫作《女人是老虎》。歌词的内容出自清代袁枚的《续子不语》一书，在书中故事的名字叫作"沙弥思老虎"。故事说的是五台山有一位禅师，收了一个 3 岁的小徒弟。五台山山势险峻，师徒俩在山顶修行，从不下山。十多年后，有一天禅师带着弟子下山，小沙弥看到牛马鸡狗，都不认识。师父就一一教他："这是牛，可以耕田；这是马，可以骑；这是鸡、狗，可以报晓、看门。"这时，迎面走过来一个年轻姑娘，小沙弥问道："这是什么？"师父担心小沙弥受女色诱惑，就吓唬他说："这叫老虎，人要是靠近它，就会被咬死，身体会被它吃掉。"晚上回到山上，师父问小沙弥："白天在山下看到那么多东西，有没有让你动心的啊？"小沙弥回答："别的都不想，就是那个吃人的老虎，心里边总是念念难忘。"

与这个故事相似的内容，也出现在欧洲文艺复兴的文学名著《十日谈》中。说的是一个男人在妻子去世后，带着 2 岁的儿子住到深山的茅草房中，一心一意地侍奉天主。为了不让儿子受到尘世的污染，男子每次下山总是独自去。儿子长到 18 岁了，对父亲说："爸爸，你年龄大了，每次下山很辛苦。你为什么不带我一起下山，把你的朋友介绍给我，以后有事我就可以代替你去了。"父亲觉得儿子说的有道理，再下山时就带上了儿子。儿子看到城里的宫殿、教堂、马车等，都觉得新鲜，一路上问个不停，父亲都一一讲给儿子。迎面走来一群姑娘，个个打扮得花枝招展，美丽动人。儿子问父亲："这是什么东西啊？"父亲说："快快低下头，不要看她们！她们叫绿鹅，全都是害人的祸水！"儿子盯着远去的姑娘说："我不懂你的话，也不明白她们为什么是祸水。我只觉得，我还没看见过这么美丽、这么惹人爱的东西呢，她们比你平日给我看的天使画像还要好看。看在上帝的分上，要是你真的疼爱我的话，就让我们赶快想个法子，给我带一只绿鹅回去，我要喂养它。"

这两个产生于不同国家的故事，有一个共同的特点，就是表现了男女之间强烈的吸引力。为什么男女之间会有这么强烈的吸引力呢？这就是性本能的作用。

性本能使得男女之间相互吸引，但是在众多的异性之中，人类如何选择恋爱对象也就是未来的配偶呢？在现实生活中，一般人的选择都会受到各种各样的限制，比如选择的范围、对方的态度，等等。但是，也有人不受这些限制，比如封建社会至高无上的君王。通过分析这种不受限制的选择，就可以发现人类在选择异性时具有的共性的审美倾向。

早在汉代时期，皇家就开始以法律制度的形式，从民间征收良家女子。《汉仪注》记载："八月初为筭赋，故曰筭人。""筭"，本义为古代束发用的簪子。女子成年后开始用筭盘住头发，所以"筭"又特指女子 15 岁插筭盘发的年龄。所谓"筭赋"，也就是征收姑娘的赋。即每年的八月初，朝廷像征收捐税、租赋一样，开始向民间征收美女。征收美女的官员称为"筭人"，他们负责"阅视"民间 13 岁到 20 岁年龄的姑娘，把那些符合条件的带回宫中候选。

晋武帝司马炎登上帝位以后下了一条诏令：所有卿以下文武官员的

女儿都必须到后宫接受挑选，若有把女子藏起来的就处以"目无君主"的罪名，直至死罪。清军入关以后规定，满蒙13—16岁身体健康无残疾的旗籍女子，都必须参加皇室的阅选。适龄女性因故未参选，必须在下届参选，否则20岁前不准出嫁，违者将遭到严惩。私自结婚的由该旗都统参查治罪。如果是残疾的，必须上报户部，经皇帝允许后方可免选。这就是说，皇帝有权对这些女性优先挑选，他看上谁就是谁。那么，皇家是怎样挑选的呢？我们来看看明熹宗选择皇后的过程。

明朝天启元年（1621），为了给明熹宗挑选皇后，明朝皇室进行了大规模的选秀活动，具体的步骤分为以下8个环节。

第一关是海选。由负责选拔的宦官，对全国各地13—16岁的良家少女进行目测，选拔出5000名优秀者，由皇家付给聘金和路费送到京城。

第二关叫初选。5000名少女按年龄大小，每百人排成一行，由负责的太监逐一察看，把那些稍高、稍矮、稍胖、稍瘦的少女挑出来，淘汰掉1000人。

第三关叫复选，初选过关的少女继续列队，太监们仔细察看每人的五官、头发、皮肤，让各人自报门第、姓名、年龄等，考察音色、仪态，再淘汰掉2000人。

第四关是精选。太监们先用尺子计量少女的手和脚，再让她们走"台步"，把那些脚稍大的，手腕稍粗的，举止不雅的，又淘汰掉1000人。

第五关是留宫。由宫中的老宫娥，将美女们逐一引入密室，仔细检查全身，再淘汰700人，选出300人作为入选留宫的宫女。

第六关是晋嫔。皇帝选派专员，对300名留宫的美女观察一个月，依据她们的性情言语，再淘汰掉250人，剩下的50人晋级为嫔妃。

第七关是"选三"。由皇太后或者太妃，通过与剩下的50人谈话，"试以书算诗画诸艺"，从中选出3人供皇帝钦定。

第八关是钦定。皇帝亲自召见选中的3人，最终决定皇后。明熹宗当年见着三个姝艳绝伦的美人，左右为难，自己拿不定主意，便让旁边的赵选侍帮助决断。最后按照赵选侍的建议，才确定了皇后。

分析这个选妃的过程，第一个标准非常明显，就是年轻。汉代的标准是13—20岁，明朝初年是13—19岁，明熹宗时改为13—16岁，后来一直到清朝都是这个标准。

第二个标准也比较明显，就是健康。按照规定，明显有残疾的女子可以免选，也就是被提前淘汰。在接下来的选择中，凡有麻子、口臭、鼻炎、腋臭、痔疮、脚气以及妇科疾病等疾病的，都是必须淘汰的对象。这些选择所遵循的都是以健康为美的标准。

第三个标准比较隐晦，就是性特征。第三关要求女孩自报家门，说出自己的姓名、籍贯、年龄等，目的在于听声，把那些"稍雄、稍窳（yǔ）、稍浊、稍吃者去之"；第四关淘汰了那些脚稍大、手腕稍粗的少女。这样的选择，体现的是对女性特征的选择。所谓声音"稍雄"，就是声音稍粗、稍低，有点儿接近男人的声音。为什么要淘汰这种声音的女孩，就是因为她们太像男人，而不像女人。也就是女性特征不足，缺乏女人味。淘汰脚大、手腕粗的女孩，同样出于这样的考量。与男人相比，女性的脚要小，手腕要细。所以脚大腕粗的女性，比起脚小腕细的女性，女性特征就显得不够，就少了一些女人味。所以，诸如此类的选择，实质是对性特征的选择：女性特征突出的被选中，女性特征不突出的被淘汰。

男性选女性重视年轻、健康、性特征三个因素，女性如何选择男性呢？我们来看看中国历史上唯一一位女皇帝武则天是怎样选择的。武则天59岁时丈夫去世，67岁称帝。武则天称帝后也曾经想同男皇帝一样，选一批美男子侍奉自己，为此下发了一道"选美少年为左右奉宸供奉"的诏令，但很快就接受臣下的劝谏予以废止。武则天圣命既出，为什么会接受臣下的意见很快收回呢？因为武则天是一位伟大的政治家，她执政时期的许多政策在历史上都是可圈可点的。武则天同时也是一位优秀的女人，有作为人的自然需求。正是这种需求，使她一时头脑发热，下达了那道选美少年的诏书。但是，她很聪明，臣下一提很快就清醒过来了。她明白尽管自己做了皇帝，但这毕竟是男权意识占主导地位的社会，她不愿意因为这件事影响自己的形象，影响她权力的稳固和各种政令的执行。

武则天收回了选美少年的诏书，但并没有放弃对美男子的需求。作为皇帝，武则天虽然年事已高，但想为她献身的男子多如过江之鲫。唐代诗人宋之问很有才华，长得也很帅气。《旧唐书》称他"伟仪貌，雄于辩"。宋之问见到武则天"选美少年为左右奉宸供奉"的诏令，就给武则天献了一首诗，表达了希望侍奉武则天的愿望。《太平广记》记载："则天见其诗，谓崔融曰：'吾非不知之问有才调，但以其有口过。'盖以之问患齿疾，口常臭故也。之问终身惭愤。"宋之问虽然有才华，人也长得帅，但是因为有口臭，就被武则天淘汰了，可见武则天选人是很严格的，非常重视健康这个标准。

据历史记载，武则天先后有四个男宠，也称为面首。为什么古时称这种为女人服务的男子为"面首"呢？因为古时面者，讲的是相貌之美，首者，讲的是头发之美。所以面首，指的就是相貌漂亮的男人。武则天的第一个面首叫薛怀义，是她的丈夫唐高宗的姑姑千金公主给物色的；第二个叫沈南璆，是皇宫的御医，在侍奉武则天的过程中被看中；第三个叫张昌宗，是薛怀义、沈南璆离去后，武则天的女儿太平公主给母亲秘密推荐的；第四个叫张易之，是张昌宗的弟弟，由张昌宗顺带引荐的。

武则天选择男人的标准是什么呢？《你所不知道的帝王》一书认为："年轻、貌美、健壮，是武则天挑选男宠的三个必备条件。"[①] "年轻"，与男性皇帝选择女性的标准是相同的。"貌美"，在某种意义上，也就是健康。民间把年轻女性相貌美的特征归纳为八个字："眉清，目秀，唇红，齿白"。眉清，指眉毛茂密集中有型；目秀，指眼睛黑白分明有神。"眉清目秀"作为人体的一种外在形态，实际上表现的是人体的一种内在状态，即内在的精气充盈。嘴唇的颜色与人的血气相关，嘴唇红润饱满，说明血气充沛；牙齿的颜色则与肾脏相关，牙齿洁白，说明肾气饱满。此外，诸如皮肤细白光滑之类的审美标准，实质都是身体健康的外在表现形式。"健壮"，体现的是男人的性特征。男人高大的身材、突起的肌肉、宽阔的下巴、粗犷的额头、粗沉的嗓音，这些都是男性不同于女性的特征，因而都会成为女性喜爱的因素。

为什么年轻、健康和性特征会成为人类选择异性的普遍标准呢？美学研究认为，原因在于人的生死本能形成的审美心理。美学中的生死本

① 刘继兴、刘炳光：《你所不知道的帝王》，清华大学出版社 2014 年版，第 54 页。

能，指的是人喜爱生命厌恶死亡这样一种行为倾向。生死本能的这种特点，使得体现生命活力的形象在人大脑皮层的视觉区与快感区形成稳定的联系通道，从而构成相关的审美心理。生死本能形成的审美心理，在人体方面表现为以年轻和健康形象为美，以年老和病态形象为不美；在自然景物方面，最典型的表现就是中国传统文化中的"迎春情结"和"悲秋情结"，以及喜爱松、竹、梅、菊等耐寒植物的审美现象。性特征突出，本质上也是作为身体健康的特征而引起人的快感。

从生物学的角度看，两性交往的目的就在于基因的传递。数万年来，人类的祖先在没有任何现代生理学知识的帮助下找到一个配偶完成这件事，所凭借的就是外表。这种由本能形成的对异性外表的选择，最终就表现为年轻、健康、性特征突出三个方面。符合这个标准的就容易成为异性喜爱的对象，爱情成功的概率就比较大，这就是爱情美学的亚当夏娃法则。

第二条法则叫作"穆念慈法则"，又称为人际影响正作用规律，指一个人对异性的审美心理，受到他人的影响并朝着与影响者相同的方向发展这样一种现象。

穆念慈是谁？她是金庸小说《射雕英雄传》中的人物，一个漂亮善良的姑娘。穆念慈还是个婴儿的时候，家乡遇到瘟疫，父母和家人相继去世。这时候，武侠杨铁心遭受飞天奇祸，与怀孕的妻子以及怀孕的义嫂失散。杨铁心收养了穆念慈，认她为干女儿，教她武功，领着她在江湖上漂泊。穆念慈长成了大姑娘，杨铁心估摸着当年失散时已经怀孕的妻子和义嫂如果在世，生下的孩子也该长大成人了，于是与穆念慈打出"比武招亲"的旗号，四处辗转，希望能找到他们。

无巧不成书。在当时金国的都城，也就是今天的北京，他们还真遇到一起了。杨铁心的儿子杨康，这时候已经随母亲进了金国王爷府，成了四王爷完颜洪烈的儿子。义兄郭啸天的儿子郭靖，也在蒙古草原长大，正巧路过北京。

身为小王爷的杨康，爱好武功，对招亲无意，却对比武很有兴趣。听说穆念慈走南闯北，大半年竟然没人胜得，不仅欣然下场。杨康从小拜全真教道长丘处机为师，长大后在王府又受到多位武林高手的指点，特别是悄悄拜"黑风双煞"中的铁尸梅超风为师，学得"九阴白骨爪"这门阴毒功夫，所以武功远在穆念慈之上。交手没有几个回合，杨康便知道穆念慈不是自己对手，于是想在众人面前戏耍一下穆念慈，卖弄卖弄自己的武功。他瞅准空子，猛地用左手抓住了穆念慈的左手腕。穆念慈大吃一惊，拼力向外挣脱，杨康顺势轻送，穆念慈立足不稳，朝后倒去。杨康右臂抄出，将穆念慈抱在怀里。看热闹的人见了，齐声喝彩叫好。穆念慈羞得满脸通红，低声央求："快放开我！"杨康笑着说："你叫我一声亲哥哥，我就放你。"穆念慈见他如此轻薄，又挣脱不开，只得飞脚踢向他的太阳穴，要叫他不得不放手。谁知杨康松开穆念慈的身体，又抓住穆念慈的右脚，穆念慈奋力抽脚，跌坐在地上，脚上的绣花鞋却被杨康拿走了。

中国古代男人对女人的欣赏，脚是重要的部分。由于看重女人的脚，因而女人的鞋也成了重要的欣赏对象。宋明之际，文人在青楼聚会，有的人会用妓女的小鞋托着酒杯喝酒。杨铁心看见杨康胜了穆念慈，便走上前去，请杨康到客店商谈二人的婚事。谁知杨康却说："说什么？我们只是在拳脚上玩玩。"说完，把绣花鞋往怀里一揣，起身就要离开。杨铁心非常生气，拦住杨康说："你走可以，把鞋还来！"杨康却嘻嘻地笑着说："这是她甘愿送我的，与你何干？"杨铁心气得浑身发抖，扑上前与杨康拼命，二人打在一起。打斗之中，杨康使出"九阴白骨爪"，十根手指分别插在杨铁心的双手手背，一时间鲜血淋漓。郭靖本来在一旁看热闹，见杨康如此欺负人，挺身而出与杨康理论，差点被王府请来的高手要了性命。

这时候，杨康的母亲——杨铁心失散多年的妻子包惜弱来了。包惜弱当年受金国太子完颜洪烈所骗，以为丈夫死了，就嫁给完颜洪烈做了金国王妃。一经与丈夫相认，知道当年上了完颜洪烈的当，立即下定决心，跟随杨铁心一起逃走。但是，在王府长大的杨康，却因为贪图王府荣华富贵的生活，虽经母亲说明，仍然不肯认亲生父亲，带着王府亲兵和武林高手前来追赶，最终逼得杨铁心夫妻一起自杀了。

这就是穆念慈第一次"相亲"的经过。按照人之常情，对于这样一个戏耍自己、逼死双亲、贪恋富贵、投敌叛国的人，穆念慈应该恨之入骨，怎么能谈得上爱情呢？然而在小说中，穆念慈不仅爱上了杨康，而且爱得刻骨铭心，生死不渝。

杨铁心夫妇去世后，郭靖的师父江南七侠与丘处机一起，做主要将穆念慈许配给郭靖，谁知穆念慈却不愿意。她说："他（杨康）是王爷也好，乞儿也好，我心中总是有了他。他是好人也罢，坏蛋也罢，我总是他的人了。"杨康作为金国使者南下大宋，穆念慈一路悄悄跟随，每晚在窗外看着杨康的身影，以此作为满足。二人相见后，穆念慈明确告诉杨康："我在临安府牛家村我义父的故居等你，随你什么时候央媒前来。你一世不来，我等你一辈子罢了。"穆念慈为杨康所骗，怀上了杨康的孩子。她无意间发现杨康勾结金国要灭亡大宋，便愤然离开了杨康。但是，当得知杨康的死讯后，仍然旧情难忘，泪如雨下，带着刚出生不久的婴儿，到杨康的坟墓前祭奠，然后回到杨康的老家，独自抚养孩子成人。

许多看过《射雕英雄传》的人，都对穆念慈的爱情故事难以理解。以穆念慈的智慧，怎么会因为这样的一次相遇便爱上了杨康？以穆念慈的人品，怎么会爱上这样一个仗势欺人、贪图富贵、不忠不孝的人，还爱得如此真挚、坚决、持久？穆念慈的离奇恋情，是作家的创造还是源于生活中真实的故事，我们不得而知。但是美学研究的成果却说明，金庸的确是一个伟大的作家，他对穆念慈爱情的描写反映了男女相爱的一个重要规律。

在现实生活中，功利的满足可以给人带来愉快的感觉，比如，饿时得到食物，渴时得到饮水，热时吹来凉风，冷时遇到温暖，等等。这种现象是人先天的生理本能决定的，在功利需求得到满足后，人的神经系统会将满足的信号传到大脑皮层的快感区，从而产生愉快的感觉。人在从事功利活动时，比如吃东西时，食物的样子、味道、气味以及周围环境的许多因素，都会通过不同的感受器同时传到大脑不同的脑区。当功利满足引发快感时，在大脑皮层的快感区会形成兴奋中心，这时同时进入大脑的各种信号就会向兴奋中心集中，就像一个广场突然来了个大明星，广场上原本分散的人群纷纷争睹明星风采时的情形一样。当这样的活动反复进行，原本与兴奋中心毫不相干的因素，就会在所在的脑区与兴奋中心之间建立起新的联系通道。这种新的联系通道就像现实中人们抄近路踩出来的新路一样，它的一个特别的功能，就是能够引起原本由功利作用引起的神经反应。比如"望梅止渴"现象，就是因为梅子的样子与酸的感觉形成了新的稳定的神经联系，所以看见和想起梅子就可以引起吃梅子才能引起的感觉。生理学把这种神经活动现象称为条件反射，大部分审美现象，从神经生理学的角度讲，就是一种条件反射。在现代美学中，把事物的形象在大脑皮层视觉区与快感区之间建立的新的稳定的联系通道称为审美心理，审美心理形成之后，事物的形象就成为审美对象，引发的快感就成为美感，这一系列现象就是审美现象。审美心理的形成，使得事物可以单凭样子引起人的美感，这就是审美现象发生的基本原理。

美学研究发现，儿童不像成人那样通过思维认识和把握外部世界，感觉是他们认识世界最重要的方式。母亲温暖的怀抱、甘甜的乳汁，以及各种各样的关心和爱护，给幼小的生命带来源源不断的快乐。一次次快乐的出现，总是伴随着母亲或者父亲的形象。久而久之，父母的形象在儿童的神经系统中，就会与快感形成了紧密的联系，成为儿童重要的审美心理。人们常说，儿不嫌母丑。事实上，对于儿童来说，整天给他们带来快乐的父母就不会丑。父母的形象，形成儿童的审美心理，成为他们长大后衡量异性美丑的标准。与他们的父母相像的异性，因为符合了他们的审美心理从而为他们喜爱。美学把这种现象称为"审美心理人际影响正作用形成规律"。现实生活中的"夫妻相"现象、"青梅竹马"现象等审美现象，都是这种审美规律的表现。

穆念慈从小为杨铁心收养，杨铁心虽然不是她的生父，但在现实生活中，不仅是她的爹也是她的娘，是她在人世间唯一的亲人。在十几年的漂泊流浪中，杨铁心给她温饱和安全，是给她带来快乐最多的人。因为这个原因，在穆念慈的心灵深处，杨铁心是男性之中最亲最美的男人形象。杨康是杨铁心的亲生儿子，二人自然有相像之处。所以，穆念慈对杨康一见钟情，也就是自然而然的事情了。穆念慈从理性的角度知道杨康不值得爱，但是她无法摆脱自己潜意识中的审美心理。正是这种理性和情感的矛盾，意识和潜意识的矛盾，造成了穆念慈离奇的爱情故事，成为男女相爱人际影响正作用规律的典型代表。

有一次朋友聚会闲聊，一位朋友的妻子说："我的两个嫂子都很像我，很多人把我们当成亲姐妹。"我说："你母亲一定很受你们兄妹尊敬。""是啊！"她随声附和。我又说："你哥哥一定很疼媳妇。""你怎么知道的？"她瞪大眼睛，满脸的疑惑，因为我们是第一次认识。我开玩笑地说我会算卦，其实是用穆念慈法则进行推导。我的推理逻辑是这样进行的：这位女士的两个嫂子与她长得像，最可能出现的情况是她长得像她的母亲。这说明她两个哥哥寻找对象，遵循的是穆念慈法则。既然遵循了穆念慈法则，就可以推断出她的母亲对子女的影响是正面的。由此就可以断定，她的母亲一定很受他们兄妹的尊敬。为什么能推论出她的哥哥疼媳妇呢？因为他哥哥是按照自己潜意识的审美心理寻找的对象，必然会发自内心地喜欢，这样的夫妻一般情况下都会和睦恩爱，丈夫疼爱妻子也就很自然了。

在现实生活中，穆念慈法则具体表现为两种形式：一是与童年喜爱的异性相像的人，容易成为恋爱的对象；二是恋爱对象与童年喜爱的异性相像，爱情成功的概率较大。

第三条法则叫作"黄蓉法则"，又称为人际影响反作用规律，指一个人对于异性的审美心理，受到他人的影响并朝着与影响者相反的方向发展这样一种现象。

黄蓉是谁？她是金庸小说《射雕英雄传》的一号女主角，《神雕侠侣》和《倚天屠龙记》中的重要人物，也是金庸笔下最负盛名的女侠。在金庸的笔下，黄蓉可以说集天地灵气于一身，是完美女性的化身。黄蓉的长相，有人评论为"艳绝天下"。西毒欧阳锋终日研习武功，不大在意女人的长相，但见了黄蓉也不仅啧啧赞道："药兄，真有你的！这般美貌的小姑娘也亏你生的出来！"黄蓉的聪明智慧，更是超众绝伦。女侠瑛姑号称"神算子"，因为隐居多年，精研术数而得名。可是瑛姑苦思几个月解不开的难题，重伤在身的黄蓉，片刻之间尽数解开。书中瑛姑惊讶之余不禁问道："你是人吗？"黄蓉的父亲黄药师是一代武林宗师，文韬武略，琴棋书画，无一不晓，无一不精。黄蓉的母亲虽然不懂武功，但聪明过人，翻一遍天下第一武功秘籍《九阴真经》，随后便一字不落地默写出来，帮助她丈夫获得了这本武林秘籍。

　　然而，漂亮聪明、多才多艺的名门小姐黄蓉，却偏偏爱上了傻小子郭靖。郭靖有多傻？书中有这样一段描写，丐帮帮主洪七公带郭靖去黄蓉家向黄药师求婚，偏巧西毒欧阳锋也带侄儿欧阳克前来求婚。两个人都是武林宗师，黄药师不好驳二人的面子，就提出三道题考试，胜者为自己的女婿。前两场比试郭靖都赢了，当他走上前感谢黄药师时，黄药师说："你还叫我黄岛主么？"意思是你已胜了两场，可以改口叫"岳父大人"了。可是郭靖连这话也听不懂，憨憨地问道："我……我不叫你黄岛主，叫你什么？"黄蓉在旁边急得连连弯曲大拇指，示意郭靖向黄药师磕头，借此就算认了岳父。郭靖跪下向黄药师磕了四个头，却一声不吭。黄药师笑道："你向我磕头干吗啊？"郭靖道："蓉儿叫我磕的。"黄药师听了，心里那个气啊，真是不知道该怎么说。他想自己绝顶聪明，怎么能把独生爱女嫁给这样一个傻头傻脑的家伙，这不硬生生把一朵鲜花插在牛粪上了。

　　为什么黄药师聪明过人，他的女儿却会爱上傻乎乎的郭靖呢？这就涉及男女相爱的另一条规律。审美现象发生的基本原理，是一个形象如果总是伴随着快感进入人的神经系统，久而久之就会在大脑皮层的视觉区与快感区之间开辟出新的联系通道，成为人的审美心理，这种形象由此也就成为美的形象。同样的道理，当一个形象总是与不快感一起进入人的神经系统，也会在大脑皮层的视觉区与不快感区之间建立起一条新的联系通道。这种联系通道引起的效果与审美心理相反，引起的是不愉快的感觉。

　　美学研究发现，这种对特定事物形象的否定心理，会转化为与这种形象相反的审美心理。这种转化得以完成的关键，是人类趋利避害的自然天性。趋利避害是生物在进化过程中形成的基本属性，在高级生物中表现为追求快感和逃避痛感。蚂蚁在爬向熊熊烈火的途中，如果没有灼热的不适感促使其掉转方向，蚂蚁就不可能生存到今天。当肌体需要补充营养，如果没有饥饿感督促生物千方百计获取食物，生命就会在不知不觉中倒下。逃避不适感最基本的方式，就是远离不适对象，向其相反的方向发展。冬天来了，候鸟南迁，逃避寒冷；夏天到了，又向北飞，躲避炎热。在儿童成长的过程中，给儿童带来快乐的人会成为他们审美心理的内容，给儿童带来不快感的人则会使儿童因为希望远离他们，从而喜欢上与他们相反的人。这种现象在美学中称为"审美心理人际影响反作用形成规律"。

黄蓉之所以喜爱郭靖，从审美心理的角度讲，根本的原因就在于他的父亲。黄药师是一个武林奇人，过人的智慧和武功，形成了他以自我为中心的行为方式，做事从不顾及他人的感受。为了不泄露桃花岛的秘密，他可以把抓来的奴仆全部变成哑巴。徒弟陈玄风、梅超风把他的《九阴真经》偷跑了，他就把剩下的四个徒弟脚筋挑断，全部赶出桃花岛。

黄蓉的妈妈生下黄蓉不久就去世了，父亲黄药师自然很疼爱自己的宝贝女儿。但是，疼爱归疼爱，他却不会从女儿的感受出发思考问题，更不会根据女儿的感受来对待她。黄蓉生活在桃花岛上，除了父亲就是一群哑巴仆人，连一个可以说话的人也没有。有一天，黄蓉在山后的石洞内发现被黄药师囚禁的周伯通。周伯通号称"老顽童"，生性好玩，正好与小黄蓉能玩在一起。于是，黄蓉一有空就与老顽童说话、玩耍，还偷偷地带了好吃的东西给老顽童。这件事被黄药师发现了，黄药师不问青红皂白，对黄蓉就是一顿臭骂。俗话说，有其父必有其子。黄蓉虽是个女孩，也有其父的遗传基因，性子非常犟，平日又被娇宠惯了，哪里受得了这个，于是偷偷地离家出走了。黄蓉离家后遇到了郭靖，两人产生了感情，在归云庄与寻找自己的父亲相逢。黄药师明知女儿爱上了郭靖，但见郭靖用洪七公教的"降龙十八掌"打败了徒儿梅超风，心里气不过，便硬要郭靖与自己过招。此时的郭靖，还远不是黄药师的对手，刚一交手，便被整得手腕脱臼，想要逃走，又被黄药师脚下一钩绊倒在地。黄药师挥掌向郭靖后背击去，眼见这掌下去，郭靖非死即伤，黄蓉扑上去伏在郭靖身上，求父亲饶过郭靖。谁知黄药师根本不考虑女儿的感受，提开女儿，仍要向郭靖下手。黄蓉哭道："你杀他吧，我永不再见你了！"说完，纵身跳进了旁边的太湖之中。

作为父亲，黄药师非常宠爱自己的独生女儿，特别是妻子去世之后。但是，他的爱是从自己的感情出发的，高兴了可以用各种方法娇惯，女儿的需要与他的感情发生矛盾，他却不会考虑女儿的感受。他的这种做法，在生活中通过一点一滴的小事，对黄蓉不断地造成感情伤害，久而久之，在黄蓉的潜意识之中，就形成了对父亲的负面情感，进而影响到黄蓉对异性的审美心理。

黄蓉的爱情故事，是男女相爱人际影响反作用规律的典型范例。在现实生活中，黄蓉法则具体地表现为两种形式：一是与童年带来不愉快感觉的异性相反的人，容易成为恋爱的对象；二是恋爱对象与童年带来不愉快感觉的异性相反，恋爱成功的概率较大。

第四条法则叫作"宋美龄法则"，又称为功利需求规律，指一个人的功利需求影响恋爱对象选择和爱情发展这样一种现象。

宋美龄，1899 年 3 月 23 日出生于上海，是中国近代史上著名的宋氏三姐妹之一。宋美龄的父亲宋嘉树，又名宋耀如，是海南文昌县人，曾经担任美南监理会（今卫理公会）的牧师，后来离开传教职务经营出版业致富。母亲倪桂珍出身上海本地的富裕家庭，倪桂珍的祖先可以追溯到明末大学士徐光启。宋美龄兄弟姊妹六个，姐姐宋霭龄、宋庆龄分别比她大 8 岁和 4 岁，哥哥宋子文比她大 3 岁，两个弟弟宋子良、宋子安则分别比她小 2 岁和 9 岁。

1908 年，11 岁的宋美龄与二姐宋庆龄同时赴美国留学，先后在新泽西州萨米特镇以及乔治亚州梅肯市的皮德蒙特学校、威斯里安女子学院就读，1912 年进入马萨诸塞州的韦尔斯利学院（Wellesley College，MA），1917 年回到上海从事教会工作，参加各种社会活动。1927 年 12 月 1 日，宋美龄与蒋介石在上海西摩路（今陕西北路）369 号的宋家和静安寺路（今南京西路）的大华饭店举行结婚仪式。这桩轰动一时的婚姻，当时被人们一语双关地称为"（蒋）中（正）（宋）美（龄）合作"。

关于宋美龄和蒋介石结合的原因，两个当事人都自称是出于感情的因素。然而，许多人对这桩婚姻却有着不同的看法。宋美龄的二姐宋庆龄就是其中之一。美国女记者埃米莉·哈恩在《宋氏家族》一书中写道，蒋介石第一次见到宋美龄是在上海孙中山的家里。一天，他向孙中山提起这门婚事，说："您能劝宋小姐嫁给我吗？"孙中山没有去劝宋美龄，而是把蒋介石的意思转告给妻子宋庆龄。宋庆龄悻悻地回答说，她宁可看到妹妹死，也不愿意让她嫁给一个在广州城内至少有一两个情妇的男人，虽然他名义上还没有结婚。据说宋庆龄在得知宋美龄将与蒋介石结婚的消息后非常激动，她恳求妹妹重新考虑这桩婚事，并且拒绝回国参加宋美龄的婚礼，指责这场婚姻不过是"两个机会主义者的结合，两个人中间根本没有任何爱的成分"。分析有关方面的信息，宋庆龄反对妹妹和蒋介石结合的原因主要有两个：一是蒋介石的人品，也就是埃米莉·哈恩在《宋氏家族》中提到的，蒋介石有许多情人。二是俩人都是出于利益的考量，而不是出于真感情。前者确是事实，蒋介石年轻时比较放浪，不仅有多个情人，而且经常嫖妓，据说还因此染上了梅毒。后者是不是真的呢？也就是说，蒋介石为什么要娶宋美龄？宋美龄为什么要嫁蒋介石呢？

蒋介石为什么要娶宋美龄，一种较为普遍的观点，认为原因在于宋美龄的家庭。宋美龄家庭最引人注目之处，是与孙中山的特殊关系。其父宋耀如是孙中山的老朋友，长期为孙中山提供经费；大姐宋蔼龄是孙中山流亡日本期间的秘书；大姐与孔祥熙结婚，二姐宋庆龄成了孙中山的秘书，一年后与孙中山结为夫妻。有人说，宋美龄若不是生在这样一个特殊的家庭，不管她长得如何漂亮乖巧，蒋总司令如何喜新厌旧，也不一定会抛弃美丽不亚于宋美龄，而贤惠体贴则无法比拟的"国民革命"年代的夫人陈洁如女士。直到 20 世纪 60 年代，蒋介石在给分手已 35 载的陈洁如的信中仍然一往情深："曩昔风雨同舟的日子里，所受照拂，未尝须臾去怀。"蒋介石抛弃结婚七载年仅 21 岁的陈洁如迎娶 28 岁的宋美龄，显然有着强烈的功利动机。什么功利因素促成了蒋介石的选择？一种说法是与宋家攀亲可以与美国拉上关系，也就是所谓的"中（正）美（龄）合作"；另一种说法是借此与江浙财团结亲，获得经济支持；还有一种说法是借此与孙中山攀亲，捞取"总理"继承人的政治资本。应该说这三种因素都存在，所以这桩婚姻对于蒋介石来说，可以称为"一石三鸟"。

宋美龄为什么要嫁给蒋介石呢？宋美龄在与蒋介石结婚以前，曾经有过几次恋情。其中一个是宋美龄从美国返回上海时，在船上邂逅的一位荷兰男子，用宋美龄的话说就是令她"神魂颠倒"的 Mr. Van Eivigh。这个荷兰小伙子是一名建筑师，父亲是荷兰人，母亲是法国人。在船上相处的十多天里，两人产生了感情，当 Van Eivigh 提出要宋美龄嫁给他的时候，宋美龄动心了。宋美龄回到上海后，把这件事告诉家人，却遭到家人的反对。宋美龄在给好友的信中说："家里人知道这件事简直气疯了，因为他是外国人而瞧不起他，好像他是个野蛮人。"宋美龄的父亲虽然是留美回国的传教士，母亲倪桂贞却是土生土长的中国女性，又是一位非常传统而保守的基督徒。他们不想让 19 岁的小女儿过早地结婚，更不愿让她嫁给一位外国人。因此，当 Van Eivigh 提出要来上海找宋美龄，宋美龄的父母坚决地拒绝了。宋美龄在写给密友米尔斯的信中提及这件事说："他们担心要是他来了，我就会嫁给他，他们可真说对了。我好想一头倒在你的沙发靠垫上哭。"父母的态度使得宋美龄的情绪很低落，她对待婚姻问题表现得非常悲观。1917 年 8 月 16 日在给米尔斯的信中，她写道："我很乐于待在家里，也不想结婚，特别是因为我告诉过你在船上遇见了'我的命运'。既然我不能和我真正在乎的人结婚，我也不会和其他任何人结婚，除非是为了名声和金钱。"不能与心爱的人在一起的现实，改变了宋美龄对婚姻的观念。虽然回国后她还与几位男士有过较为亲密的交往，但始终在理性与情感、理想和现实之间徘徊，直到蒋介石的最后出现。

《红星照耀中国》一书的作者埃德加·斯诺（Edgar Snow）认为：美龄既把二姐庆龄当作激励自己的对象，也把她当作竞争的对手。超越庆龄也一直是美龄的心愿，她希望比二姐做得更好，当然也要抢走庆龄"中国的圣女贞德"的头衔。斯诺是从政治的角度比较宋氏姐妹的，但从后来发生的事件看，宋美龄绝不像宋庆龄那样有着明确的政治抱负。在她的眼中，个人和家族的利益是第一位的，这从她阻挠蒋经国上海"打老虎"，保护自己的外甥孔令侃就可见一斑。所以她所看重蒋介石的，更多的是他手中的权力。

民国时期，民间有句话评论宋氏三姐妹："霭龄爱钱，庆龄爱国，美龄爱权。"单从宋美龄的一生看，这话说得非常准确。蒋介石于 1975 年 4 月 5 日在台北病逝，孔令侃立即从美国赶回台湾，打算与"夫人派"官员一起拥立宋美龄继任国民党总裁，但遭到国民党其他要员的强烈反对，最后国民党全体中央委员推举蒋经国担任国民党主席兼中常委会主席。

1986 年，87 岁的宋美龄从美国返台，仍然发表了"我将再起"的演说，希望能有所作为。她对政治权力的兴趣，由此可见一斑。宋美龄喜欢权力，蒋介石可以为她带来权力，双方各得其所，由此成就了一段青史流传的婚姻，也成为男女相爱功利需求规律的一个典型案例。

宋美龄法则中的"功利"一词，含义非常广泛，既包括日常人们所说的金钱、权力、地位之类的物质因素，也包括能力、品德等精神性的因素。比如，"宁愿坐在宝马车里哭也不愿坐在自行车上笑"是一种功利追求，西汉名士梁鸿看重丑女孟光的德行娶其为妻、三国诸葛亮看上丑女黄月英的能力与其结成连理也是一种功利追求。总之，在宋美龄法则中，当事人的功利需求成为男女相爱的决定性因素，能够满足这种功利需求的异性就会成为爱情对象，不能满足的就会被淘汰。

第五条法则叫作"陈香梅法则"，又称为偶像崇拜规律，指对异性的崇拜影响恋爱对象选择和爱情发展这样一种现象。

1925 年 6 月 23 日，陈香梅在北京出生，在六个姐妹中排行老二。外祖父廖凤舒是廖仲恺的亲哥哥，当过古巴公使和日本大使。父亲陈应荣年少出国，获得英国牛津大学法学博士和美国哥伦比亚大学哲学博士学位，回国后担任教授、编辑和外交家；母亲廖香词在英、法、意读过书，学的是音乐和绘画。1937 年"七七事变"全面爆发，陈香梅的父亲远在美国任职，陈香梅随着家人流亡香港。四年后香港被日军占领，不久母亲去世。陈香梅和姐姐一起带着小妹妹们跟随流亡队伍跋涉几千里，经澳门、广州、桂林、重庆，辗转来到昆明。1944 年，19 岁的陈香梅从岭南大学毕业，凭借出色的英语进入中央通讯社昆明分社，成为中央社的第一位女记者。陈香梅接受的第一个采访任务，就是采访当时被人们称为"飞虎将军"的陈纳德。

陈纳德 1893 年 9 月 6 日出生于美国得克萨斯州康麦斯一个棉花农场主家庭，第一次世界大战中成为陆军航空飞行员。1938 年，宋美龄雇用陈纳德重新组建中国国民党空军。在得到美国政府默许之后，陈纳德组织了美国空军志愿队——美国人驾驶美国制造的飞机在中国对日作战。从 1941 年 12 月首次飞行到 1942 年 7 月，美国空军志愿队共击落 250 架日本飞机。志愿队飞机上涂画着巨大的鲨鱼嘴，被中国军民称为"飞虎队",而陈纳德被冠以"飞虎将军"的称号。1941 年底,太平洋战争全面爆发,美国对日宣战。此前以民间身份在中国参战的飞虎队,被美国政府正式收编,重组为美国驻中国空军特遣队和美国第 14 航空大队,陈纳德晋升为少将司令。陈纳德率领的飞虎队先后击毁击伤 2600 多架日机,击毙 66000 多名日军,击沉 44 艘日军舰艇,创造了空战史上至今未被超越的纪录!

当陈香梅走进一间标有"会议室"的大房间时,里面已经坐着十几位中国和外国的记者,清一色的男子汉。这时,会议室尽头的一扇门轻轻打开了。记者席中有人轻轻地说了一声:"老头来了!"这是记者和第 14 航空队的官兵送给陈纳德的雅号。个头不高的陈香梅透过前排记者的肩膀,看见一个满头黑发的美国将军阔步进来,他那刻满皱纹的脸上有一双炯炯有神的眼睛,那件已经不新的皮夹克上嵌着两颗银光闪闪的将星。记者招待会的主要内容是陈纳德介绍第 14 航空队近期抗战取得的战果,记者们也不时问些自己感兴趣的问题。记者会结束后,陈纳德微笑着走近陈香梅,说她的父亲陈应荣最近从美国写信给他,询问她的姐姐陈静宜的情况。陈香梅这才想起,在美国做领事官的父亲认识陈纳德,姐姐陈静宜正在第 14 航空队做护士。陈香梅用流利的英语与陈纳德轻松地交谈,并愉快地接受了他一起喝茶的邀请。离开第 14 航空队司令部后,陈香梅心情非常愉快。那天,姐姐陈静宜听见陈香梅不停地调换词语夸赞陈纳德,就微笑着问她是否爱上了这个飞虎将军。陈香梅连忙答道:"我只是崇敬他以及他为中国所做的事。"

这次记者会后,陈香梅又多次采访了陈纳德。频繁的接触使陈香梅对陈纳德的身世和业绩有了全面的了解,对他也越发崇拜了。她把自己的采访写下来,于是有关陈纳德和第 14 航空队的报道、专访不断地见诸报刊。在接受采访的过程中,陈纳德对这位活泼、聪明的中国小姑娘的好感也在不断增长。1944 年 8 月,日军在豫湘桂战役中攻陷衡阳,湘桂铁路的终点桂林处在日本军队的威胁之下。陈香梅的 4 个妹妹当时正在桂林,也加入了逃难的难民行列。这时,陈纳德告诉陈香梅:"你的父亲给我来了电报,请我寻找你的妹妹们。我派出一支特别搜索队前往贵州。我知道你在为她们担忧,希望这消息能使你感到高兴,安娜!"安娜,是陈香梅的英文名字。陈纳德派出的特别搜索队圆满完成了这次特别使命，陈香梅的4个妹妹坐着第14航空队的军车平安抵达昆明。陈香梅的父亲决定把陈香梅和她的4个妹妹接往美国，陈纳德的秘书很快为她们办好了去美国的签证。当拿到护照和机票时，陈香梅的几个妹妹都非常高兴，陈香梅的心中却有一种难以名状的感受。陈香梅去向陈纳德致谢并道别，精明的飞虎将军看出了她的心思："如果你不想去美国，我可以请秘书去取消你的签证。不过，你要仔细考虑一下。"陈香梅自己明白，她其实更愿意留在中国，她喜爱记者的工作，感到自己应该为这场战争做一些贡献。她愿意留在陈纳德的身边，将他的工作、生活和其他一切告诉中国人民。对于陈纳德，除了崇敬以外是否还有其他感情？是否像陈静宜所说的那样爱上了他？这时候的陈香梅自己也说不清。多年以后，在谈起这段往事时，陈香梅承认陈纳德是她留下来的一个主要原因。陈纳德对陈香梅这个选择非常高兴，他也愿意经常见到她。

1945年7月，陈纳德因为与美军中国战区参谋长魏德迈发生矛盾，愤然辞职回国。消息传开，许多人纷纷前来与这位英勇抗日的飞虎将军道别。最后一个与陈纳德道别的是前来采访新闻的陈香梅。一双粗壮有力的手和一双纤嫩细小的手紧紧地握在一起，久久没有松开。陈香梅低着头打破了沉默："明天我会到机场为你送行的，将军！""可那里也许不是最好的道别处。"陈纳德意味深长地回答。他把手轻轻地搭在她的肩上，她慢慢地抬起头望着他。他伸出双臂拥抱住她，弯下腰，与她热烈地、长久地吻别。她感受到从未有过的激动，在微微的颤抖中接受了这一西方式的道别。她听见他轻声的话语："我会回来的！"

1945年8月8日，陈纳德启程归国。8月15日，日本战败投降。陈纳德对自己不能最后参与受降仪式十分难受，更让他难受的是，在与妻子重逢后发现，分离8年的不同环境，使得两个人已经无法共同生活了，他们为此办理了离婚手续。1945年圣诞节刚过，陈纳德又一次踏上了重返中国的旅途。这一次，他是为了成立战后的民航空运队。陈纳德首先抵达上海，刚走下飞机的舷梯，就在记者群中看到了陈香梅。原来，抗战胜利后陈香梅成为中央通讯社驻上海的记者，这次奉命前来采访重返中国的陈纳德将军。离开机场前，陈纳德悄悄地邀请陈香梅当晚一起出去吃饭，陈香梅愉快地接受了这一邀请。

夜幕降临时，他俩来到南京路上的国际饭店 14 层楼的中餐厅。侍者摆好了酒菜，陈纳德和陈香梅首先为再次重逢干杯。随后，陈纳德郑重地看着陈香梅，说："安娜，我有重要的事情告诉你。我已经是一个自由人了。"陈香梅惊讶地问道："你的意思是你和你的太太……""对！我们离婚了，因为我们早就各自生活在不同的世界里。"陈纳德说着，一把握住陈香梅的手，急促地说："现在我可以告诉你，而且我想你也一定知道，我爱你，我要你嫁给我。"陈纳德的话使陈香梅头昏目眩。她崇敬他，喜欢他，但眼前的事情毕竟来得太突然了。面对一个在年龄上是她父辈的外国人的求婚，作为一个 20 岁的姑娘，陈香梅实在有些不知所措。陈香梅避开陈纳德灼人的目光，把眼睛转向窗外，沉默了一会儿，轻声说道："请给我一点时间，将军，我需要时间来考虑。"

陈香梅明白，陈纳德在她心中已占据着别人无可替代的地位，不知从什么时候起，她对他的感情，已经是爱恋多于崇敬了。但面对这位美国将军的求婚，她的心却轻松不起来。是的，他是一位威震长空的英雄，是她崇拜的偶像，也是她爱上他的主要原因。但他又是一个比她大 32 岁的外国人。如果说年龄的悬殊，常常使一个年轻姑娘在爱情面前却步的话，那么，在 20 世纪 40 年代的中国，嫁给一个比自己年龄大一倍多的外国人，就更需要有不顾世人非议的非凡勇气。陈香梅毕竟不是一个普通女子。她清楚地感受到，陈纳德是真心爱着她，她自己也非常爱他。这种发自内心的爱给她勇气和决心，去面对即将到来的各种困难和非议。

陈香梅面对的阻力，首先是家中长辈的反对。她鼓起勇气把自己的决定告诉了一起生活的外祖父和外祖母。外祖母的反应马上就在脸上流露了出来，她非常伤心。外祖父廖凤舒的反应不像外祖母那样外露，不过他的语调却更为坚定。他没有提到陈纳德和陈香梅相差悬殊的年龄，但他反对外孙女与外国人通婚，就像当年他反对陈香梅的母亲与英国小伙恋爱一样。"我们家族中还从来没有人与外国人结过婚，我不希望你在这方面成为第一个。"他严肃地说。"我爱他，外公。"陈香梅不断地重复着这句话。外祖父心软了。他是一个严厉的父亲，曾经硬生生拆散了女儿的热恋。不知是女儿的经历使他对婚姻有了新的理解，还是岁月让他变得慈祥，看着倔强的外孙女，他说："你请陈纳德将军到我们家来做客吧！"

陈香梅的外祖母十分好客，摆出了丰盛的晚餐来欢迎著名的陈纳德将军。晚餐后，廖凤舒颇有兴致地邀请陈纳德一起玩桥牌，并主动提出与他做搭档。廖凤舒喜欢打桥牌，但牌技却很一般。陈纳德在牌桌上是一位高手，但他的脾气不太好，以往与他搭档的人出错了牌，他总要数落一番。但是这一次，陈纳德对搭档的牌技并不计较，他只想让廖凤舒玩得高兴。此后，只要廖凤舒想打桥牌，陈纳德有请必到。持久的"桥牌战役"，使两位老人体会到陈纳德对陈香梅的挚爱，同意了外孙女做出的抉择。

陈香梅的父亲和继母在美国听到女儿的消息，立马赶回了中国。陈应荣到上海后，把陈纳德撇在一边，只找自己的女儿谈话。他坚决反对女儿与一个外国人结婚，尤其是这个人的岁数与女儿相差如此之大。面对父亲的劝告，陈香梅说："我宁愿和一个我爱的人，共度 5 年或 10 年的日子，而不愿跟一个我没有兴趣的人相处终生。"陈应荣劝说不成，就让陈香梅与他一起去杭州，希望离开陈纳德以后，能使女儿改变主意。陈香梅跟随父亲到了杭州，但美丽的西湖景色代替不了对心上人的思念。陈纳德每天早晚两次长途电话，给心爱的人鼓劲加油。到杭州的第 5 个晚上，与陈纳德通过电话后，陈香梅告诉父亲，她要第二天坐早车返回上海。陈应荣叹了一口气答应了，他知道已经无法使这个倔强的女儿改变主意了。

1947 年 12 月 21 日，54 岁的陈纳德与 22 岁的陈香梅举行了婚礼。32 岁的年龄之差，中美不同的文化环境，外祖父、外祖母和父亲、继母的坚决反对，22 岁的陈香梅靠什么克服这么大的阻力，成就了自己的爱情呢？毫无疑问，靠的是真挚的感情，而这份感情起源于对陈纳德的崇拜。由崇拜到爱情，陈香梅的爱情故事是男女相爱中偶像崇拜规律的典型范例。在这个规律中，崇拜之情是爱情的动力，所以在现实生活中，爱情的发展就呈现出这样的规律：当事者崇拜的异性，容易成为恋爱的对象；恋爱对象为当事者崇拜，爱情成功的概率较大。

第六条法则叫作"宝黛法则"，又称为志同道合规律，指的是一个人的价值观影响恋爱对象选择和爱情发展这样一种现象。

这个法则之所以称为宝黛法则，是因为贾宝玉和林黛玉的爱情故事典型地体现了这个法则。关于贾宝玉和林黛玉的爱情故事，在我国可以说家喻户晓人人皆知。但是，如何看待宝黛爱情，不同的人却有不同的想法。一位朋友说，在他看来，薛宝钗比林黛玉更可爱，如果让他选择，他宁愿选择薛宝钗而不会去选择林黛玉。这不是他一个人的看法，很多人都有这样的想法，包括一些女性。在《红楼梦》中，我们也可以看到，贾府之中，上至贾母，下至许多小丫鬟、老妈子，都是喜欢薛宝钗胜过林黛玉。如果不是这样，也就不会出现王熙凤的"调包计"——借林黛玉的名为贾宝玉举行婚礼，娶的却是薛宝钗。

为什么这些人喜欢薛宝钗胜过林黛玉呢？首先是长相。说到容貌，林黛玉和薛宝钗都是毫不含糊的美女，但薛宝钗似乎更胜一筹。《红楼梦》第五回写贾府的人如何比较林黛玉和薛宝钗："不想如今忽然来了一个薛宝钗，年岁虽大不多，然品格端方，容貌丰美，人多谓黛玉所不及。"第六回写贾宝玉梦游太虚幻境，遇警幻仙姑之妹，有这样一段文字："早有一位女子在内，其鲜艳妩媚，有似乎宝钗；风流袅娜，则又如黛玉。"评判两个人，先说谁，后说谁，次序就体现出一种评价。这一点，在媒体报道国家领导人时最能体现出来。次序颠倒了，那就是大问题，有人要挨板子的。作者先谈宝钗，次言黛玉，评价自在不言之中。说宝钗鲜艳妩媚，讲的是外形；说黛玉风流袅娜，讲的是神态。这是对二人长相的另一种评判。也就是说，就长相而言，宝钗更胜于黛玉，大多数人具有共识。

黛钗二人的长相，属于两种不同的类型。宝钗属于丰腴之美，黛玉属于纤秀之美。从审美的角度讲，环肥燕瘦各有千秋，不管丰腴还是纤秀，都有让人喜欢的地方。但是，黛玉的纤秀，正如西施的捧心，是与身体的不健康相连；宝钗丰腴的背后，联系着的却是健康。这样，许多现代人从人性的基本要求着眼，自然觉得宝钗比黛玉更为可爱。在《红楼梦》中，黛玉是贾母的亲外孙女，宝钗则是宝玉的姨表妹，若从贾母的角度论亲疏，自然是黛玉近而宝钗远。为什么贾母明明知道宝玉喜欢黛玉却偏要乱点鸳鸯谱，二人的身体状况是一个重要考量因素。在贾母的心中，家族的延续是第一位的。封建社会强调"不孝有三，无后为大"，身体不好自然不利于生育后代，因而身体状况就成为婚姻选择重要的考量因素。《红楼梦》中写黛玉小小年纪，整天离不开吃药，晚上咳嗽不断，一晚上咳醒四五次，连觉也睡不安生。这些情况贾母当然非常了解，所以她自然不愿把贾府的"宝贝蛋"系在这样一棵"病秧子"上了。

黛玉和宝钗的性格差异，是决定人们评价的另一因素。《红楼梦》第五回写道："宝钗行为豁达，随分从时，不比黛玉孤高自许，目无下尘，故比黛玉大得下人之心。便是那些小丫头子们，亦多喜与宝钗去玩。"就人物的性格而言，薛宝钗是一个社会性比较强的女子，做事遵循的是当时社会的主流价值观，善于处理人际关系，能够遵从长辈的意志和安排。她明知贾宝玉不爱她，却可以接受贾母等人的安排，欺骗神志不清的贾宝玉，以林黛玉的名义娶自己为妻。林黛玉则是一位个性很强的姑娘，做事特立独行，爱使小性子，不太考虑他人的感受。二人性格上的这种差异，自然会导致周围人不同的看法。事实上，即使放在今天，在一般人眼中，宝钗的性格也要比黛玉的性格更招人喜欢。

虽然许多人喜欢薛宝钗胜过林黛玉，但在贾宝玉眼中情况却恰恰相反。为什么贾宝玉会喜欢林黛玉胜过薛宝钗，或者说宝黛爱情产生的根本原因是什么呢？这就是他们对于如何看待当时的做人标准，也就是封建的传统道德观念，有着共同的不同于当时主流社会的认识。

贾宝玉是贾府这个"钟鸣鼎食之家，诗礼簪缨之族"的世家子弟，是这个封建家族所期待的家业继承人。但是他却没有按照封建家庭所安排的道路走，而成了一个叛逆者和不肖子孙。《红楼梦》中有一首《西江月》，给贾宝玉画了一幅肖像："无故寻愁觅恨，有时似傻如狂。纵然生的好皮囊，腹内原来草莽。潦倒不通庶务，愚顽怕读文章。行为偏僻性乖张，哪管世人诽谤。"贾宝玉的叛逆性格，首先表现为对封建文化和孔孟礼教的怀疑与批判。他说过，"除了《四书》，杜撰的也太多呢"。他批评"混供神，混盖庙"的愚昧主义。他对当时一般读书人走的八股科举制度极端反感，厌恶仕途经济，厌恶那些贪婪无行、钻营拍马、像贾雨村之流的官僚士人。对于封建社会标榜为文臣武将典范的"文死谏""武死战"，则大胆痛斥为"沽名钓誉""国贼禄鬼"，而对于在封建家庭中处于受压迫、受侮辱地位的许多女子，则寄予赞扬和同情。有人评论说："在贾宝玉身上，透露出我国十八世纪刚刚升起地平线的民主主义思想萌芽的光芒。"这是从社会发展的角度而言。这一切作为他的特点，表现的是与当时社会主流不同的价值观。

在大观园中，林黛玉最了解、同情和支持宝玉，因而成为宝玉最知心的朋友。贾宝玉和林黛玉的爱情基础，或者说贾宝玉喜欢林黛玉而不喜欢薛宝钗的原因，也就在这里。《红楼梦》第三十二回，写史湘云来看贾宝玉，偏巧应天府府尹贾雨村来贾府，要见贾宝玉。贾宝玉不情愿见这种人，但拗不过父亲贾政，于是一边换衣服一边埋怨。史湘云于是劝贾宝玉："还是这个性情不改。如今大了，你就不愿读书去考举人进士的，也该常常的会会这些为官做宰的人们，谈谈讲讲些仕途经济的学问，也好将来应酬庶务，日后也有个朋友。"用现在的话说，也就是你自己即使不喜欢当官，也要结交结交当官的，日后兴许会用得上。哪知贾宝玉一听这话，立马变了脸色，说："姑娘请到别的姊妹屋里坐坐，我这里仔细肮脏了你知经济学问的人。"这明明白白就是下逐客令。贾宝玉平日对大观园的姐妹们都很要好，不要说史湘云这样的小姐，就是对小丫鬟们都很尊重。用现代的话来说，就是行为非常绅士。为什么他会一反常态，突然间对史湘云说出如此令人难堪的话呢？唯一的解释是，史湘云无意间触到了贾宝玉内心的痛处，引起他强烈的痛苦和反感。

书中接下来有一段更加意味深长的描写。宝玉的丫鬟袭人在旁看着史湘云难堪，就出来打圆场，说："云姑娘快别说这话。上回是宝姑娘也说过一回，他也不管人脸上过得去过不去，他就咳了一声，拿起脚来走了。这里宝姑娘的话也没说完，见他走了，登时羞得脸通红，说也不是，不说也不是。幸而是宝姑娘，那要是林姑娘，不知又要闹到怎么样，哭得怎么样呢。"袭人为了给史湘云解围，无意间把薛宝钗和林黛玉拉到一起比较。她可能没有想到，对于这件事的态度，恰恰反映了林黛玉与薛宝钗、史湘云的不同之处，这正是贾宝玉喜欢林黛玉而不喜欢薛宝钗、史湘云的重要原因。贾宝玉随后的话，把这一点说得非常明白。他反问袭人说："林姑娘从来说过这些混账话不曾？若她也说过这些混账话，我早和她生分了。"

在大观园的人物中，有可能与贾宝玉结成婚姻的有三个人：林黛玉、薛宝钗和史湘云。这段描写恰好涉及这三个人，讲的又是三个人如此重要的不同之处，以及贾宝玉对这种不同的态度。很显然，这段描写作者用心良苦，作者是用贾宝玉自己的口，说出贾宝玉为什么爱林黛玉而不爱薛宝钗、史湘云的原因。

如果说对待做官发财的态度，是贾宝玉与林黛玉价值观的一种体现，那么对待爱情婚姻的态度，则是他们价值观的另一种体现，也是他们与封建社会主流价值观的又一个不同之处。封建社会的婚姻，讲究"父母之命，媒妁之言"，青年男女自己没有发言权，也就谈不上什么爱情不爱情了。《红楼梦》反对封建礼教，其中一个重要组成部分，就是反映了青年男女追求爱情的努力。在今天，这算不得什么，在当时却是石破天惊的大事。早在《红楼梦》还没有完全脱稿的时候，这部小说就在社会上传抄流行，其中的故事，已成为人们热烈谈论的话题。当时流行一句话，叫作"开谈不讲《红楼梦》，纵读诗书也枉然"。清代陈其元的《庸闲斋笔记》和邹弢的《三借庐笔谈》，分别谈到了当时与《红楼梦》相关的两则故事。一个是杭州的一位姑娘，因为读《红楼梦》，自感身世，积郁成疾，后来悲痛而死。一个是苏州一位姓金的男子，读《红楼梦》，悲悼黛玉的命运，后来成为疯子。通过这些故事，我们可以想象这部小说当时对人们的影响，而这种影响的焦点，无疑集中在对待爱情的态度上。

《红楼梦》中写了两种对待爱情的态度，一种是遵循传统礼教，另一种是自我追求。薛宝钗属于前者。作为封建社会的顺民，薛宝钗缺乏对爱情的自觉意识，所以她虽然也费尽心思追求贾宝玉，但是她追求的是婚姻而不是爱情。她把心思用在讨好贾母、王夫人以及贾府的不同人等上，而不是用在建立与贾宝玉的感情上。为了得到婚姻，她可以接受贾母等人的安排，假借林黛玉的名义嫁给贾宝玉。薛宝钗最终得到了婚姻，却没有得到爱情，随着贾宝玉的出走，她的婚姻就成了一场悲剧。

贾宝玉和林黛玉是爱情的自觉追求者，因而也就成为封建社会的叛逆者。贾宝玉和林黛玉从童年的相识和共同生活，从最初的好感发展为知己，最终成为生死相依的恋人。《红楼梦》第三十二回，写贾宝玉错把袭人当作林黛玉，说出了心里话："好妹妹，我的这心事，从来也不敢说，今儿我大胆说出来，死也心甘！我为你也弄了一身的病在这里，又不敢告诉人，只好掩着。只等你的病好了，只怕我的病才得好呢。睡里梦里也忘不了你！"这些话在今天听来，平平常常，但在当时，却是违反道德礼教，是不知羞耻，是见不得人的丑事。所以袭人听了，犹如听到惊天霹雳，觉得这事太重大了，于是报告给了王夫人。这样一来，在王夫人心中，宝黛的关系便上了黑名单。《红楼梦》第五十七回，写林黛玉的贴身丫鬟紫鹃，为了试试贾宝玉心里有没有林黛玉，就开玩笑说林黛玉要回苏州了。贾宝玉一急之下，竟然犯了病，老嬷嬷死劲儿掐他的人中，却怎么也掐不醒，急得大哭，闹得整个贾府好不紧张。待宝玉醒来，紫鹃私下告诉他开玩笑的原因，贾宝玉说道："我只告诉你一句打赌话：活着，咱们一处活着；不活着，咱们一处化灰化烟，如何？"贾宝玉把话说到这个份上，可见他和林黛玉的感情已经紧紧地连在一起了。

许多人觉得薛宝钗比林黛玉更可爱，是因为他们只是用相貌和社会角色的标准进行衡量。贾宝玉为什么会拒绝薛宝钗和史湘云，心中只有他体弱多病、爱使小性子的林妹妹？就在于林黛玉不同于薛宝钗和史湘云，不同于当时社会上的大多数女性，对于当时社会上的主流道德观念，有着与贾宝玉相同的认识。贾宝玉和林黛玉的精神是相通的，共同的精神在周围社会的压迫下，进一步强化了他们之间的感情，把他们紧紧地联系在一起，生死也难以分离。

贾宝玉和林黛玉作为封建社会的叛逆者，因为在对待科举考试、仕途经济和爱情婚姻等问题上持有与主流社会不同的认识而感情日益亲近，用现代话来说，就是价值观相同。价值观是人们指导行为和评价事物的标准，宝黛法则表现的就是价值观在男女相爱中的作用。这种作用表现为两种形式，即具有同样价值观的人，容易成为恋爱对象；恋爱对象具有同样的价值观，爱情成功的概率较大。

第七条法则叫作"梁祝法则"，又称为日久生情规律，指的是异性相处的时间和经历，影响恋爱对象选择和爱情发展这样一种现象。

梁山伯与祝英台的爱情故事，与《白蛇传》《孟姜女》《牛郎织女》一起，并称中国古代四大民间传说。其中，梁祝传说是唯一在世界上产生广泛影响的中国民间传说，被称为东方的"罗密欧与朱丽叶"。有关资料显示，梁山伯与祝英台的爱情故事，是历史上曾经发生的真实故事。梁祝故事发生在什么时期？目前最早的文献资料是唐初（公元705—732年）梁载言的《十道四番志》，其中记载："义妇祝英台与梁山伯同冢，即其事也。"现存较早也较完整的记载，是宋代明州（今宁波）知府李茂诚的《义忠王庙记》，文中说梁山伯生于公元352年农历三月初一，死于公元373年农历八月十六，终年21岁，未曾婚配；祝英台出嫁在公元374年暮春。也就是说，这个故事发生在东晋时期。

梁祝故事发生在什么地方？目前说法不一。20世纪50年代，著名作家张恨水在创作长篇小说《梁山伯与祝英台》时，曾根据民间传说，考证出10处起源地：浙江宁波、江苏宜兴、山东曲阜、甘肃清水、安徽舒城、河北河间、山东嘉祥、江苏江都、山西蒲州、江苏苏州。

2003年，山东省济宁市发现了一块梁山伯祝英台墓记碑。这是全国现有10处梁祝墓中，唯一的一块墓碑。立碑人崔文奎身份为明朝皇帝钦差大臣、南京工部右侍郎、前督察院右副都御史。碑文说明，之所以立这块碑，是崔文奎向明朝皇帝"书以奏名"，得到皇帝应允，然后"奉敕"行事，由"丁酉贡士前知都昌县事古邾赵廷麟撰；文林郎知邹县事古卫扬环书；亚圣五十七代世袭翰林院五经博士孟元额"。因此，重新修缮济宁梁祝墓这件事，可以说当时上至当朝皇帝、中央官员，下到江西都昌县事、邹县地方县事及其当朝名士都参与了。有人据此认为，这块墓记碑说明梁祝故事发源地及梁祝故里，在明朝官方乃至朝廷早已得到确认并达成共识。2003年10月27日，济南市梁祝文化研究会和微山县人民政府，隆重举行了"重修梁山伯祝英台墓记碑"的复出仪式，国内外许多重要媒体都做了报道。

然而，有专家考证认为，梁祝故事发生于河南省驻马店市汝南县马乡镇。故里遗址现有梁祝墓、梁庄、祝庄、马庄、红罗山书院、鸳鸯池、十八里相送故道、曹桥（草桥）及梁祝师父葬地邹佟墓等。保留至今的梁山伯与祝英台墓，分列于马庄乡古官道两侧，出土的墓墙证明两座均为晋代墓。专家认为，梁山伯与祝英台并没有订婚，二人不可能合葬，这种分葬墓符合当时的风俗习惯。1997年，中央电视台"文艺采风"栏目以《千古绝唱出中原》为题，对河南汝南梁祝故里进行了较为详细的报道。2005 年 12 月，汝南县被中国民间文艺家协会命名为"中国梁祝之乡"。2006 年 6 月，汝南梁祝传说被列入国家首批非物质文化遗产名录。2007 年 4 月 3 日，河南省下发文件，将汝南县马乡镇更名为梁祝镇。这是我国唯一以梁祝命名的地方行政区。

据中国民俗协会有关人员介绍，目前全国有 10 多个地方自称梁祝故里，发现的梁祝墓就有 10 处。这种现状形成的原因，主要是由于年代久远，许多后代纪念梁祝的建筑与梁祝故里建筑难以区分。这种现象说明，梁祝的爱情故事在不同时代都受到人们的普遍喜爱。

关于梁祝的爱情故事，各地传说有不同的版本，主要情节大致如下：大约在我国晋朝时期，富家女子祝英台女扮男装外出求学，在路边休息时遇到同样去求学的青年梁山伯。两人一见如故，遂于草桥结拜为兄弟，后同到当地一家书院就读。在书院两人朝夕相处，感情日深。三年后，祝英台返家，梁山伯十八里相送，二人依依惜别。梁山伯经师母指点，方知祝英台本为红颜，于是前往祝家求婚。不料祝英台的父亲已将女儿许配给当地马太守的公子，拒绝了梁山伯的请求。梁山伯回家后思念成疾，不治身亡。临终前嘱咐家人，将自己埋在祝英台出嫁必经的路旁，希望能再见祝英台一面。祝英台闻知梁山伯为自己而死，悲恸欲绝。不久，马家前来迎亲，祝英台被迫含愤上轿。花轿经过梁山伯墓前，祝英台执意要求下轿，哭拜梁山伯的亡灵。

故事到此出现了分歧，大致而言有两种不同的说法。一种说祝英台哭拜后，头撞墓碑而亡。人们感念其感情真挚，于是将其葬在梁山伯的墓旁。河南汝南的梁祝墓就分别在官道两侧。一种说法是祝英台祭拜时，坟墓突然裂开，祝英台飞身投入坟中，坟中飞出一对彩蝶，绕坟而舞，即梁祝所化。所以山东诸城、济宁等地的梁祝墓都是合葬墓。

分析两种传说，撞碑而亡的说法较为可信，坟裂化蝶的说法则应为后世的艺术加工。有研究者指出，梁祝化蝶的故事受到六朝时期江南盛传故事《华山畿》的影响。据《古今乐录》记载，南朝宋少帝时，南徐一位青年学子，从华山畿前往云阳，在客店中见到一个十八九岁的女子，十分喜爱却没办法接近，回家后时时感到心口疼痛。他的母亲知道了原因，就前往华山寻访，见到了那位女子。女子听后，脱下围裙交给青年的母亲，让悄悄放在青年睡觉的席子下。母亲照着做了，青年的病情果然好转。有一天，青年无意间揭开席子，看见了围裙，喜不自胜，竟将围裙吞进腹中，不久死去。临死前告诉母亲："葬时的灵车，要经过华山。"母亲按照儿子的遗嘱安排送葬，灵车走到那位女子的门前，拉车的牛任凭如何鞭打，死活不肯往前走。姑娘看见了，就说："稍等一会。"于是进屋梳妆打扮，出来唱道："华山畿，君既为侬死，独活为谁施？欢若见怜时，棺木为侬开。"翻译成今天的话，就是说："华山旁，你既为我而死，我独自活着又为了谁？如果你还爱着我，就请为我把棺木打开。"棺材果然应声而开，女子立即跳入棺中，棺材重新合上，任凭两家人怎样叩打，棺材始终无法打开。于是，家人只好把两个人合葬在一起，当地人称合葬墓为"神女冢"。民间传说，历来有吸取前人传说中的有益元素，不断加工完善的传统。在这个故事中，确实可以看到梁祝故事后期演化的影子。生活常识也告诉我们，坟裂化蝶现象在现实中是不可能发生的。所以，梁祝故事最终的结局，应该属于民间传说的艺术加工。

在梁祝感天动地的故事中，我们注意的是二人相处时间在爱情中的作用。三年同窗生活，是梁祝爱情产生的基础，也是梁祝感天动地的爱情能够让人相信的重要原因。因为历史的原因，我们无从知道这三年之中，二人通过怎样的交往过程，实现了感情的沟通融合。根据传说故事，我们只知道当二人分手之际，感情已把他们紧紧地连在一起。这时候，在祝英台的心中，燃烧的已是真正的爱情之火。十八里相送途中，她用了各种方法，希望梁山伯能明白这一点。可是憨厚的梁山伯，怎么能想到三年相处的好兄弟，竟然是一个好妹妹！祝英台最终无奈，只好说自己的九妹长得和自己一样，希望梁山伯来提亲。这时候梁山伯的感情，还处在友情的层面。但是，当他知道了祝英台的真实身份之后，自然也就明白了祝英台此前的种种暗示和种种情意。于是，爱情的大坝瞬间开闸，感情汹涌而出，什么力量再也无法阻遏，最终形成了流传千古的爱情绝唱。

为什么青年男女在一起相处时间长了就会产生感情呢？我们在穆念慈法则中曾经介绍过审美心理形成的机理，当人们进行功利活动时，功利作用会在大脑皮层的快感区形成兴奋中心，这时候同时进入大脑皮层的功利物的样子，就会从所在的视觉区向兴奋中心集中，从而在视觉区与快感区之间开拓出一条新的神经联系通道。这种新的联系通道在现代美学中称为审美心理，符合审美心理的形象就成为审美对象，能够引起人的美感。青年男女在一起相处，两个人一次又一次的交往，愉悦感一次又一次的产生，总是与对方的形象一起作用于人的神经系统，久而久之，一方的形象就在另一方大脑皮质上的视觉区与快感区之间形成新的稳定的联系通道，从美学的角度讲，就是彼此的形象在对方的神经系统中形成了审美心理。人们常说"情人眼里出西施"，为什么情人对情人的评价往往高于其他人？原因就在于这种审美心理。当这种审美心理建立起来以后，见到对方就会不由自主地感到高兴，即使理性要求不爱也由不得人。有人会问，为什么有的异性在一起多年却没有相爱呢？事实上，这样的现象生活中也很普遍。也就是说，青年男女在一起相处时间长了，并非必然就会产生爱情。青年男女在一起，什么情况下会相爱，什么情况下会不相爱呢？按照审美心理形成的机理，两个人只有彼此经常给对方带来愉快感觉，才有可能步入爱河。否则，如果彼此经常带给对方的是不快感，不要说爱情，连一般的友情也会谈不上。

梁山伯和祝英台的爱情故事，体现了男女相爱中的"日久生情规律"，所以这个爱情规律也被称为梁祝法则。梁祝法则在现实中的基本表现规律是：在一起相处时间较长或有共同经历的异性，容易成为恋爱对象；恋爱对象在一起相处时间较长或有共同经历，爱情成功的概率较大。

三　爱情存在的四个维度

男女相爱的七条法则，指出了男女相爱的七个原因。分析这七个因素的存在状态，会发现现实生活中五彩缤纷的爱情，实际上存在着四个维度。

第一个维度是生理维度，也称为身体维度，指生理条件作为男女相爱决定性因素的爱情形态。在男女相爱的七条法则中，亚当夏娃法则、穆念慈法则和黄蓉法则，属于生理维度的具体表现形式。

分析这三条法则，不难发现生理维度的第一个特点，是形式性。在这三个法则中，主体喜欢异性的原因，都与这个异性的外形相关。外形、长相，从美学的角度看，属于形式的范畴。美学是研究形式与情感关系的科学，所以爱情的生理维度，也就是审美维度。

分析这三条法则，还可以发现生理维度的第二个特点，就是潜意识性。在这三个法则中，人们之所以喜欢某个异性，原因在于这个异性的形象符合了主体的审美心理。但是，这种审美心理是一种潜意识的存在，当事人没有明确的意识，他们只知道自己喜欢这个人，却说不出喜欢的原因。比如穆念慈对于杨康的感情，黄蓉对于郭靖的感情，不仅旁人难以理解，当事人自己也难以说明。

世界上没有无缘无故的爱，也没有无缘无故的恨，爱情也一样。在现实生活中，许多男女相爱的现象人们觉得难以理解，原因在于不了解其中的审美规律。事实上，只要明白审美现象发生的机理，明白人喜爱审美对象缘于人的审美心理，就不难理解这些现象。

英国圣安德鲁斯大学教授、心理学家戴维·佩雷特做过一项调查，他选择了300名男性志愿者和400名女性志愿者进行测试，询问了他们自己、父母和配偶的眼睛和头发颜色等情况。调查结果发现，大多数人的配偶眼睛和头发的颜色都与其父母当中异性的一方相似；在父母年龄超过30岁时出生的学生更喜欢年龄较大的异性照片，在父母年龄小于29岁时出生的学生则更喜欢年龄较小的异性照片；父母年龄较大时出生的学生不大介意照片中人的皱纹，而父母年龄较小时出生的学生对皱纹则比较敏感。这样的调查结果具体地印证了穆念慈法则，同时也可以使人明白现实生活中对异性长相选择的差异性及其产生的原因。

形式性和潜意识性，是爱情生理维度的两个基本特点。这两个特点，不仅使生理维度的爱情充满了神秘的特色，也使得这个维度爱情的焦点，集中地体现在对于对方相貌的喜欢与不喜欢。

第二个维度是社会维度，也称为物质维度，指人的职业、才能、工作环境、家庭背景等社会因素作为男女相爱决定性因素的爱情形态。在男女相爱的七条法则中，宋美龄法则和陈香梅法则属于社会维度的表现形式。

分析这两条法则，可以发现爱情社会维度的第一个特点，就是物质性。在宋美龄法则中，主体对金钱和权力的需求，是显性的对物质生活条件的需求。对人的才能的需求，虽然包含精神的因素，但在很多时候仍然表现为隐性的对物质生活条件的追求。许多人都会在有意无意中感觉到，一个有着出众才能的人不会永远埋没在人群中，而在他们才能脱颖而出的同时，相伴随的往往就是权力和财富。所以在这个意义上，许多人对异性才能的需求，也就意味着对未来权力和财富的需求。陈香梅法则中对异性才能的崇拜，只不过是这种需求一种强烈的表现形式。在现实生活中，男女相爱之初，关注对方的学历、才能、职业、工作单位和家庭背景等因素，都属于社会维度的范畴，最终都可以归结为对物质生活条件的需求。

较之爱情的生理维度，社会维度的第二个特点非常明显，这就是显意识性，或者说可意识性。不论是宋美龄法则中形形色色的功利需求，还是陈香梅法则中偶像被崇拜的原因，在当事人的意识中都是非常清楚的。意识是理性的活动方式，所以在爱情的社会维度，理性的作用要大于感情的作用。

物质性和显意识性，是爱情社会维度的两个特点。这种特点使得社会维度爱情的焦点，集中地体现在对于对方社会条件的满意与不满意。

第三个维度是认知维度，也称为价值观维度，指人的认识活动及其认识结果作为男女相爱决定性因素的爱情形态。在男女相爱的七条法则中，只有宝黛法则属于认知维度，所以宝黛法则的特点，也就是爱情认知维度的特点。

不管是认识活动还是认识结果，都属于意识的范畴，所以认知维度在这一点上与社会维度相同，具有显意识性的特点。这就意味着，在爱情的认知维度，人们相爱的原因是理性的，可以清楚地认识和辨别。

在宝黛法则中，人的认识活动和认识结果，不同于物质生产中的专业技术性认识，主要表现为对人生和社会的认识，最典型的就是价值观。比如贾宝玉、林黛玉、薛宝钗和史湘云对科举考试、仕途经济和男女相爱等问题的不同看法，就属于价值观的分歧。在社会生活中，诸如此类的认识活动和认识结果，属于精神的范畴。所以，男女相爱认知维度的第二个特点，就是精神性。

显意识性和精神性是认知维度的两个特点，这种特点使得认知维度爱情的焦点，集中地体现在双方价值观的相同与不相同，或者说精神的相通与不相通。

第四个维度是感情维度，指人的感情作为男女相爱决定性因素的爱情形态。在男女相爱七条法则中，只有梁祝法则属于感情维度，所以梁祝法则的特点，也就是感情维度的特点。

分析梁祝法则中的爱情案例，不难发现感情维度的第一个特点，这就是感情性。在男女相爱的其他法则中，事实上都存在感情的因素。但是，梁祝法则中的感情，与其他法则中的感情具有本质性的不同。亚当夏娃法则中的感情，起源于人的生死本能形成的审美心理；穆念慈法则和黄蓉法则中的感情，起源于童年时人际影响形成的审美心理；宋美龄法则中的感情，起源于功利需求的满足；陈香梅法则中的感情，起源于对于偶像某种特长的崇拜；宝黛法则中的感情，起源于价值观的相同。这些引发情感的因素，具有较大的普适性，可以适合许多人，可以在不同的对象之间比较和选择。梁祝法则中引起感情的审美心理，是两个人在长时间直接交往的过程中形成的，因而与之相联系的对象具有单一性和不可替代性。同时，这种对象与快感直接建立的审美心理，较之间接因素建立的审美心理，引发的感情要更加强烈。在现实生活中，人们常说的"情人眼里出西施"，指的就是感情维度的爱情现象。因为正是这种特点的审美心理，使得人们对情人相貌的感觉会远远超出其他人的评价。

在梁祝法则中，当事人虽然不知道感情形成的机理，但知道自己对于对方的感情，知道这种感情是在交往的过程中形成的。也就是说，对于这种感情及其产生的原因，当事人在意识中是清楚的。这就构成了感情维度的第二个特点，即显意识性。

感情性和显意识性是感情维度的两个特点，这种特点使得感情维度爱情的焦点，集中地体现为男女双方的爱与不爱。

四 爱情发展的三种轨迹

爱情的四个维度，是爱情存在的四种形态，是对爱情进行静态分析的结果。从动态的角度看，爱情的发展就表现为从一种形态向另一种形态的转变。

爱情的核心是感情。在爱情的四个维度中，生理维度和感情维度都涉及感情。有人把生理维度的感情称为"喜欢"，把感情维度的感情才称为"爱"。对于"喜欢"与"爱"的区别有多种说法，有一种说法认为："喜欢是浅浅的爱，爱是深深的喜欢；喜欢的人有很多，爱的人只有一个；喜欢的人想着得到他，爱的人想着使他幸福。"第一个区别讲的是感情的程度，浅还是深；第二个区别讲的是感情的范围，多个还是唯一；第三个区别讲的是感情特点，为自己还是为对方。这些都是经验的总结，但是很有道理。从美学的角度看，这两种感情之所以不同，因为是由不同类型的审美心理引发的。生理维度的审美心理是由爱情对象以外的因素形成的，比如先天本能、父母影响等因素，相对两个当事人来说这些都是间接性因素，所以这种审美心理引起的感情强度小，可以适用于很多人。感情维度的审美心理是由爱情对象引发的快感形成的，比如梁山伯和祝英台的感情是在三年交往中形成的，对两个人来说都是直接的，所以这种审美心理引起的感情强度就大，并且只适用于这一个对象。所以，从感情的角度看爱情的发展，实质就是要从喜欢转变到爱，从生理维度发展到感情维度。

爱情的社会维度，涉及的是人的生存条件；爱情的认知维度，涉及的是人的精神。这两个维度的因素虽然不是感情因素，但却会影响感情。人首先要能够生存下去，才能够谈情说爱。民间有"嫁汉嫁汉，穿衣吃饭"的说法，就是社会物质匮乏时期女性结婚的首要目的。现代社会男女结合把感情放在首要位置，但生存条件仍然是爱情发展的重要因素。鲁迅先生当年提出"娜拉出走怎么办"的问题，在小说《伤逝》中塑造了子君和涓生的形象，讲的其实就是爱情中生存条件的问题。人是理性的生物，理性的认识如果不同，对同一件事就会有不同的感受和不同的处理方法，认识和行动就会产生矛盾。所以，当爱情生理维度喜欢不喜欢的问题解决以后，还需要解决社会维度的满意不满意和认识维度的相通不相通两个问题，才能真正解决感情维度爱与不爱的问题。

从感情的角度分析爱情的发展状态，会发现现实生活中五彩缤纷的爱情，实际上呈现出三种类型的发展轨迹。

第一种爱情发展轨迹称作夭折型轨迹，突出的特征是爱情发展的过程被中断，两个人不再在一起相处。夭折型轨迹从发展过程中断原因的角度分析，可以分为社会性夭折、认知性夭折和感情性夭折3种类型。

社会性夭折，指因为社会维度因素的原因导致爱情发展过程中断。比如《人生》中高加林和黄亚萍的爱情，《平凡的世界》中孙少安与田润叶的爱情，当事人彼此都是有感情的，特别是孙少安和田润叶从小一块儿长大，感情已经从喜欢上升到爱，但是因为高加林和孙少安是农民，黄亚萍和田润叶是国家干部和城里人，所以黄亚萍为了自己的未来中断了与高加林的恋爱，孙少安为了田润叶的未来放弃了两人的恋爱。

认知性夭折，指因为认知维度因素导致爱情发展过程中断。比如撒贝宁与章子怡分手后说："两个人感情是有，但是生活理念相差很多，开放度也不同，文化也谈不到一起去，实在没办法达到共鸣。"这就是认知维度不能相通，最终导致爱情发展中断。

感情性夭折，指因为感情维度的因素导致爱情发展过程中断。20世纪80年代，女作家遇罗锦发表了两篇根据自己两次婚姻经历撰写的小说，一篇叫作《一个冬天的童话》，一篇叫作《春天的童话》，当时在社会上引起强烈的反响。遇罗锦的第一次婚姻是为了在北大荒落户，与当地一个叫赵国志的青年结婚；第二次婚姻是为了从北大荒回北京，与一个有北京户口的工人蔡钟培结婚。两次离婚的理由基本相同，都是因为夫妻缺乏感情。当时有人从道德的角度批评遇罗锦，有人用恩格斯"只有保持爱情的婚姻才是道德的"的名言为遇罗锦辩护，争论得热火朝天。不管人们如何评价这件事，从研究的角度看，遇罗锦的两次婚姻轨迹都属于感情性夭折。

爱情夭折型发展轨迹有的时间很短，在恋爱时期就中断了。有的则很长，在一起生活几十年，儿女都成家了才离的婚，比如普京总统夫妻。

不管时间长短，只要不是一方生命结束的中断方式，都属于这样的类型。

第二种爱情发展轨迹称作下降型轨迹，突出的特征是双方的感情在进入婚姻以后，随着时间的推移而不断下降。

爱情发展下降型轨迹在社会生活中非常普遍，究其产生的原因，表面上看大多出于个人的因素，但从社会发展规律的角度看，更重要的还是社会的因素。我们知道，传统婚姻的发展模式是父母之命媒妁之言，个人生存和传宗接代是主要目的，感情在其中不占重要位置。现代社会男女交往，感情的因素跃升到第一位。但是，现代爱情观念在社会中占据主导地位的时间很短，社会中还没有形成能够促进这种爱情发展的机制和氛围，因而对爱情的健康发展产生了不利的影响。

这种社会影响表现在两个方面，一方面是传统观念的影响还普遍存在。20世纪80年代，我国许多机关、高校、工厂和农村，还普遍存在公开反对青年男女谈恋爱的现象。直到今天，许多自由恋爱的青年举行婚礼，父母还要为他们寻找一个"介绍人"。在这种现象的背后，隐藏的其实是把自由恋爱仍然看作苟合之事的传统观念。在社会生活中，不仅长辈用传统婚姻观念要求子女，更重要的是许多自由恋爱的年轻人仍然秉持着传统的婚姻观念，当彼此用这种观念要求对方时，就会与他们头脑中的现代爱情观发生矛盾，这种矛盾往往会腐蚀掉他们原本脆弱的感情。另一方面是爱情还没有成为社会研究和教育的内容。牛顿有一句名言："我之所以看得远，是因为站在巨人的肩上。"这句话同样可以用于现代社会和现代社会的每一个人。现代社会的发展之所以越来越快，重要的原因是就对前人经验的总结和传承。现代一个高中学生的知识面，比一位古代的智者还要宽广。这一切，都是通过研究总结和社会教育完成的。但是对于爱情的发展规律，学术界的研究至今仍然非常之少，一般青年人几乎无法从社会教育中得到爱情发展的科学指导。历史已经进入了21世纪，但是在爱情的发展方面，人们却需要像人类初年一样，每个人都要靠个人的感觉"摸着石头过河"。

在这种社会背景下，许多人在爱情生理维度和社会维度因素的作用下喜欢上一个人，从而进入恋爱环节。但是他们不知道恋爱的目的和需要解决的问题，在他们看来，恋爱就是为了结婚，结婚就是爱情的完成式。但是，爱情的发展犹如逆水行舟，不进则退。在恋爱阶段没有实现感情从喜欢到爱的升华的情侣，当进入婚姻之后，彼此就不愿意为对方付出，就不会包容对方，家庭生活的烦琐事会使他们厌倦，认识上的分歧会使他们之间产生矛盾，彼此在生理维度上产生的喜欢感情，就会被这些不断出现的不愉快所淹没。许多人感叹"婚姻是爱情的坟墓"，指的就是这样的现象。当下降型轨迹的爱情发展到喜欢的感情消失殆尽后，一般会出现两种形式的分化：有的人会选择离婚，从而进入爱情发展的夭折型轨迹；有的人会继续保持婚姻状态，两个人在无爱的生活中继续生活。

第三种爱情发展轨迹称为升华型轨迹，突出的特征是在爱情的发展过程中，两个人的感情完成了从喜欢到爱的转变，从爱情的生理维度升华到感情维度。在现实生活中，升华型轨迹通常表现为无意识完成式和有意识完成式两种形式。

无意识完成式指男女双方在无意识状态下完成感情从喜欢到爱的升华。无意识完成式的对象，一般是长时间共同相处的男女，比如青梅竹马的少男少女，青年时期的朋友、同学、同事、战友、工友，等等。在这种类型爱情的发展初期，男女双方一般都具备爱情生理维度的基本因素，即彼此喜欢对方的相貌，但是都没有明确的恋爱意识，只是正常的人际交往。在交往的过程中，由于彼此能够不断给对方带来快乐，所以两个人在不知不觉中完成了感情的升华，也就是各自的相貌成为对方审美心理的内容。当有一天这种感情突然被意识到，两个人就会有意识地走入恋爱和婚姻，不断发展和升华爱情。

有意识完成式指男女双方从接触开始就是有意识地发展爱情，最终完成了感情从喜欢到爱的升华。有意识完成式的对象，大多是通过他人介绍相识的恋爱对象，或者由媒人牵线进入婚姻的夫妻。在这类爱情中，当事双方从一开始就明确地把发展爱情作为交往的目的，这一点不同于无意识完成式。但完成感情升华的路径却是相同的，也就是在相处的过程中，彼此不断地给对方带来快乐，使自己的形象成为对方审美心理的内容，从而完成感情的升华。

毫无疑问，在爱情发展的 3 种轨迹中，升华型轨迹是每一对恋人梦寐以求的结果。人们经常说寻找真爱，所谓真爱就是这样的爱情。那么，怎样才能获得这样的爱情呢？这个问题的反面，其实也就是怎样避免爱情的下降型轨迹和夭折型轨迹。

分析爱情升华型轨迹的案例，第一个突出特点，或者说实现感情升华的基本路径，就是为对方着想，为对方付出，不断为对方创造快乐。为了说明这一点，我想提到著名书画家启功与夫人章宝琛的爱情。启功是清朝雍正皇帝的九世孙，父亲早逝，20岁时母亲为他找了一个名叫章宝琛的姑娘，比他大两岁。启功当时正全身心扑在事业上，并没有成家的念头，但为了不违逆母亲的意愿，两个人见过几次面后就匆匆结婚了。启功的家很小，朋友却很多，他们时常来家里聚会，有时会通宵达旦。朋友们坐在炕上聊天，章宝琛站在炕边端茶倒水，整晚不插一言。启功的母亲和姑姑年迈多病，章宝琛日夜侍奉不离左右，病中的老人心情不好，时常朝章宝琛发脾气，她从来没有怨言。北京被日本占领后，启功家的经济日益拮据。他想卖画赚钱，却拉不下脸上街叫卖。章宝琛说："你只管画，我去卖。"有一天傍晚下着大雪，启功去集市上接章宝琛，远远看见她坐在马扎上，全身是雪。看见启功来了，章宝琛挥着双手兴奋地说："只剩下两幅没卖掉了。"启功的眼泪夺眶而出。在他们生活最困难的时期，章宝琛拿出珍藏的首饰出去换钱，给启功做好吃的东西；不论生活有多困窘，她每个月都会给启功留下买书的钱；启功被禁止写作的时候，章宝琛就让启功藏在家里写，自己坐在门口望风。1975年，章宝琛积劳成疾一病不起，她感觉自己将不久于人世，就悄悄告诉启功一个秘密，启功听后大为震惊。启功按照章宝琛所说，在家中后院的墙角处挖出了一个大缸，里边保存了启功从1930年到1960年的全部作品。翻阅着这些早期的作品，启功禁不住泪流满面。章宝琛遗憾自己没有孩子，一直执着地认为是自己的错。她一次次劝启功说："如果哪个女子能给你留下一男半女，也就了却了我的心愿。"她病重之际，对启功千叮咛万嘱咐："我死后，你一定要再找一个人来照顾你。"启功说："哪里还会有人再跟我。"章宝琛笑着说："我们可以打赌，我自信必赢！"

章宝琛去世后，为启功做媒的人接踵而来，还有年轻的女画家亲自登门，他都一一谢绝了。有人说："你的卧室摆着双人床，说明你还有续娶之意。"启功立马将双人床换成单人床。启功常常望着相框里章宝琛的笑容说:"当初打的赌,是我赢了。"启功平反以后,各种头衔和待遇接踵而来,他视若浮云。他卖掉自己珍藏的字画,将所得的200万元悉数捐给了北京师范大学,自己住在一所简陋的房子里。他说:"我的老伴儿已经不在了,我们曾经有难同当,现在有福却不能同享,我的条件越好,心里就越难过。"在章宝琛去世后的20多年里,启功一直沉浸在对妻子无尽的哀思中,他无儿无女,无人可诉,就把泪水与思念凝结成文字:"结婚四十年,从来无吵闹。白头老夫妻,相爱如年少。相依四十年,半贫半多病。虽然两个人,只有一条命。我饭美且精,你衣缝又补。我剩钱买书,你甘心吃苦。今日你先死,此事坏亦好。免得我死时,把你急坏了。枯骨八宝山,孤魂小乘巷。你再待两年,咱们一处葬。"2005年,93岁高龄的启功溘然长逝,他对章宝琛的思恋,终其一生。

启功和章宝琛没有恋爱就进入婚姻,所以结婚前谈不上感情;启功是知识分子,章宝琛不通文墨,两人也没有什么共同爱好。启功早年丧父,章宝琛生母早亡,他们生活中的头号问题就是生存。在艰苦的生活中,他们相濡以沫,为对方着想,为对方付出,为对方创造快乐,通过付出赢得了对方的感情,实现了爱情的升华。启功和章宝琛的爱情,体现了爱情升华型轨迹的不二法门,这就是为对方着想,为对方付出,不断为对方创造快乐。真正的爱情是一种胜似亲情超越亲情的感情,是人世间最亲密的感情。真正的爱情就是彼此走进对方的心灵,成为对方的审美心理,实现这个目的的路径只有一条,就是为对方着想,为对方付出,不断为对方创造快乐。爱情是两个人的事业,为对方付出就是为自己创造幸福。一个追求真正爱情的人,如果只为自己着想,只希望得到而不愿付出,就是背对目标奔跑的人,最终只能坠入下降型轨迹和夭折型轨迹。

爱情升华型轨迹的第二个特点,就是双方在认知上的不断沟通。认知不是感情,却是感情升华的前提条件。生活中有好多问题,如果两个人认识不统一,就难免闹矛盾,就会影响感情;如果沟通好了,就会促进感情。在启功和章宝琛的爱情中,启功喜爱书画艺术,如果章宝琛不理解这一点,认为日子这么艰辛,买什么书,画什么画,耽误时间还要花钱，他们的日子能过到一起吗？他们结婚的时候，启功只不过是一个中学毕业喜欢书画的年轻人，远不像后来成名的时候。章宝琛不仅理解和支持启功钻研书画艺术，而且悄悄收藏和保存了丈夫年轻时的作品，这怎么能不让启功感动，这就加深了两个人的感情。

启功和章宝琛的爱情表现了认知沟通对爱情的促进作用，日本著名电影演员高仓健和江利智惠美的爱情，则表现了认知不能沟通对爱情的破坏作用。1954 年，高仓健从日本明治大学经贸系毕业，恰逢日本经济大萧条，他只好放弃童年的商人梦，进入演艺界。1956 年，一次偶然的机会，他被片场导演发现，让他在电影中饰演配角，女主角是高仓健喜爱的偶像江利智惠美。江利智惠美是少年成名，15 岁就出版了自己的第一张唱片，销售量高达 40 万张，为她带来了巨大的荣誉和财富，也使她成为高仓健喜爱的偶像。高仓健与江利智惠美相遇，两人很快坠入爱河。高仓健对江利智惠美非常痴情，每次约会都会提前到场，经常制造一些意外的惊喜让她开心。有一次，他甚至借了一架小飞机飞到江利智惠美家门口，为她送上甜蜜的小礼物。1959 年 2 月 16 日，28 岁的高仓健与22 岁的江利智惠美走入婚姻殿堂。

然而，在婚后去夏威夷度蜜月的旅途中，他们就发生了第一次争吵。由于劳累，江利智惠美把头靠在丈夫的肩头小憩。高仓健不习惯这种在公众面前的亲热举动，大声地斥责："你干什么？"江利智惠美被吓了一跳，这件事在两人之间划下了第一道裂痕。结婚后，按照当时日本社会的习俗，江利智惠美从歌坛引退，做了家庭主妇。高仓健则一头扎进自己的演艺事业，经常几个月杳无音信。江利智惠美独守空房，变得忧伤而憔悴。两年后，江利智惠美征得高仓健同意，决定重返歌坛。1963 年，江利智惠美的演艺生涯达到顶峰，她被选为日本红白歌大赛的主持人。高仓健像很多日本男人一样，婚后不再对妻子流露柔情，有时甚至故意表现得非常冷漠。有一次，高仓健让妻子给他拿一件藏青色毛衣，他的藏青色毛衣深的浅的有几十件，江利智惠美忙碌了一个多小时，累得满头是汗，当她找到衣服想为丈夫穿上时，高仓健却冷冷地说："就搁在那儿吧！"江利智惠美惊诧地看着丈夫，高仓健却看也不看她一眼。这次冲突导致江利智惠美当天晚上的演出泡了汤。1962 年，婚后 3 年的江利智惠美怀孕，妊娠反应极其强烈痛苦，医生检查后确诊她患上了妊娠中毒症，不得不做了流产手术。盼子不得的悲痛，让两个人的感情更加疏远。

事业的成功没有促进他们的爱情，爱情的痛苦却影响到江利智惠美的事业。1969 年，江利智惠美没能再跻身象征地位和荣誉的红白歌大赛参赛歌手名单，心理受到很大打击。恰在这个时候，她喜爱的哥哥突然撒手人寰，同母异父的姐姐偷走了她的财产，还造谣中伤她和高仓健。接踵而来的打击，使得江利智惠美身心疲惫。1970 年 1 月，他们在濑田的住房被大火焚毁，夫妇开始分居。1971 年 1 月，在一次争吵之后，两个人决定离婚。离婚后的江利智惠美郁郁寡欢，一个人离群索居。1982 年 2 月 13 日上午，人们在东京的公寓内发现了江利智惠美僵硬的尸体。经过检查，发现是因为酗酒引起大量呕吐，呕吐物堵塞喉咙窒息而死，年仅 45 岁。江利智惠美去世后，高仓健受到极大的打击，他怀念江利智惠美的美丽与善良，怀念他们曾经的幸福时光。他觉得自己再没有资格谈论男女之间的关系，这样美好的爱情都无法长久，同什么样的人在一起会有好的归宿呢？高仓健终身没有再结婚，直到 2014 年 11 月 10 日 83 岁去世。

在许多人眼中，高仓健与江利智惠美的结合无疑是理想的爱情。从社会的角度看，年龄相当，女美男俊，事业成功，无一不是理想佳配。从爱情美学的角度看，二人的结合，符合了亚当夏娃法则、宋美龄法则和陈香梅法则等多条男女相爱的法则。为什么这样美好的爱情却落得如此悲惨的结局呢？从爱情发展的角度，人们看到的高仓健和江利智惠美结合的美好因素，都属于爱情生理维度和社会维度的范畴。从起点上来说，他们的爱情是美好的。但是，起点的美好掩盖了他们爱情存在的问题，其中最突出的问题有两个：一是对现代婚姻中夫妻关系的认识存在分歧，二是两个人虽然都喜欢对方，但是还没有发展到愿意为对方付出的感情。高仓健深受日本大男子主义文化的影响，在这种文化中，男人是婚姻的主宰者，不能对女人过于柔情；女人是附属品，是为男人服务的，女人结婚就要回归家庭，依顺于男人。为什么高仓健追求江利智惠美时，绞尽脑筋千方百计讨好，新婚蜜月旅行时江利智惠美把头靠在他的胸前就要受到斥责？因为这时候的高仓健，已经开始按照日本传统文化的规定塑造自己的丈夫形象。江利智惠美作为现代女性，已经有意识地追求自己的权利和幸福，她要重新走出去工作，她不理解也不能接受丈夫对她的斥责、冷淡、轻蔑。但是，他们都没有意识到这种分歧，没有努力通过沟通消除这种分歧。同时，他们的感情又不足以让他们包容对方，于是每一次分歧都弱化了原来的感情，一直到爱情的大厦轰然坍塌。

情侣之间难免存在认知上的分歧，认知沟通是为了感情沟通。有一句话说得好，"家庭不是讲理的地方"。认知沟通是为了增进感情，如果认知沟通变成了争论，影响了感情，那就违背了沟通的初衷。所以，对于有些分歧，包容会比沟通更有益于感情的升华。在这方面，金庸先生为我们提供了一个有趣的范例。看过《天龙八部》的人都知道，谭公、谭婆和赵钱孙三个人是师兄妹，谭公和赵钱孙同时爱上了谭婆。谭婆年轻时人高马大，脾气暴烈，稍不如意就扇人耳光。赵钱孙身材高大，皮肤白皙，颇得谭婆喜爱，不过年轻气盛，每当被谭婆掌掴，总要想法子找回。谭公个子矮小，长相远不如赵钱孙，不过每遇谭婆生气掌掴，不避不让，坦然承受。练武之人手劲大，谭公为了习惯谭婆的掌掴，专门研制了一种药膏，练就了一种快捷的抹药手法，每当被谭婆掌掴，瞬间即可完成抹药消肿解痛。谭婆嫁给谭公后，赵钱孙始终弄不明白其中的原因。30多年后，赵钱孙偶然看到谭婆掌掴谭公，方才幡然醒悟，悔恨地说："原来如此，原来如此。唉，早知这般，悔不当初。受她打几掌，又有何难？"情侣相处的过程中，会遇到不同的矛盾和问题，如何处理各人有各人的看法。但是从爱情发展的角度看，唯有能够促进彼此感情的方法才是好方法。

各位来宾，各位同学，以上就是我在爱情美学方面的研究成果。"爱情美学密码1743"听起来复杂，但其核心就是一句话：要想获得真爱，就要"多送快乐，少送烦恼"。希望我的研究能对大家有点帮助，希望每个人都能获得真正的爱情。谢谢大家！

第六部分

哲学问题探微

"人的自然化"：从现实到未来的桥梁[*]

——两种"人的自然化"概念辨析

20 世纪 80 年代以来，"人的自然化"问题一直受到学界的关注。在不同意见的讨论中，实际上存在着两种不同的"人的自然化"概念，两种概念内涵不同，学理依据不同，在人类社会发展中的意义更是不可同日而语。因此，辨析两种"人的自然化"概念，就显得十分必要。

一

第一种"人的自然化"概念认为，"人的自然化"是相对于"自然的人化"而言，"自然的人化"表现人对自然的改造，"人的自然化"表现自然对人的改造。

这种观点最早出现于德国哲学家施密特 1962 年出版的《马克思的自然概念》一书。施密特在书中提出，"马克思在'巴黎手稿'中，把劳动看成是自然的人化这一进步过程，而这个过程同人的自然化过程则是相一致的。"[①] 施密特引用马克思的话说明这个概念："为了在对自身生活有用的形式上占有自然物质，人就使他身上的自然力——臂和腿、头和手活动起来。当他通过这种活动作用于他身外的自然，并改变自然时，也

　＊ 原刊于《中国矿业大学学报》2016 年第 2 期。

　① ［德］A. 施密特：《马克思的自然概念》，欧力同、吴仲昉译，商务印书馆 1988 年版，第 75 页。

就同时改变他自身的自然。"施密特由此提出,"物质变换以自然被人化、人被自然化为内容,其形式是被每个时代的历史所规定的。"①

20世纪80年代,《马克思的自然概念》在中国内地出版,"人的自然化"概念以及施密特的这种认识遂被国内许多学者采用。李泽厚认为:"所谓'人的自然化'实际正好是'自然的人化'的对应物,是整个历史过程的两个方面。"② 张玉能提出:"人类的社会实践是一个人与自然双向对象化的过程,一方面是在社会实践中'自然的人化',另一方面是'人的自然化'。他们是不可分割的两个方面。"③

第二种"人的自然化"概念,是相对于"异化劳动"而言,认为异化劳动是人类文明发展的误区,违背了人的自然天性,损害了人的幸福,加剧了人与人、人与自然、人与社会的矛盾,是当今各种社会矛盾的根源,改变这种现象的路径就是人向劳动的自然天性回归。

第二种概念是国内学者在研究第一种概念的过程中,依据马克思《1844年经济学哲学手稿》的表述提出来的。李泽厚在《美学四讲》中,针对"现代科技工艺和工具理性的泛滥化所带来的人性丧失,人的非理性的个体生存价值的遗忘、失落和沦丧"等现象,提出"如何克服这可怕的异化呢?……只有从'人的自然化'和寻找'工具本体'本身的诗意来向前行进了"④。在《人类学历史本体论》中,李泽厚指出:"在科学研究中,在艺术创作中,人与对象、人的生活和科学研究或艺术创作可以融为一体,从而得到最大的享受。……这其实也就是马克思讲的真正的人的非异化的'劳动'及其快乐。"⑤ 在这些认识的基础上,李泽厚进一步明确提出,"人的自然化""指的是本已'人化'、'社会化'了的人的心理、精神又返回到自然去"⑥。

---

① [德] A. 施密特:《马克思的自然概念》,欧力同、吴仲昉译,商务印书馆1988年版,第77页。

② 李泽厚:《美学四讲》,生活·读书·新知三联书店1999年版,第81页。

③ 张玉能:《论"人的自然化"与审美》,《福建论坛》(人文社会科学版)2005年第8期。

④ 李泽厚:《美学四讲》,生活·读书·新知三联书店1999年版,第72—73页。

⑤ 李泽厚:《人类学历史本体论》,天津社会科学院出版社2008年版,第143—144页。

⑥ 李泽厚:《人类学历史本体论》,天津社会科学院出版社2008年版,第50页。

分析两种"人的自然化"概念，很明显存在本质的不同。第一种"人的自然化"概念强调的是自然对人的改造，自然是主体，人是客体，正如在"自然的人化"中，人是主体，自然是客体一样。第二种"人的自然化"概念强调的是人向劳动的自然天性的回归，人是主体，需要改造的对象是异化劳动的意识和各种异化劳动现象。

两种关于"人的自然化"的观点，都宣称来源于马克思《1844 年经济学哲学手稿》。然而，马克思并没有直接使用过"人的自然化"的概念。这样一来，哪一种观点更符合马克思的原意，更符合人类社会发展的实际和规律，就需要进行细致的甄别。

二

第一种"人的自然化"概念，在学界的影响较为广泛。以往关于"人的自然化"的研究，大多是围绕这个概念展开的。然而，正是这种研究中存在的矛盾和困惑，引起人们对这个概念的反思。

把"人的自然化"与"自然的人化"相对应，从形式上看顺理成章，但是在实际研究中却出现了一种奇怪的现象。这就是到目前为止，研究者始终无法确定这种含义的"人的自然化"在现实中所对应的事实和问题，或者说不能确定这个概念的内涵和外延。

施密特提出"人的自然化"，指的是人在改造外部自然界的同时，自身也得到改造的事实，强调的是人在改造外部世界的过程中引起的自身身体的变化。

国内许多学者循着这样的逻辑，进一步把人学习、掌握和运用自然规律作为"人的自然化"的内容。早在 20 世纪 80 年代，周义澄就提出："自然界的人化过程同时也是人的'自然化'过程。后者是指人们在活动中更广泛地掌握和同化自然力，将自然规律和自然的力量纳入自身，变为自身的部分。"[①] 高光也认为："所谓人的自然化是指自然的本质和规律内化为人的知识和智力等本质力量，实现人的自我塑造，是人的本质日

---

① 周义澄：《自然理论与现时代》，上海人民出版社 1988 年版，第 101—102 页。

益丰富和完善，使自己的认识和行为更加合乎客观规律。"① 进入 21 世纪以后，张玉能仍然认为，"'人的自然化'就是指，在以物质生产为中心的社会实践中，自然界的一切物种的规律（尺度）都内化为人的内在的尺度（规律）"②。很显然，这些论述较之施密特的内容虽然有所扩大，但都是按照施密特的逻辑思路展开的。

不过，在李泽厚看来，上述这些内容却都不属于"人的自然化"，他把它们统统归之于"自然的人化"范畴。李泽厚提出，"自然的人化"包括"外在自然的人化"与"内在自然的人化"两方面内容，两方面内容都可以分为"硬件"和"软件"两个部分。他指出，"内在自然的人化"的"硬件""就是指如何改造作为人类自身的自然，即人的身体器官、遗传基因等等。""'软件'便是指人类所具有的内在心理状态，……我称之为'文化心理结构'。"③ 可以看出，不管是施密特讲的人的生理能力的变化，还是国内学者讲的人的认识能力的变化，在李泽厚这里，都属于"自然的人化"，而不是"人的自然化"。在李泽厚看来，人在实践过程中引起的外在身体的变化和内在心理的变化，统统都是人的实践的结果，即改造自然的一种成果。

李泽厚是我国研究"人的自然化"理论最有影响的代表人物。关于两种"人的自然化"概念，在李泽厚的文章中都能找到相关的论述。他把其他学者提出的"人的自然化"的内容，即第一种"人的自然化"对应的内容，统统归之于"自然的人化"范畴，那么，在他的研究中，"人的自然化"在现实中对应的是哪些事实呢？

李泽厚对于"人的自然化"内涵的表述有一个发展的过程。在 1989 年《美学四讲》中，他认为："'人的自然化'包含三个层次或三种内容，一是人与自然环境、自然生态的关系，人与自然界的友好和睦，相互依存，不是去征服、破坏，而是把自然作为自己安居乐业、休养生息的美好环境，这是'人的自然化'的第一层（种）意思。二是把自然景

---

① 高光主编：《自然的人化与人的自然化》，中共中央党校出版社 1989 年版，第 15 页。

② 张玉能：《论"人的自然化"与审美》，《福建论坛》（人文社会科学版）2005 年第 8 期。

③ 李泽厚：《人类学历史本体论》，天津社会科学院出版社 2008 年版，第 36—37 页。

物和景象作为欣赏、欢娱的对象，人的栽花养草、游山玩水、乐于景观、投身于大自然中，似乎与它合为一体，这是第二层（种）含义。三是人通过某种学习，如呼吸吐纳，使身心节律与自然节律相吻合呼应，而达到与'天'（自然）合一的境界状态，如气功等等，这是'人的自然化'的第三层（种）含义。"① 在 2008 年《人类学历史本体论》中，他认为"人的自然化"也可分为"硬件"和"软件"来谈，"'硬件'是指人的外在自然化"，除了上述三层含义和内容，"其次是人的体育锻炼与竞技，以追求或实现人的体力可能性的最大极限。最后，似乎相当'神秘'，是通过气功、瑜伽等方式，使人的生物生理存在与自然节律相共鸣、相同构"。他提出，"'人自然化'的'软件'即是美学'问题'。它指的是本已'人化'、'社会化'了的人的心理、精神又返回到自然去，以构成人类文化心理结构的自由享受"②。

李泽厚提出的"人的自然化""硬件"的 5 个内容，前两个的实质是人与自然界的关系，不管是把自然界作为人的环境，与之和睦相处；还是作为人的欣赏对象，"与它合为一体"，表现的都是人对自然界应该持有的态度，显然不属于自然界对人的改造；后三个的实质是如何改造人的身体，不管是通过体育锻炼与竞技的方式，还是通过气功、瑜伽的方式；不管是"追求或实现人的体力可能性的最大极限"，还是"使人的生物生理存在与自然节律相共鸣、相同构"，"达到与'天'（自然）合一的境界状态"，都是人自觉追求的目标和过程，同样不属于自然界对人的改造。我们已经指出，李泽厚"人的自然化""软件"的内容，属于第二种"人的自然化"概念，而他提出的"人的自然化""硬件"的内容，又没有一个属于第一种"人的自然化"概念。这样一来，在李泽厚的研究中，第一种"人的自然化"概念的研究实际上就出现这样的结果：施密特和国内许多学者提出的内容被归之于"自然的人化"范畴，李泽厚自己提出的内容又不属于第一种概念的范畴。换言之，第一种"人的自然化"概念，在现实中找不到对应的事实和问题。

---

① 李泽厚：《美学四讲》，生活·读书·新知三联书店 1999 年版，第 81 页。
② 李泽厚：《人类学历史本体论》，天津社会科学院出版社 2008 年版，第 49—50 页。

对于第一种"人的自然化"概念研究的这种尴尬状态，细心的学者早已有所察觉。徐碧辉就曾经当面向李泽厚提出："人的自然化"的"内涵有些'飘'，不像'自然的人化'那么明确。"据徐碧辉说，"李先生表示同意"①。然而长期以来，人们却很少研究这种现象产生的原因，于是这个问题也就无从得到解决。

为什么会出现这样的现象呢？要弄清楚这个问题，需要追溯到马克思提出"自然的人化"概念和施密特提出"人的自然化"概念的前提条件。

马克思"自然的人化"概念，是以人与外部自然界相区别为前提，指的是人改造外部自然界的整个活动。在这个活动过程中，人与自然是两个相对的概念，人是主动者，自然界是被动者，人可以使自然界"人化"，自然界却不能使人"自然化"。人在改变自然界的同时，自身也会得到改变，这依然是人自身主动行为的结果，而不是自然界的功劳。这方面的内容，如果一定要用"化"的表述方式，也只能是"人的人化"，而不能是"人的自然化"。周义澄和张玉能虽然意识到这一点，但却仍然将其称为"人的自然化"。罗长海则认为，"'人的人化'和'人的自然化'这个范畴是不能自洽的；因为根据这个论断，认识和掌握了自然规律和自然力量的人，被称之为'人化的人'而不是'自然化的人'；这样一来，所谓'人的自然化'就成了毫无结果的空话和套话"②。李泽厚把施密特等人提出的这类"人的人化"的内容统统归之于"自然的人化"范畴，就是因为这些内容都是人主动行为的结果，而不是自然界主动行为的结果，所以不能称之为"人的自然化"。

施密特提出"人的自然化"概念，是建立在人是自然界的组成部分、人和外部自然界同属于自然界的前提之下。这与马克思提出"自然的人化"的前提是完全不同的。在施密特这个前提下，无论是人对外部自然界的改造，还是对自身的改造，都可以看作一种自然元素对另一种自然

① 徐碧辉：《从"自然的人化"到"人自然化"——后工业时代美的本质的哲学内涵》，《四川师范大学学报》（社会科学版）2011 年第 4 期。

② 罗长海：《试论误用的"人化自然"与虚假的"人的自然化"》，《哲学动态》1991 年第 4 期。

元素的改造，也就是"自然的自然化"。在这个前提下，施密特本来完全可以把人对自然界的改造称为"自然的人化"，把自然对人的改造称为"人的自然化"，以区别不同类型的"自然的自然化"。但是，当他引入马克思"自然的人化"概念之后，就不能这样做了。因为马克思的"自然的人化"概念，有其已定的前提条件，也就是人与自然相区别。在马克思"自然的人化"的命题中，人是作为与自然相对的概念，人只能是人，而不能同时又作为"自然"的概念被使用。所以，人对自身的改造，不管是有意还是无意，都只能是"人的人化"，或者"自然的人化"，而不能是"人的自然化"。施密特忽略了这一点，他从自己的前提出发，却借用马克思完全不同前提的"自然的人化"概念，进而推出"人的自然化"概念，就不自觉地陷入了混淆概念的泥潭。许多学者接受了施密特这种"人的自然化"的概念，却没有察觉其中存在的逻辑矛盾，于是导致了研究中的困惑和混乱。

由此可以看出，把"人的自然化"作为与"自然的人化"相对概念的做法，由于忽视和违背了马克思"自然的人化"的前提条件，从一开始就存在逻辑上的矛盾。从马克思用"自然的人化"表述的人类实践活动中，抽绎出人对自身的改造部分，组成与"自然的人化"相对的"人的自然化"概念，不仅在逻辑上不通，在研究中造成混乱，在社会生活中也没有什么实际意义。

事实上，施密特虽然提出了"人的自然化"概念，并把它与"自然的人化"一起归于马克思的名下，但他并不重视这个概念，只是把它们仅仅看作"青年马克思的梦想"[①]。国内许多学者出于对马克思的崇敬之情，极力从马克思的著作和日常生活中为这种观点寻找支持的证据，却很少反思这个命题本身的合理性。

第一种"人的自然化"概念在国内出现以来，一直存在不同的意见。很早以来，就有学者明确指出，"'人的自然化'不是马克思的命题"；[②]

---

① ［德］A. 施密特：《马克思的自然概念》，欧力同、吴仲昉译，商务印书馆 1988 年版，第 169 页。

② 刘增惠、彭会珠：《论"人的自然化"不是马克思的命题》，《理论月刊》2008 年第 8 期。

"人的自然化""逻辑上不通，实践上多余"。① 从以上的分析中不难看出，作为针对第一种"人的自然化"概念而言，这些意见确实是很中肯的。

三

第二种"人的自然化"概念，由李泽厚提出并极力倡导。李泽厚指出，"人的自然化""指的是本已'人化'、'社会化'了的人的心理、精神又返回到自然去"，这就明确了这种"人的自然化"概念不同于第一种"人的自然化"的内涵。李泽厚提出的"人的自然化"5个方面的"硬件"，实际上就是探求这种"人的自然化"在现实生活中如何实现的具体路径和形式。

然而，李泽厚并没有把这种概念与施密特等人的概念，即第一种"人的自然化"概念从逻辑上明确区别开来，他实质上是在第一种概念下讨论一种与其完全不同的内容。这样一来，不惟他的研究受到影响，也进一步加剧了整个研究中的混乱。

汪济生看出了李泽厚研究中的这种矛盾，建议李泽厚对他的体系进行改造。改造的一项内容，就是通过"人的自然化"，"吸引人们从种种的'异化'状态中，把生命和世界的契合、协调，调回到，甚至提升到一种更基本、更自然的状态中"。汪济生认为，"人向自身'异化'的纠偏，虽然不是改造自然而是回归自然，就也能够被逻辑地认定为可以提高这种'人化'了"②。汪济生显然看到了李泽厚与许多学者在这个问题上的不同，看到了这种"人的自然化"概念所包含的新的意义。

事实上，第二种"人的自然化"概念，即克服异化现象，向人的自然天性回归的观点，不仅是马克思《1844年经济学哲学手稿》的重要内容，而且是贯穿其中的基本思想。在《1844年经济学哲学手稿》中，马

---

① 罗长海：《试论误用的"人化自然"与虚假的"人的自然化"》，《哲学动态》1991年第4期。

② 汪济生：《相映生辉，还是自相抵牾——评李泽厚美学的一对孪生概念》，《上海交通大学学报》（哲学社会科学版）2006年第1期。

克思指出："实际创造一个对象世界，改造无机的自然界，这是人作为有意识的类的存在物的自我确证。"① "诚然，饮食男女等等也是真正人的机能。然而，如果把这些机能同其他人类活动割裂开来并使它们成为最后的和唯一的终极目的，那么，在这样的抽象中，它们就具有动物的性质。"② 在马克思看来，劳动是人的一种自然本能，是人区别于动物的最重要的特征。

然而，马克思考察"当前的经济事实"，却发现与劳动作为人的自然本能的特性相反，在当时的社会现实中，劳动却不是自由的、愉快的、自觉的活动，而是受约束的、痛苦的、强迫的；劳动产品不是作为劳动者对象化的成果为劳动者所有，而是被不劳动的人占有，成为压迫和掠夺劳动者的力量；劳动者生产的财富越多，他的产品的力量和数量越大，他就越贫穷；劳动者创造的商品越多，他就越变成廉价的商品。马克思把这种现象称为"异化劳动"，并且从劳动者同劳动产品的异化、劳动活动本身的异化、人同自己作为人的"类本质"的异化和人与人之间相互关系的异化四个方面，具体地揭示了异化劳动的存在形式以及对人和人类社会的影响。③

马克思指出，在异化劳动条件下，"在自己的劳动中不是肯定自己，而是否定自己，不是感到幸福，而是感到不幸，不是自由地发挥自己的体力和智力，而是使自己的肉体受折磨，精神遭摧残"④。资本家利用手中的资本，把大部分劳动成果据为己有。但是，"享受这种财富的人，……把别人的奴隶劳动、把人的血汗看做自己的贪欲的虏获物，所

---

① 马克思：《1844 年经济学哲学手稿》，中共中央编译局编译，人民出版社 2014 年版，第52 页。

② 马克思：《1844 年经济学哲学手稿》，中共中央编译局编译，人民出版社 2014 年版，第51 页。

③ 马克思：《1844 年经济学哲学手稿》，中共中央编译局编译，人民出版社 2014 年版，第45—60 页。

④ 马克思：《1844 年经济学哲学手稿》，中共中央编译局编译，人民出版社 2014 年版，第50 页。

以他把人本身，因而也把自己本身看做可牺牲的无价值的存在物。"① 马克思认识到，在现实的异化劳动中，劳动者和劳动成果的获得者都不能从劳动——这个人自然的生命活动形式，这个原本快乐的生命过程中得到快乐。"凡是在工人那里表现为外化的、异化的活动的东西，在非工人那里都表现为外化的、异化的状态。"②

很显然，异化劳动由于违背了人的自然天性，不仅剥夺了人生命中重要的快乐源泉，而且造成了人与人之间的对立和斗争，因而成为影响人类社会健康发展的最大障碍。如何改变这种无处不在的异化现象呢？马克思给出的路线是，"人向自身、也就是向社会的即合乎人性的人的复归"③，"人以一种全面的方式，就是说，作为一个完整的人，占有自己的全面的本质"④。马克思认为，扬弃人的异化，完成人性复归的社会，就是共产主义。"这种共产主义，作为完成了的自然主义，等于人道主义，而作为完成了的人道主义，等于自然主义，它是人和自然界之间、人和人之间的矛盾的真正解决，是存在和本质、对象化和自我确证、自由和必然、个体和类之间的斗争的真正解决。"⑤

在这里，马克思虽然没有使用"人的自然化"的概念，但他所阐述的思想，显然正是第二种"人的自然化"概念所强调的内容。事实上，李泽厚等人正是从马克思的这些论述中得到启示，并将其运用于美学研究，从而提出第二种"人的自然化"概念的。

---

①　马克思：《1844 年经济学哲学手稿》，中共中央编译局编译，人民出版社 2014 年版，第 127 页。

②　马克思：《1844 年经济学哲学手稿》，中共中央编译局编译，人民出版社 2014 年版，第 59 页。

③　马克思：《1844 年经济学哲学手稿》，中共中央编译局编译，人民出版社 2014 年版，第 78 页。

④　马克思：《1844 年经济学哲学手稿》，中共中央编译局编译，人民出版社 2014 年版，第 81 页。

⑤　马克思：《1844 年经济学哲学手稿》，中共中央编译局编译，人民出版社 2014 年版，第 78 页。

四

在人类思想的发展过程中，经常出现一种有趣的现象：学者提出的概念或者命题，内容不为人们接受，名称却被接受和保留，甚而成为一种思想或学科的名称。鲍姆嘉通的《美学》，虽然只是"归纳整理前人的观点，系统地总结诗学与演讲术所提出的规则"，"没有跳脱传统诗学与演讲术的框框"①，但却为新的美学学科命名。施密特提出"人的自然化"概念，也属于这样的现象。

在马克思理论体系中，异化劳动理论具有十分重要的地位。马克思创立共产主义理论，是从劳动作为人的自然需要的天性出发，说明资本主义社会异化劳动的不合理性，即对个人幸福和人际关系的消极影响，从而说明实现共产主义的可能性和必然性。如果人没有劳动的自然需要，资本主义社会各种异化劳动的现象以及相关的社会制度的存在就天经地义，人性中好逸恶劳的一面在社会中占统治地位就是必然的，改造社会现实也就失去了合理性，"劳动成为人的第一需要""各尽所能，各取所需"的共产主义社会就成了空中楼阁。

马克思指出，"共产主义是对私有财产即人的异化的积极的扬弃，因而是通过人并且为了人而对人的本质的真正占有"②，"代替那存在着阶级和阶级对立的资产阶级旧社会的，将是这样一个联合体，在那里，每个人的自由发展是一切人的自由发展的条件"③。马克思对于人类未来的这种设想，通常被称为"人的全面发展"。如果说马克思的异化劳动理论讲的是现实，人的全面发展讲的是未来，那么，从现实到未来的桥梁就是人性的回归——从被异化的人性回归到人的自然本性，从不择手段地谋求劳动成果回归享受劳动快乐的本能。这种从异化状态回归人的自然本

---

① ［德］鲍姆嘉通：《美学》，简明、王旭晓译，文化艺术出版社 1987 年版，第 11 页。

② 马克思：《1844 年经济学哲学手稿》，中共中央编译局编译，人民出版社 2014 年版，第 77—78 页。

③ 《马克思恩格斯选集》第 1 卷，中共中央编译局编译，人民出版社 2012 年版，第 422 页。

性，从而使人得到全面发展，社会得到全面进步的过程，就是"人的自然化"。人的自然化，从现实的角度看，针对的是异化劳动及其在社会发展中造成的种种问题；从历史的角度看，针对的是人类在社会化、文明化进程中形成的认识和发展误区；从未来的角度看，是把人的全面发展的目标进一步具体化、路径化。

在以往"人的自然化"研究中，由于先入为主观念的影响，人们普遍关注的是第一种概念的"人的自然化"，第二种概念的"人的自然化"没有受到足够的重视。同时，因为没有明确意识到两种"人的自然化"概念的存在和不同，导致了研究中的混乱，影响了研究的深入发展。

与此同时，由于异化劳动在现实中表现为两种形态，即"人内心深处的意识"和"现实生活的异化"，异化劳动的扬弃，也分为人的意识异化的扬弃和现实生活异化的扬弃两个方面①。马克思在完成《1844 年经济学哲学手稿》之后，就把精力集中在改变不合理的现实的斗争方面，并且从现实的需要出发，更多地运用阶级分析的方法，强调阶级的对立和斗争。马克思前后期的这种变化，被许多后来者误解，认为从人、人性的角度研究社会不是马克思主义的方法，进而否定了马克思关于"人的自然化"这一重要思想。这种认识和现象，在很大程度上制约了"人的自然化"研究的深入开展。

事实上，马克思主义之所以为人们接受，是因为揭示了人类发展的规律。这种规律不仅表现为人的自然性和社会性的统一，也表现为人类性和阶级性的统一。

马克思指出："全部人类历史的第一个前提无疑是有生命的个人的存在。因此第一个需要确认的事实就是这些个人的肉体组织以及由此产生的个人对其他自然的关系。当然，我们在这里既不能深入研究人们自身的生理特性，也不能深入研究人们所处的各种自然条件……任何历史记载都应当从这些自然基础以及他们在历史进程中由于人们的活动而发生

---

① 马克思：《1844 年经济学哲学手稿》，中共中央编译局编译，人民出版社 2014 年版，第78—79 页。

的变更出发。"① 人性是人之为人的内在规定，也是人类社会发展的内在逻辑。人如果没有物质生活的需要，人类社会就不会从事物质生产活动；人如果没有平等自由的需要，人类社会就不会有追求平等自由的社会运动。在社会矛盾尖锐激烈的条件下，人性的不同需要在一定时期和一定的社会历史条件下会表现为不同的阶级性。这种阶级性是以一定的人性作为基础的，但不同的对立的阶级之间同时存在着某些共同的人性。

恩格斯在《共产党宣言》1883 年德文版序言中指出："这个斗争现在已经达到这样一个阶段，即被剥削被压迫的阶级（无产阶级），如果不同时使整个社会永远摆脱剥削、压迫和阶级斗争，就不再能使自己从剥削它压迫它的那个阶级（资产阶级）下解放出来。——这个基本思想完全是属于马克思一个人的。"② 马克思的这一思想，也就是人们通常所说的"无产阶级只有解放全人类，才能最后解放自己"。按照马克思的这一思想，无产阶级革命与以往历史上的历次革命最根本的不同之处，在于它不是一般地反对压迫和剥削，而是要终结人类社会的压迫和剥削。无产阶级推翻资产阶级的统治，不是为了反过来压迫和剥削他们，而是要建立一个没有压迫和剥削的社会制度，建立一个人人平等幸福的和谐社会。

恩格斯在《共产党宣言》1883 年德文版序言注释中特别强调："在我看来这一思想对历史学必定会起到像达尔文学说对生物学所起的那样的作用，我们两人早在 1845 年前的几年中就已经逐渐接近了这个思想。"③ 根据恩格斯的这段话，联系到马克思《1844 年经济学哲学手稿》的写作时间，我们不难得出这样的结论，在恩格斯看来，马克思《1844 年经济学哲学手稿》是马克思主义极为重要的组成部分，马克思前后期的思想是统一的。这也说明了一个问题，即以往那种把《1844 年经济学

---

① 《马克思恩格斯选集》第 1 卷，中共中央编译局编译，人民出版社 2012 年版，第 146—147 页。

② 《马克思恩格斯选集》第 1 卷，中共中央编译局编译，人民出版社 2012 年版，第 380 页。

③ 《马克思恩格斯选集》第 1 卷，中共中央编译局编译，人民出版社 2012 年版，第 380 页。

哲学手稿》看作马克思青年时期不成熟的思想，由此否定和轻视"人的自然化"理论的观点，是不符合实际的。

在无产阶级革命的实践中，许多革命者只强调马克思主义的阶级性而忽视人类性，于是出现了许多过激的有违人性的行为，特别是在无产阶级掌握政权之后，普遍出现了类似于旧的统治者的对人民群众的掠夺和压迫。20 世纪后期世界范围内社会主义运动的挫折，虽然是由多种原因决定的，但不可忽视也是至今被许多研究者漠视的原因是，忽视了大多数人的基本特性、基本权利和基本权益，在异化劳动意识，即好逸恶劳、贪图享受、无偿占有他人劳动产品观念的影响下，导致了特权和腐败现象的滋生，而且这种现象不仅没有得到有效的遏制，还恶性膨胀，以致泛滥成灾。所以，恢复和坚持马克思主义的人的自然化理论，坚持马克思主义人的自然性和社会性的统一、人类性和阶级性的统一，正确理解马克思优先改变社会现实，进而通过人的自然化实现人的全面发展和社会全面进步的思想，不仅是当今研究者必须注意的问题，也是社会实践中必须重视的问题。

关于异化劳动对于个人生活的消极影响，马克思和许多伟大的思想家都有过明确的论述。但是由于他们所处的时代，社会总体上处于物质匮乏状态，不劳而获者从与劳动者的辛苦劳作比较中尚能获得优越感，可以在一定程度上补偿劳动乐趣的丧失对生命的影响。现代社会由于物质生活资料的不断丰富，异化劳动对人生命的危害才开始充分显现，许多人由于饱食终日无所事事，从而感到生活无目的、无意义而绝望而自杀。维克多·弗兰克在《无意义生活之痛苦》一书中宣称："我们生活在一个无意义感的时代里。"[①] 他提供了一组数据："在美国大学生中，自杀已成为第二大死因，位居交通事故之后。同时，自杀未遂（并非以死亡为结束）的数目增长了 15 倍。"他列举了当时对爱达荷州立大学学生的调查结果，"有 85% 的学生在其生活中再也看不到任何意义，而其中有

---

① ［德］维克多·弗兰克：《无意义生活之痛苦》，朱晓泉译，生活·读书·新知三联书店 1991 年版，第 24 页。

93％的人在生理上和心理上都是健康的"①。他特别提醒人们注意，"这种现象发生在马斯洛所说的那些基本需求似乎无一不被满足了的那种'富裕社会'"②。2014 年 9 月，联合国世界卫生组织发布的一个调查报告显示，这种现象正在全世界蔓延。世界卫生组织耗时 10 年，调研了全球172 个国家，得到的统计数据显示，全球每年 80 万人自杀身亡，平均每40 秒就有一人自杀，每年自杀死亡人数已经超过战争和自然灾害致死人数之和，其中 25％的自杀发生在富裕国家。③ 与此同时，由于物质生活资料的极大丰富，一些人人性中的劣根性膨胀，富贵而淫，减少、脱离或厌恶劳动，过多过度地享用生活资料，以致肥胖、"三高"等疾病滋生，或者追求感官刺激，如酗酒、卖淫、嫖娼、吸毒等，导致一系列社会问题蔓延。

异化劳动之所以能够对人的生命产生危害，其根本原因在于，人失去了劳动创造，也就失去了一种能够产生快乐、提供生命动力的重要的生存方式。因为只要劳动就会有产品，就会有快乐。从心理学来讲，人有多种快乐，但最大、最普遍的快乐，是自己创造产品的快乐。对父母来讲，孩子就是他们创造的产品，因此，孩子降生他们最快乐！对于最一般的劳动者而言，自己劳动、创造成果和产品，他们最快乐。一旦脱离或失去劳动，他们也就失去了最根本的快乐。长此以往，无所事事，精神空虚，就会产生各种疾病。而且，对一个正常的人来讲，脱离了劳动，也就脱离了社会，脱离了集体，生活也就失去了正常的规律。这样，人体的生物钟也就失去了常态，疾病也就自然滋生。虽然有的人不劳而获，一时为占有他人的产品而沾沾自喜，但是，这种情况难免为社会大众所不容。因此，在内心深处，他们远远没有劳动者的心理那样平静、充实和坦荡。

在人类历史上，对他人、他国和他民族劳动成果和生活资料的觊觎

---

① ［德］维克多·弗兰克：《无意义生活之痛苦》，朱晓泉译，生活·读书·新知三联书店1991 年版，第 6—7 页。

② ［德］维克多·弗兰克：《无意义生活之痛苦》，朱晓泉译，生活·读书·新知三联书店1991 年版，第 27 页。

③ 《参考消息》，2014 年 9 月 6 日第 6 版。

和掠夺，是一些个人和族群的生存目的和方式，甚至成为某些国家的发展战略。中国历史上北方游牧民族的南下与中原地区民族之间的战争，从根本上讲，就是为了掠夺劳动产品和生产资料。近代日本对东方诸国的多次侵略，也无不是为了占有他国的土地等生产和生活资料。工业革命以后，西方殖民者到东方的一切行为，无不是围绕着这样的目的。这种现象是人类社会长期纷争不止的根本原因，而深藏在这种现象背后的原因则是人们的异化劳动意识。因此，只有通过人的自然化，彻底扬弃异化劳动意识，消除异化劳动现象，人类社会才能从根本上实现和平和和谐。

在现代社会，对他人的掠夺往往直接表现为对自然环境的掠夺，而对自然环境的掠夺很多时候同时就是对他人的掠夺。这种掠夺随着人类生产能力的迅速提高，使得对自然资源需求的无限性与自然资源的有限性的矛盾，成为当今影响人类社会持续发展的根本问题。这种矛盾导致了当今全球性的生态危机和人类之间的各种纷争和战争，严重地威胁到人类社会的健康发展。这种矛盾产生的根源，依然是深藏在人们意识中的异化劳动观念。如果人人都厌恶劳动、逃避劳动，却都想获得他人的劳动成果，人与人之间如何能够和谐呢？如果人类总是永无止境地追求物质享受，总是想方设法把自然物变成手中的财富，人与自然如何能够和谐呢？如果人不能认识和遵循自身发展的规律，身心为物所役，如何能够做到身心和谐呢？如果人与人之间、人与环境之间、人的内心之中充满了各种矛盾和冲突，人类社会如何能够和谐呢？

由此不难看出，只要异化劳动观念占主导地位，人类社会就不可能出现真正的和谐。而要铲除异化劳动这个人类社会发展中的毒瘤，根本的路径就在于实现"人的自然化"。这是"人的自然化"研究的意义所在，也是我们辨析两种"人的自然化"概念，推崇第二种"人的自然化"概念的原因。

生态文明建构与"人的自然化"[*]

当今全球性的生态危机，引发了人们对人类未来的思考。危机因何而起？如何改变？怎样建构新的生态文明？对于这些问题，马克思关于"人的自然化"的理论提供了一条有益的思考路径。

一

表面上看，生态危机表现在环境方面，与之相关的是人们的经济行为。然而，人的行为是由观念决定的，这是文明社会的基本法则。不要说这种社会性的大规模行为，即使饮食男女之类本能性的个体行为也逃不脱这个法则。

从这样的逻辑出发，有学者认为，"今天所面临的全球性生态危机，起因并不在于生态系统本身，而是人类对待自然的方式出了问题"①。"从根本上来说，人们在功利上的不健康的观念，是造成发展不适度或不科学的主要的理念方面的原因。"② "当下地球上严峻的生态困境，本来就是由于人类历史上某种观念的偏差造成的，解铃还须系铃人——想真正有效地解决地球上的生态问题，还必须从人类自身寻找原因，尤其是从人类内在的精神深处找原因。"③ 所以，环境危机的根源就是精神危机，建

---

* 原刊于《南通大学学报》（社会科学版）2017 年第 1 期。

① 蒯大申：《城市为什么会离自然越来越远》，《解放日报》2015 年 1 月 31 日。

② 邱耕田、李宏伟：《适度发展与生态文明建设》，《天津社会科学》2014 年第 6 期。

③ 鲁枢元：《生态解困：期待一场革命》，《绿叶》2007 年第 4 期。

构新的生态文明需要"一场精神革命"。

如何从精神层面铲除生态危机产生的土壤，学者们提出了许多不同的建议。罗尔斯顿呼吁建立以大地为道德基础的伦理学①；戈尔提出"需要培育一种崭新的'精神上的环保主义'"②；怀特希望对生态危机实施"宗教救赎"③。综观这些建议的共同特点，就是把解决当前生态危机的突破口选择在人的精神层面。然而，由于这些建议或者没有说明精神层面导致生态危机产生的具体因素，或者提出的因素缺乏普遍性，所以相应的解决方案就缺乏针对性和操作性，其有效性也就不言而喻了。

不过，这些建议提供了一个启示，这就是从精神层面寻找解决生态危机的路径，需要进一步弄清楚一个问题，就是什么样的观念导致了当前的生态危机？对此，需要从分析人类的相关行为入手。

一个显而易见的事实是，当今全球性的生态危机，起因于人类对大自然的疯狂掠夺和破坏。在 20 世纪之前，较为低下的生产力水平，客观上制约着人类对大自然的掠夺。此后，随着科学技术的迅猛发展，人类生产能力迅速提高，对大自然的掠夺和破坏超出了自然的再生能力，于是，不可避免地出现了今天越来越严重的生态浩劫。

人类为什么要疯狂掠夺和破坏大自然呢？直接的动因是为了追求"财富"。在当今社会，对财富的追求，已经成为个人和各种经济体趋之若鹜的普遍行为。人们尽其可能地、争先恐后地、分秒必争地把各种自然物变为手中的财富。这种行为产生的直接后果，就是生态环境的日趋恶化。

人类追求财富的行为，不仅表现为对自然的掠夺，也表现为对自己同类劳动产品的掠夺。自有文字记载以来，人类社会就充满了掠夺与反掠夺、剥削与反剥削、奴役与反奴役的斗争。直至今天，无论是发达国

① ［美］霍尔姆斯·罗尔斯顿：《哲学走向荒野》，刘耳等译，吉林人民出版社 2000 年版，第 214 页。

② ［美］阿尔·戈尔：《濒临失衡的地球——生态与人类精神导论》，陈嘉映等译，中央编译出版社 1997 年版，第 2 页。

③ Lynn White. The Historical Roots of Our Ecologic Crisis ［A］. Cheryll Glotfelty, Harold Fromm. *The Ecocriticism Reader*；*Landmarks in Literary Ecology* ［C］. Athens：of Georgia Press，1996.

家还是欠发达国家，这样的现象仍然是一种常态。与古代社会不同，当今这种掠夺早已跨越了国界，最激烈的方式就是国与国之间不断发生的纷争和战争。安格斯·迪顿一针见血地指出："很多时候，一国的进步发展是以其他国家的牺牲为代价的。"①

在自然界，为了生存储存食物和争斗，虽然司空见惯，但总归以储存者的需要为限。无论捕食能力多么强大的生物，当它们饱食之后就会自然停止捕食。即使强大凶猛如狮子，在饱食之后，它也不会再伤害其他动物。然而，人类对财富的追求，却似乎永无止境。据国际发展及救援的非政府组织乐施会发布的报告称，到 2016 年，占全球人口 1% 的最富有人士的财富将超过其余 99% 人的财富总和，然而富人们并不因此放松对穷人的掠夺②。2015 年 4 月 11 日，一名男子高举"向那 1% 征税"的标语牌在美国国会前饮弹自尽，用这种极端的方式表达了对当前现状的强烈不满③。在生产力如此发达的今天，世界上仍有近 10 亿人生活在极端贫困中。这种现象存在的根本原因，就是人对财富的贪婪和占有④。

那么，是什么力量导致人类这种贪得无厌的行为呢？综合分析这些现象，会发现答案就在财富的本质之中。财富无论以什么形式存在，价值都在于其中凝结的劳动，都在于可以换取各种劳动成果的功能。从为未来着想的角度看，追求财富是人类智慧的产物。但是，当追求的财富超出了生活的需要，造成了人际的对立，甚而破坏了人类赖以生存的环境，这样的行为就近乎愚蠢乃至疯狂了。为什么人类会固执地重复这种不明智的行为呢？就在于人类对财富贪婪占有的背后，长期以来隐藏着一种根深蒂固的观念，这就是厌恶劳动，追求不劳而获的生活，尽可能多地获取劳动成果，为的是尽可能多地避免劳动，这就是人类这种行为

---

① ［美］安格斯·迪顿：《逃离不平等——健康、财富及不平等的起源》，崔传刚译，中信出版社 2014 年版，第 XVIII 页。

② 王维丹：《全球贫富差距有多大：1% >99%》，《华尔街见闻》，2015 年 1 月 19 日。Http：//Wallstreeten.com/node/213323.

③ 陈立希：《美国国会山前一示威男子饮弹自尽》，《北京日报》2015 年 4 月 13 日。

④ 考希克·巴苏：《贫富差距极端化是人类的失败》，《第一财经日报》2014 年 12 月 31 日。

背后的逻辑。

二

　　对于人类文明中这种深刻影响社会健康发展的观念，早在 100 多年前，年轻的马克思就发现了其危害，将其称为"异化劳动意识"。在马克思看来，劳动是人的一种"自然需要"，是人区别于动物的重要特征。他指出，劳动"通过实践创造对象世界，改造无机界，人证明自己是人有意识的类的存在物，就是说是这样一种存在物，他把类看作自己的本质，或者说把自己看作类存在物"①。马克思认为，"吃、喝、生殖等等，固然也是真正的人的机能。但是，如果加以抽象，使这些机能脱离人的其他活动领域并成为最后的和唯一的终极目的，那它们就是动物的机能"②。马克思考察"当前的经济事实"发现，与劳动作为人的自然需要的特性相反，在当时现实社会中，劳动却普遍不是自由的、愉快的、自觉的活动，而是受约束的、痛苦的、强迫的；劳动产品不是作为劳动者对象化的成果为劳动者所有，而是被不劳动的人占有，成为压迫和掠夺劳动者的力量；劳动者生产的财富越多，他的产品的力量和数量越大，他就越贫穷；劳动者创造的商品越多，他就越变成廉价的商品。马克思把这种现象称为"异化劳动"③。马克思发现，在异化劳动条件下，"在自己的劳动中不是肯定自己，而是否定自己，不是感到幸福，而是感到不幸，不是自由地发挥自己的体力和智力，而是使自己的肉体受折磨，精神遭摧残"④。资本家利用手中的资本，把大部分劳动成果据为己有。但是，"享受这种财富的人，……把别人的奴隶劳动、把人的血汗看做自己的贪欲

---

　　① 马克思：《1844 年经济学哲学手稿》，中共中央编译局编译，人民出版社 2014 年版，第 52 页。

　　② 马克思：《1844 年经济学哲学手稿》，中共中央编译局编译，人民出版社 2014 年版，第 51 页。

　　③ 马克思：《1844 年经济学哲学手稿》，中共中央编译局编译，人民出版社 2014 年版，第 45 页。

　　④ 马克思：《1844 年经济学哲学手稿》，中共中央编译局编译，人民出版社 2014 年版，第 50 页。

的虏获物，所以他把人本身，因而也把自己本身看做可牺牲的无价值的
存在物"①。在马克思看来，异化劳动状态下的劳动者和劳动成果的获得
者，都不能从劳动——这个人类自然的生命活动形式，这个原本快乐的
生命过程中得到快乐。"凡是在工人那里表现为外化的、异化的活动的东
西，在非工人那里都表现为外化的、异化的状态。"②

很显然，异化劳动违背了人的天性，给人的生活和人类的发展造成
了灾难。那么，如何改变这种无处不在的异化现象呢？马克思给出的路
径是，"人向自身、也就是向社会的即合乎人性的人的复归"③，"人以一
种全面的方式，就是说，作为一个完整的人，占有自己的全面的本质。"④

近年以来，人的全面发展被屡屡提及，但人的全面发展需要解决的
核心问题是什么，却一直存在争议。不明确这一点，理解马克思人的全
面发展理论就失去了方向和现实针对性。马克思强调人的全面发展，指
的是人的各种自然本能都得到全面协调的发展，其中首要的、迫切的、
最为现实的问题，就是从被异化了的劳动观念回归到劳动的自然天性，
从不择手段地谋求劳动成果回归到享受劳动快乐的本能。这种从异化状
态回归人的自然本性，从而使人得到全面发展，社会得到全面进步的过
程，就是"人的自然化"。人的自然化，从现实的角度看，针对的是异化
劳动及其在社会发展中造成的种种问题；从历史的角度看，针对的是人
类在社会化、文明化进程中形成的认识和发展误区；从未来的角度看，
是把人的全面发展的目标进一步具体化、现实化。

从逃避劳动、厌恶劳动、鄙视劳动，仅仅把攫取劳动成果作为目的
的错误理念，回归到劳动作为人的自然需要、生存方式、快乐源泉的自
然天性，使人的社会性同自然性相统一，实现人的全面发展，人与人、

---

① 马克思：《1844 年经济学哲学手稿》，中共中央编译局编译，人民出版社 2014 年版，第127 页。

② 马克思：《1844 年经济学哲学手稿》，中共中央编译局编译，人民出版社 2014 年版，第59 页。

③ 马克思：《1844 年经济学哲学手稿》，中共中央编译局编译，人民出版社 2014 年版，第78 页。

④ 马克思：《1844 年经济学哲学手稿》，中共中央编译局编译，人民出版社 2014 年版，第81 页。

人与自然的和谐相处，这是马克思对于人类社会发展提出的路线图①。在马克思看来，人的自然化不仅是解决人的幸福和人与人对立问题的路径，也是解决人与自然矛盾的最终选择。

马克思指出，在现实生活中，异化劳动表现为两种形态，即"人内心深处的意识"和"现实生活的异化"。异化劳动的扬弃，也分为人的意识异化的扬弃和现实生活异化的扬弃两个方面②。可以说，这种认识，是马克思创立共产主义学说的动机和前提之一。马克思认为，较之"各尽所能、按需分配"的共产主义的行动，"我们在思想中已经意识到的那正在进行自我扬弃的运动，在现实中将经历一个极其艰难而漫长的过程"③。在马克思看来，改变现实中的异化现象——比如资本主义私有制——固然困难，但改变人们心中的异化劳动意识则更加困难。如果仅仅推翻旧的社会制度，建立新的社会制度，而让异化劳动意识仍然在社会中占据主导地位，那么，结果就会如同历史上无数次的朝代更替一样，只是不同的人作为统治者的社会角色的互换而已，而异化劳动所导致的各种社会矛盾依然会反复出现，人类依然难以共享和谐幸福。

然而，长期以来，无论在西方资本主义国家，还是在以马克思主义作为指导思想的社会主义国家，马克思关于人的自然化的重要思想都没有引起人们的足够重视，异化劳动意识始终堂而皇之地在社会中占据着主导地位。这是当今世界人与人之间、国与国之间、人与自然之间诸多矛盾产生的根本原因。

三

为什么长期以来马克思的"人的自然化"理论会被人们忽视和冷落？

---

① 马克思：《1844 年经济学哲学手稿》，中共中央编译局编译，人民出版社 2014 年版，第77—78 页。

② 马克思：《1844 年经济学哲学手稿》，中共中央编译局编译，人民出版社 2014 年版，第78—79 页。

③ 马克思：《1844 年经济学哲学手稿》，中共中央编译局编译，人民出版社 2014 年版，第128 页。

从理论的角度考察，主要存在两个方面的原因。

第一个方面的原因是，许多人误解了马克思在异化劳动的两种表现形式中，把改变现实中维护异化劳动的社会制度放在优先地位这样的认识和做法。马克思在完成《1844年经济学哲学手稿》之后，就把精力集中在改变不合理的现实的斗争方面。与研究重心的转移相适应，马克思从现实的需要出发，更多地运用阶级分析的方法，强调阶级的对立和斗争。马克思之所以这样做，一方面在于改造人性远比改造社会现实更为困难，需要更长的时间；另一方面在于，只有首先改变异化人性的社会环境，才能有效地改造异化了的人性。然而，许多人却因为马克思前后期的这种变化，误认为马克思放弃了早期的"人的自然化"思想。而且，他们从马克思后期的研究特点出发，认为从人、人性的角度研究社会不是马克思主义的方法，进而否定了马克思关于"人的自然化"这一重要思想。

事实上，马克思前后期的主张是一以贯之的，只不过不同时期的侧重点不同而已。马克思创立共产主义理论，是从劳动作为人的自然需要的天性出发，说明资本主义社会异化劳动的不合理性，即指出私有制对人性的消极影响，说明经过努力，实现共产主义的可能性和必然性。如果人没有劳动的自然需要，资本主义社会各种异化劳动的现象以及相关的社会制度的存在就天经地义，异化劳动观念在社会中占统治地位就是必然的，改造社会现实也就失去了合理性，"劳动成为人的第一需要""各尽所能，各取所需"的共产主义社会就成了空中楼阁。因此，"人的自然化"在马克思共产主义理论中具有基础性的作用。

毫无疑问，马克思的确反对从"抽象"的人和人性出发研究问题，但是，他从来不反对从人和人性出发研究问题。相反，马克思指出："全部人类历史的第一个前提无疑是有生命的个人的存在。因此第一个需要确认的事实就是这些个人的肉体组织以及由此产生的个人对其他自然的关系。当然，我们在这里既不能深入研究人们自身的生理特性，也不能深入研究人们所处的各种自然条件……任何历史记载都应当从这些自然基础以及他们在历史进程中由于人们的活动而发生的变更出发。"① 人性是人之为人的内在规定，也是人类社会发展的内在逻辑。人如果没有物质生活的需要，人类社会就不会从事物质生产活动；人如果没有平等自由的需要，人类社会就不会有追求平等自由的社会运动。在社会矛盾尖锐激烈的条件下，人性的不同需要在一定时期和一定的社会历史条件下会表现为不同的阶级性。这种阶级性是以一定的人性作为基础的，但不同的对立的阶级之间同时存在着共同的人性。马克思主义理论的伟大，不仅在于其鲜明的阶级性，更在于其鲜明的人类性。

马克思是从全人类的角度研究社会发展规律的，马克思主义的阶级性和人类性是统一的。正是这种人类性，使得无产阶级运动不仅吸引了广大无产阶级分子参加，而且吸引了许多其他阶级包括资产阶级家庭出身的人士参加。然而，在无产阶级革命的实践中，许多革命者只强调阶级性而忽视人类性，于是出现了许多过激的有违人性的行为，特别是在无产阶级掌握政权之后，有的国家在某些时期出现了类似于旧的统治者对人民群众的掠夺和压迫。20 世纪后期世界范围内社会主义运动的挫折，是由多种原因决定的。但不可忽视也是至今被许多研究者忽视的原因是，由于忽视了大多数人的基本特性、基本权利和基本权益，在异化劳动意识，即好逸恶劳、贪图享受、无偿地占有他人劳动产品观念的影响下，导致了特权和腐败现象的滋生，以致泛滥成灾。因此，恢复和坚持马克思主义的人的自然化理论，坚持马克思主义人类性和阶级性的统一，正确理解马克思优先改变社会现实，进而实现人的自然化理论的合理性，不仅是当今研究者必须注意的问题，也是社会实践中必须重视的问题。

第二个方面的原因是，在异化劳动意识占主导地位的社会环境下，许多人把劳动作为人的自然天性的观点视作天方夜谭，进而怀疑和忽视"人的自然化"理论在社会发展中的作用。因此，"人的自然化"理论是否成立，关键的问题就是要弄清楚人是否存在劳动的自然天性。千百年来，尽管异化劳动的观念一直在社会中占据主导地位，但许多学者还是

① 《马克思恩格斯选集》第 1 卷，中共中央编译局编译，人民出版社 2012 年版，第 146—147 页。

从不同的学科研究中，发现了劳动作为人的自然天性和需要的特点，表达了与马克思相同的认识。

黑格尔（Hegel）在他的著作中，就多次描述了劳动创造给人带来快乐的现象。他指出："人有一种冲动，要在直接呈现于他面前的外在事物之中实现他自己，而且就在这实践过程中认识他自己。……儿童的最早的冲动就有要以这种实践活动去改变外在事物的意味。例如一个小男孩把石头抛在河水里，以惊奇的神色去看水中所现的圆圈，觉得这是一个作品，在这作品中他看出他自己活动的结果。这种需要贯穿在各种各样的现象里，一直到艺术作品里的那种样式的外在事物中进行自我创造（或创造自己）。"① 黑格尔批评当时的工业社会，"一方面产生最酷毒状态的贫穷，一方面就产生一批富人，不受贫困的威胁，无须为自己的需要而工作……但是他也就因此在他的最近的环境里也不能觉得自由自在，因为身旁事物并不是他自己工作的产品。"② 因此，黑格尔特别推崇"英雄时代"，因为在那个时代，"英雄们都亲手宰牲口，亲手去烧烤，亲自训练自己的马"，自己创造生活所需要的东西。在那个时代，劳动"不是一种劳苦，而是一种轻松愉快的工作"，"到处都可见出新发明所产生的最初欢乐，占领事物的新鲜感觉和欣赏事物的胜利感觉"。③

1843 年，恩格斯在《大陆上社会改革运动的进展》中谈道："正是傅立叶第一个确立了社会哲学的伟大原理：因为每一个个人天生就爱好或者偏爱某种劳动，一切这些个人的爱好的总和，一般说来，必然会形成一种足以满足一切人的需要的力量。从这个原则得出下面的结论：如果每一个个人都凭自己的爱好做自己愿意做的事情，那么，即使没有现在社会制度所采取的那些强制手段，也将可以满足一切人的需要。"④ 当时，年轻的马克思和恩格斯正一起研究社会主义理论，傅立叶这种思想对马克思主义的形成产生了重要的影响。

① ［德］黑格尔：《美学》第 1 卷，朱光潜译，商务出版社 1981 年版，第 39—40 页。
② ［德］黑格尔：《美学》第 1 卷，朱光潜译，商务出版社 1981 年版，第 331 页。
③ ［德］黑格尔：《美学》第 1 卷，朱光潜译，商务出版社 1981 年版，第 332 页。
④ 《马克思恩格斯全集》第 3 卷，中共中央编译局编译，人民出版社第二版，第 477—478 页。

德国著名诗人歌德用一生的时间探索人的幸福问题，并通过长篇诗剧《浮士德》艺术地展示了自己的研究结果。作品主人公浮士德在生活中总是感到不快乐，于是和魔鬼靡非斯特打赌：靡非斯特做他的仆人，帮助他得到满足和幸福，如果他得到了满足和幸福，灵魂将归靡非斯特所有。靡非斯特运用魔法，帮助浮士德恢复青春，与漂亮的少女格蕾辛恋爱并结合，享受阿尔卑斯山幽美的自然风景，在罗马帝国的皇宫做官，与古希腊传说中的美女海伦结合并生了一个儿子，然而这些在世人眼中的美好生活，却仍然不能使浮士德感到满足和幸福。在浮士德的要求下，靡非斯特帮助他领导人民围海造田，在改造大自然的奋斗中，浮士德终于感到了满足和幸福。歌德毕生探索的结果就是：只有劳动创造才能带来真正的幸福。

为什么劳动创造能够使人快乐呢？俄国著名神经生理学家巴甫洛夫研究发现，在人的各种反射（或本能）之中，有一种"目的反射"，表现为人在努力实现某一目的的行动中，神经系统会产生一种刺激，使得整个系统处于兴奋状态。[1] 人自由劳动创造的过程，就属于这样的神经反射活动过程。美国"人本主义心理学之父"马斯洛，把人的需要分为不同的层次，认为生理需要、安全需要、爱的需要、尊重需要属于人的基本需要。马斯洛指出，"即使所有这些需要都得到满足，我们仍然可以（如果并非总是）预期：新的不满足和不安往往又将迅速地发展起来，除非个人正在从事着自己所适合干的事情。一位作曲家必须作曲，一位画家必须绘画，一位诗人必须写诗，否则他始终无法安静。一个人能够成为什么，他就必须成为什么，他必须忠实于他自己的本性。这一需要我们可以称之为自我实现的需要"[2]。马斯洛这种"自我实现需要"，与人的劳动本能在很大程度上指的是同一种事实。

李泽厚指出："在科学研究中，在艺术创作中，人与对象、人的生活和科学研究或艺术创作可以融为一体，从而得到最大的享受。……这其

---

① ［俄］伊凡·巴甫洛夫：《高级神经活动研究论文集》上册，戈绍龙译，上海医学出版社1955年版，第295页。

② ［美］亚伯拉罕·马斯洛：《动机与人格》，许金声等译，中国人民大学出版社2012年版，第29页。

实也就是马克思讲的真正的人的非异化的'劳动'及其快乐。"① 美学研究发现，在劳动创造的过程中，创造的快乐与劳动对象的形象会在人的神经系统中形成新的固定的联系，从而成为人的一种审美心理，劳动产品因此就从功利物转变为审美对象，仅仅依靠形式就可以引起人的美感。②

这些不同时代、不同国度、不同学科的研究成果，殊途同归地指出了一个事实：在人的生命中，存在着劳动创造这样一种自然需要、自然本能。同时，也为马克思"人的自然化"理论提供了科学的依据。事实上，任何人只要稍稍注意观察现实生活中的劳动者，或者反省自己的劳动体验，就不难发现劳动能够给人带来快乐这样的特点，发现劳动作为人的一种自然需要的事实。科学理论的伟大，在于揭示了人类社会发展的必然性。它可以被误解，可以被人们一时淡忘，但最终会在历史的发展中证明自己。今天，面对建构生态文明的现实，是到恢复马克思主义关于人的自然化理论本来面目的时候了。

四

人的自然天性是人类活动的基础，人类文明的进程实际上始终是围绕人的需要展开的。人的天性同时也是人类社会发展的内在规律，同自然界的各种规律一样，背离这种规律，人类就会受到规律的惩罚，社会的发展就会发生挫折。马斯洛在谈到人类这种特点时指出："这些类本能的需要在另一种意义上说是强大的，即它们顽强地坚持要求获得满足，一旦受挫，就会产生严重的病态后果。"③ 对于呼吸、饮食、男女之类的低级本能，不论是需要、满足或惩罚，人们都能够非常容易地意识到。而对于劳动创造这样的高级本能，人们却往往不容易察觉这一点。其实，异化劳动因为违背了人的天性，正在给人类"产生严重的病态后果"。

① 李泽厚：《人类学历史本体论》，天津社会科学院出版社 2008 年版，第 143—144 页。
② 赵惠霞：《现代美学：审美机理与规律》，人民出版社 2011 年版，第 192 页。
③ [美]亚伯拉罕·马斯洛：《动机与人格》，许金声等译，中国人民大学出版社 2012 年版，第 64 页。

异化劳动的危害，在现实中表现为三个层面：在个人层面，表现为幸福感的普遍下降乃至丧失；在社会层面，表现为人与人之间、阶层与阶层之间，乃至国家与国家之间、民族与民族之间，为了争夺劳动成果而产生的无休无止的争斗；在环境层面，表现为对大自然的掠夺和破坏，引发当今全球性的生态危机。

关于异化劳动对于个人生活的消极影响，黑格尔、马克思等先哲早就有过明确的论述。但是由于他们所处的时代，社会总体上处于物质匮乏状态，不劳而获者从与劳动者的辛苦劳作比较中，尚能获得优越感，可以在一定程度上补偿劳动乐趣的丧失，对生命的影响还不严重。但在现代社会，伴随着物质生活资料的丰富，异化劳动对人生命的危害开始凸显。

其中最为突出的，是愈来愈多的人感到生命意义的迷失。维克多·弗兰克在《无意义生活之痛苦》一书中宣称："我们生活在一个无意义感的时代里。"① 他提供了一组数据："在美国大学生中，自杀已成为第二大死因，位居交通事故之后。同时，自杀未遂（并非以死亡为结束）的数目增长了 15 倍。"他列举了当时对爱达荷州立大学学生的调查结果，"有85% 的学生在其生活中再也看不到任何意义，而其中有 93% 的人在生理上和心理上都是健康的"②。他特别提醒人们注意，"这种现象发生在马斯洛所说的那些基本需求似乎无一不被满足了的那种'富裕社会'"③。2014年 9 月，联合国世界卫生组织发布的一个调查报告显示，这种现象正在全世界蔓延。世卫组织耗时 10 年，调研了全球 172 个国家，得到的统计数据显示，全球每年 80 万人自杀身亡，平均每 40 秒就有一人自杀，每年自杀死亡人数已经超过战争和自然灾害致死人数之和，其中 25% 的自杀

---

① ［德］维克多·弗兰克：《无意义生活之痛苦》，朱晓泉译，生活·读书·新知三联书店1991 年版，第 24 页。

② ［德］维克多·弗兰克：《无意义生活之痛苦》，朱晓泉译，生活·读书·新知三联书店1991 年版，第 6—7 页。

③ ［德］维克多·弗兰克：《无意义生活之痛苦》，朱晓泉译，生活·读书·新知三联书店1991 年版，第 27 页。

发生在富裕国家。① 与此同时，由于物质生活资料的极大丰富，过多过度地享用生活资料，以致肥胖、"三高"等疾病滋生；由于追求感官刺激，导致酗酒、卖淫、嫖娼、吸毒等一系列社会问题蔓延。

异化劳动之所以能够对人的生命产生危害，其根本原因在于，人失去了劳动创造，也就失去了一种能够产生快乐、提供生命动力的重要的生存方式。人生有多种快乐，但最大、最普遍的快乐，是劳动创造的快乐。一旦脱离或失去劳动，也就失去了最根本的快乐。长此以往，无所事事，就会精神空虚，失去生命的动力。

对于异化劳动对个人的影响，马斯洛列举了他所经历的病例："我见过许多聪明的、富裕的无所事事的妇女逐渐发展了这些智力营养缺乏的症状；常常有些人按照我的劝告埋头做一些与她们相称的事情，结果他们自身的症状有所好转或者痊愈了。"② 在这里，马斯洛所指出的"无所事事"，也就是脱离了劳动。这些脱离了劳动的"富裕的"妇女因此而生病，可见劳动对人生命的意义。弗兰克认为，人可以通过三种途径发现生命的意义，"首先，在他做某事或创造某物中见出意义；此外，在他经历某事、爱某人中见出意义；再次，在他孤立无援地去面对某种无望的情景中，或许也见出某种意义"③。分析这些治病良方的核心成分，实质就是回归人的劳动天性，满足人劳动的自然需求。

异化劳动对人类社会和自然环境的危害，具有非常密切的关联性。在人类历史上，对他人、他国和他民族劳动成果和生活资料的觊觎和掠夺，在一定历史时期，甚至是一些个人和族群的生存目的和方式，成为某些国家的发展战略，实际上，这就是人类社会长期纷争不止的根本原因。中国历史上北方游牧民族的南下与中原地区民族之间的战争，从根本上讲，就是为了掠夺劳动产品和生产资料。近代日本对东方诸国的多次侵略，也是为了占有他国的土地等生产和生活资料。工业革命以后，

----

① 《参考消息》，2014 年 9 月 6 日 6 版。

② ［美］亚伯拉罕·马斯洛：《动机与人格》，许金声等译，中国人民大学出版社 2012 年版，第 32 页。

③ ［德］维克多·弗兰克：《无意义生活之痛苦》，朱晓泉译，生活·读书·新知三联书店 1991 年版，第 26 页。

西方殖民者到东方的一切行为，无不是围绕着这样的目的。在现代社会，对他人的掠夺往往直接表现为对自然环境的掠夺，而对自然环境的掠夺很多时候同时就是对他人的掠夺。这种掠夺随着人类生产能力的迅速提高，对自然资源需求的无限性与自然资源的有限性的矛盾日渐突出，人与自然、人与人之间的矛盾不断加剧，导致当今人类的各种纷争和战争，严重地威胁到人类社会的健康发展。而这一切的始作俑者，则是深藏在人们意识中的异化劳动观念。

异化劳动的危害由来已久，尤以当今为烈。只要异化劳动观念占主导地位，人类社会就不可能出现真正的和谐，生态文明也就难以建构。一些学者把建构生态文明仅仅看作改善自然生态环境，人需要做的只不过是改变对自然的态度，这是很不够的。按照这样的认识，生态文明的建构就会如同"断箭疗伤"，治标不治本。按照这样的做法，人类不仅不会进入新的文明，甚至连改善环境的目的也难以实现。

建构生态文明是人类历史上一场划时代的革命。生态文明包括环境文明，但绝不止于环境文明。生态文明是相对于原始文明、农业文明和工业文明的一种新型文明，不仅表现为人与自然的和谐，而且表现为人与人、人与社会以及人自身的和谐相处、和谐发展。建构生态文明，需要建立新的发展理念、生活态度、生存方式，以及与这种新理念相适应的经济、政治、文化和社会制度。正是在这个意义上，人的自然化在建构生态文明中才具有举足轻重的作用。

生态文明的核心特征是和谐，建构生态文明的首要任务，就是消除影响和谐的各种因素，其中至关重要的就是消除异化劳动意识以及与之相关的各种社会制度和道德规范。如果人人都厌恶劳动、逃避劳动，却都想获得他人的劳动成果，人与人之间如何能够和谐呢？如果人类总是永无止境地追求物质享受，总是想方设法把自然物变成手中的财富，人与自然如何能够和谐呢？如果人不能认识和遵循自身发展的规律，身心为物所役，如何能够做到身心和谐呢？如果人与人之间、人与环境之间、人的内心之中充满了各种矛盾和冲突，社会如何能够和谐呢？

追根溯源，异化劳动观念是人类从蒙昧状态走向文明过程中产生的非理性意识，是物质极度贫乏、劳动极度艰苦社会条件的产物，是片面思维方式的产物。这种片面性，表现为把人的需要和世间万物，分为绝对的好坏，盲目追求好的，排斥坏的。如此一来，被排斥的部分造成人需要的欠缺，被过分追求的部分超过了需要成为累赘，两种做法殊途同归，都导致对人的危害。当前全球性生态危机的根源，就在于异化劳动观念以及由此形成的生产方式、社会制度和道德规范。

异化劳动观念及其相关社会制度对人类社会的危害，表现为人的幸福感缺失，人与人、人与自然、人与社会、人身心之间的矛盾和对立。改变这种现状，根本的路径在于人的自然化。具体而言，需要从以下三个方面着力。

其一，消除异化劳动观念及其影响，在全社会形成劳动光荣、崇尚劳动的社会氛围，促进人向劳动的自然天性的回归。劳动是人的自然天性，是人的高级本能。人只有回归劳动创造的本能，才能真正享受到人之为人的乐趣，才会感受到生命的意义。只有把劳动作为人的一种生活方式，个人才能成为自足和谐的个体，才能不再需要千方百计地掠夺他人的劳动成果和自然界的财富。这样一来，人与人、人与自然、人与社会就有了和谐相处的基础。只有在这样的基础之上，人类才有可能真正开始建构生态文明的历程。为了实现这个目标，需要在全社会倡导人的自然化，扬弃异化劳动观念，形成劳动光荣、自觉劳动的共识和鼓励劳动的体制和机制，从根本上铲除异化劳动观念滋生发展的土壤。

其二，科学看待和对待人的各种需求，改变畸轻畸重的现状，促进人的全面发展。人作为高级生物，自身具有多方面的需求，不同的需求会随着满足状况的变化而变化。由于文化观念和现实环境的影响，某种需求在一定时期会被扩大化，超出人的正常需要，进而造成对人的伤害。在人类初年，生活资料的极度贫乏和劳动状况的极度艰辛繁重，形成了人的异化劳动观念，导致了对物质的盲目崇拜和追求。这种观念在当代社会最普遍的影响，就是越来越多的人追求越来越好的生活。这种所谓的"好"，就是对物质生活资料越来越多的占有和享受。从社会的层面看，这种对物质的无限性的欲求，同自然资源的有限性相矛盾。一方面导致人与自然关系的失调，使得人类社会无法持续发展；另一方面，导致不同民族和国家之间的争夺加剧，严重威胁到人类和平。从个人的层面看，对物质享受的过度追求，导致人身体素质弱化，相关疾病流行，人际关系淡漠、对立，个人幸福感下降。所以，全面地看待和对待人的各种需求，建立科学的生活态度和生活方式，促进人的全面发展，日益成为个人幸福和社会健康发展的紧迫任务。

其三，改变对自然界的态度，尊重和爱护自然，促进人与自然的和谐共处。人的能力不管有多么强大，终归是自然界的组成部分。人不能脱离自然界而生存，正如大脑不能脱离躯体而存在一样。人类为了自身的生存需要改造自然界，然而这种改造需要遵循自然的规律，需要保证自然界能够持续发展。在工业文明中，在异化劳动观念的驱使下，人类疯狂地、无节制地掠夺自然界，把对自然界的征服作为社会进步的标志，最终招致自然界的无情报复。汲取前车之鉴，建构新的生态文明，需要改变以往对自然界的态度，尊重和爱护自然，按自然规律办事，与自然和谐共处。在人的自然化过程中，重要的是建立自然的思维方式和生活方式，改变盲目追求物质享受的生活方式，回归自然的简约的生活，努力实现中国传统文化追求的"天人合一"状态。

人类社会发展的终极目标是人的幸福。如果说从原始的自然状态向社会化文明化的发展，是人类文明迈上的第一个阶梯。那么，走出社会化文明化进程中的观念误区，消除社会意识中的异化劳动观念，树立生态文明新理念，通过人的自然化实现人的全面发展，进而建构和谐的生态文明，就是人类文明发展的第二个阶梯。这是实现人类幸福目标的必由之路。

中国传统文化中的现实思维方法[*]

文化可以表现为经典思想、艺术作品、道德标准、生活方式等各种形式，然而贯穿其中的核心是思维方法。思维方法是筌，各种文化形式是鱼。不同文化有不同的思维方法，文化差异的本质是思维方法的差异。当前弘扬传统文化，重要的是要认识和总结中国传统文化中的思维方法。

中国文化与西方不同。西方多抽象思辨，注重学术体系；中国多生动论述，注重解决实际问题。不同的学术传统，形成中西方文化不同的存在形式。西方文化有本体论、认识论、辩证法等思维方法，中国古代留下的却只有阴阳五行、天人合一、中和中庸、修身克己等具体的思想成果。中国传统文化没有单独对思维方法的论述，思维方法多寓于思维成果之中。中国传统文化这种特点，使得其思维方法长期"养在深闺人未识"，造成后代传承的困难。以儒学为例，后代尊孔、孟为圣，甚至以儒教相称。然而孔子不信神，孟子明确反对将认识绝对化。所以后代的做法虽然有儒学之名，却违背了儒学最基本的思维方法。

思维方法是文化的灵魂。为什么世界文明中唯中华文明能够绵延不绝？为什么中国古代走在世界的前列近代却落伍？为什么春秋时期诸学并起而儒学最终成为中华文明的主流？为什么后代屡屡倡导中兴儒学，却愈兴而愈加衰落？只有认识了中国传统文化中思维方法的变迁，才可能全面地认识这些问题。

中国传统文化中的思维方法，与西方最为不同、对中国社会发展影

---

* 原刊于《徐州师大学报》2007 年第 6 期。

响最大的，当数"现实思维方法"。李泽厚先生把中国人的思维概括为"实用理性"。理性思维方法本文暂不论及。但就"实用"而言，与"现实"指的是同一思维特点。"实用"从目的和效果而言，"现实"从前提和方法而言。故此本文将中国传统文化中这一重要的思维方法称为"现实思维方法"，并对其要点加以研究和总结。

要点一　思维的问题必须来自现实，从身边的问题开始

《论语》记载："子不语怪力乱神。"孔子病重，子路请求祈祷神灵保佑，并引古书证明这种习俗的合理性，孔子婉言谢绝。（《论语·述而篇》）子路问如何敬奉鬼神，孔子说："未能事人，焉能事鬼？"又问人死后会怎样，孔子答："未知生，焉知死？"（《论语·先进篇》）从这些记载看，孔子是不相信鬼神存在的。不惟孔子，在与孔子同时代的人中，持同样认识的还大有人在。宋襄公问周内史叔兴"陨星"应何征兆，叔兴认为陨星是阴阳之事，而"吉凶由人"。（《左传·僖公十六年》）楚昭王病重，同孔子一样，也拒绝祭神。（《左传·哀公六年》）中国古代为什么没有产生宗教，主流文化中这种对待鬼神的认识是根本的原因。

两千多年前，人类的认识水平还无法解释各种自然现象，鬼神的产生是认识的自然结果，世界各种文明无不如此。为什么孔子及其中国古代圣贤会有如此的远见卓识呢？原因就在于他们的思维方法。从孔子关于敬奉鬼神和人死后问题的回答，可以总结出这种思维方法的第一个要点：即研究的问题必须来自现实，从身边的问题开始。

孔子为什么不愿意谈论"怪力乱神"？因为这些对象不是现实的存在，而是人的思维的产物。庄子概括孔子这种思维方法说："六合之外，圣人存而不论。"（《庄子·齐物论》）古代的"六合"，指东西南北上下之中，即人的感官所能触及的范围，也就是现实。研究思考的问题，必须是来自现实中的问题，这是现实思维方法的基本要求。对于现实之外的问题，诸如鬼神等，既不能证明其存在，也不能证明其不存在，怎么办呢？孔子的态度是："多闻阙疑"，"多见阙殆"。即"存而不论"，先

保留下来，不忙下结论。孔子说："知之为知之，不知为不知，是知也。"所以，他不但于"六合之外"存而不论，"即六合之内，也有存而不论的"①。

在孔子看来，先必须"知生"，然后才有可能"知死"；只有知道如何"事人"，才有可能知道如何"事鬼"。总之，思维必须从身边的问题开始，只有把身边的事情搞清楚，才有条件研究较远一点的问题。中国传统文化以人生为主题，在人的修养中，讲求"修身、齐家、治国、平天下"。孟子说："学问之道无他，其求放心而已矣。"（《孟子·告子章句上》）。梁漱溟认为："我说孔子最初所着眼的，倒不在社会组织，而宁在一个如何完成他自己。"② 先做人，后做事；先修身，后治国。中国传统文化这种思维轨迹，充分体现了这种先近后远的思维方法。

与中国古代这种思维方法不同，西方古代研究的首要问题，是寻求万事万物的本原，即世界的本质。用亚里士多德的话来说，就是要"寻求诸本原及最高的原因"③。这种寻求万物的本原，用本原解释世界的思维方法，被称为"形而上学"或"本体论"。这种思维方法主导西方文化近两千多年，直至今天仍在影响着西方的社会发展以及人们的生活。

与中国文化中的现实思维方法相比，本体思维方法研究的问题不是来自现实，而是来自人的思维。世界的本质不是现实的存在物，而是思维的产物。西方哲学家最初认为世界是由水、气、土、火之类具体事物构成的，后来转向数、理念、上帝等抽象的概念。从今天看来，这些认识结果都是难以成立的。本体思维方法最有影响的产物是宗教，这是其对西方社会最重要的影响之一。马克思主义的产生，终止了本体思维方法对西方文化的统治。马克思提出："全部社会生活在本质上是实践的。"④ 实践是一个不断发展变化的过程，人类的实践活动以其所处的时代为基点，向历史和未来两个方向发展，永无止境。马克思主义作为一

---

① 杨伯峻注：《论语译注》，中华书局1982年版，第9页。
② 梁漱溟：《中国文化要义》，学林出版社2000年版，第138页。
③ ［古希腊］亚里士多德：《形而上学》，李真译，上海人民出版社2005年版，第83页。
④ 《马克思恩格斯选集》第1卷，中共中央编译局编译，人民出版社2012年版，第135页。

种思维方法，核心是"具体问题具体分析"，毛泽东将其表述为"实事求是"，其最鲜明的特征，就是强调一切从现实出发。这与中国文化中的现实思维方法有异曲同工之妙。

如何确定研究的问题，是现代西方学术界十分重视的问题。海森伯指出，20 世纪 20 年代量子力学取得突破的一个重要方法，"是改变问题的提法"，物理学家经过几十年的探索，"才学会提出正确的问题，而提出正确的问题往往等于解决了问题的大半"[①]。西方分析哲学认为，一切命题都可以分为可证实的和不可证实的。与现实存在相对应的图像构成的命题可以证实，是有意义的；在现实中无对应物的图像是虚假的图像，由此构成的命题是不可证实的，因而也是无意义的。维特根斯坦说："哲学中的绝大部分命题和问题并不是假的，而是无意义的，因此我们根本不能回答这一类问题，我们只能认为它们是荒谬的。"[②] 西方学术界这种发展趋向，是对西方传统的本体思维方法的反思，同时也可以看出中国文化中现实思维方法的当代价值。

要点二　思维必须从现实的具体情况出发，不能从抽象的理念出发，不能拘泥于一成不变的道理

孟子与告子曾经发生了一次争论。告子认为："生之谓性。"也就是说，人的本性是天生的，因而也是相同的。孟子不同意这种认识，他问告子："天生的资质叫做性，是不是就像一切东西的白都叫做白？"告子说："对。"孟子说："白羽毛的白犹如白雪的白，白雪的白犹如白玉的白吗？"告子说："对。"孟子问："那么，狗性犹如牛性，牛性犹如人性吗？"告子无言以对。（《孟子·告子章句上》）这场争论的实质，在于人有没有一个共同的天性。如果有，那么人们在思考相关问题时就可以从这种天性出发；如果没有，则必须从每个人具体的现实情况出发。告子

---

① ［德］海森伯：《物理学和哲学》，范岱年译，商务印书馆 1984 年版，第 6 页。
② 朱狄：《当代西方美学》，人民出版社 1984 年版，第 105 页。

设想有一个先天的"人性"，孟子则否定这种抽象人性的存在。

从不同的思维方法出发，墨学与儒学在"爱人"的问题上发生了分歧。墨学主张"兼爱"，认为爱无差等。儒学则认为爱是具体的、有差别的。孟子以丧礼的产生说明这一点。他说，上古的时候，人死后不埋葬，扔到郊外的沟壑就是了。过了几天死者的儿子打那儿经过，看见父亲的尸体被狐狸撕咬，蚊蝇吮吸，心中不忍，于是将其埋葬起来。虽然这种不忍产生于本心，但必须首先从自己的父亲开始。因为这个原因，君子"亲亲而仁民，仁民而爱物"；"仁者无不爱也，急亲贤之为务。"（《孟子·尽心章句上》）也就是说，爱是由己及人，由爱自己的亲人推及爱他人。从这种思维方式出发，儒家主张："己所不欲，勿施于人"；"己欲立而立人，己欲达而达人。""老吾老以及人之老，幼吾幼以及人之幼。"孟子讥讽墨学，天生万物只有一个根源，就人来说就是父母。墨家却认为有多个根源，认为自己的父母与他人的父母没有分别，于是主张爱无差等，这在现实中是不可能做到的。

墨学的思维方式，用现代的眼光看，属于本体论的范畴。他们的"人性"是抽象的、不变的；从抽象的人性产生的"兼爱"思想，听起来崇高而美丽，在现实中却无法实施。反观儒学在这个问题上采用的思维方法，则是从具体的现实情况出发，反对从抽象的、不切实际的假设出发。中国古代，诸学并起为什么儒学最终成为中国传统文化的主流？许多人认为是汉武帝"罢黜百家，独尊儒术"的结果，这有点夸大了汉武帝的作用。为什么后代不接受秦始皇焚书坑儒的主张，却接受了汉武帝的主张呢？根本原因还在于儒学本身，在于儒学先进的思维方法。

中国传统主流文化，不仅反对把抽象的思维结果作为思维的出发点，而且反对拘泥于一成不变的道理。儒学提倡君为臣纲，齐宣王认为"武王伐纣"是"臣弑其君"。孟子说："贼仁者谓之贼，贼义者谓之残。残贼之人谓之一夫。闻诛一夫纣矣，未闻弑君也。"（《孟子·梁惠王章句下》）万章问孟子，《诗经》说："娶妻如之何？必告父母。"为什么舜娶妻不告诉父母呢？为什么尧将女儿嫁给舜也不告诉舜的父母呢？孟子回答："告则不得娶，男女居室，人之大伦也。如告，则废人之大伦，以怼父母，是以不告也。"（《孟子·万章章句上》）。淳于髡问，礼制规定男女授受不亲，那么嫂子掉到水里该不该援之以手？孟子回答："嫂溺不援，是豺狼也。男女授受不亲，礼也；嫂溺，援之以手者，权也。"（《孟子·离娄章句上》）在《孟子》一书中，类似的故事很多。这些故事体现了一种思维方法，就是不能拘泥于一成不变的道理。道理是正常情况下的做法，特殊情况就要特殊对待。君为臣纲，但为君不仁则可去之；娶妻必告父母，但特殊情况下也可以不告；如此等等，不一而论。

《孟子·尽心章句上》中，对这种思维方法做了明确的阐释："杨子取为我，拔一毛而利天下，不为也。墨子兼爱，摩顶放踵利天下，为之。子莫执中。执中为近之。执中无权，犹执一也。所恶执一者，为其贼道也，举一而废百也。"孟子反对杨子从人的天性自私引出的"为我"主张，也反对墨子从人的天性爱人引出的"兼爱"主张，认为子莫兼取二者的"执中"主张比较符合实际。但强调指出，执中如果不懂得变通，就同扬子、墨子一样，都是"执一"。为什么要厌恶这种"执一"的思维方法呢？因为它对正确认识事物是有害的。现实千变万化，人的认识总是从一定角度出发的结果，执着于一点，在千变万化的现实中必然碰壁。

根据这些论述，可以总结出现实思维方法的第二个要点：思维必须从具体的现实情况出发，不能从抽象的理念出发，不能拘泥于一成不变的道理。在中国古代，老子讲"道可道非常道"；庄子说"可以言论者，物之粗也；可以意致者，物之精也"，在此之外还有"言之所不能论，意之所不能察致者"；禅宗主张"不立文字"，"言语道断"……这些认识都可以看作这种思维方法的表现和结果。

要点三　思维必须以现实为依据，不能用前人的、书本的、以往的经验裁剪现实

孔子自称"信而好古"，又说"如有用我者，吾其为东周乎？"主张"克己复礼"。表面上看，这似乎与现实思维方法不符，其实不然。子路引用《诗经》的话劝孔子祈求神灵保佑，孔子就不听；孔子虽然好周礼，但认为夏历更便于农业生产，便主张"行夏之时"，用夏代的历法代替周代的历法。杨伯峻先生认为，孔子喜欢古代文献，是将其作为获取知识

的一个途径，如"三人行，必有吾师"一样；喜欢周礼，是因为"所谓周礼，在春秋以前，很被人重视。孔子不能抛弃这面旗帜，因为它有号召力"①。这样看来，孔子的"好古"和"复礼"，只是达到目的的一种方法，并非盲目信古。

思维以现实为依据，还是以圣贤、书本和以往的经验为依据，在中国文化中是一个屡屡引起争议的话题。孟子反对盲目迷信书本，他有一句名言："尽信书，则不如无书。"（《孟子·尽心章句下》）为什么对古人的书不能全信呢？他举出《尚书》关于周武王伐纣"血流漂杵"的记载，认为以仁义之师伐不义之师，怎么会杀那么多人呢？显然是不可信的。韩非子对这个问题的回答，较之孟子更为具体。他认为："先王之言，有其所为小而世意之大者，有其所为大而世意之小者，未可必知也。"（《韩非子·外储说左上经三》）也就是说，先王说话有具体的环境，有的是讲大事而后人却用在小事上，有的讲小事后人却用在大事上，不明白先王说话的环境，就不能理解其真实的含义。韩非子举出"郢书燕说"的故事，说明盲目用古人的话指导行为，就难免出现错误。韩非子认为，办事要以现实为依据，而不能以古人的言论为依据，否则，就像买鞋子不相信自己的脚，却要回家去取尺码一样愚蠢。

商鞅变法前，秦国大臣之间发生了一次激烈的争论。商鞅在反驳"法古"派的过程中，留下了一段名言："常人安于习俗，学者溺于所闻。以此两者居官守法可也，非所以与论于法之外也。三代不同礼而王，五霸不同法而霸。智者作法，愚者制焉。贤者更礼，不肖者拘焉。"② 商鞅从现实出发，改革旧的不合时宜的法规，使得落后的秦国迅速崛起，最终统一了六国。唐朝人赵蕤总结历史上为政的经验说："昔先王当时而立法度，临务而制事，法宜其时则理，事适其务故有功。今时移而法不变，务易而事以古，是则法与时诡，而事与务易，是以法立而时益乱，务无而事益废。此圣人之理国也，不法古，不修今，当时而立功，在难而能

---

① 杨伯峻注：《论语译注》，中华书局1982年版，第7页。
② （唐）赵蕤：《反经》，中国言实出版社2002年版，第217页。

免。"① 这种总结的核心，就是思维要以现实为依据，根据现实情况制定相应的对策，而不能用古人的言行或规定来裁剪现实。

中国古代讲做人处事，谈环境有"沧浪之水清兮，可以濯吾缨；沧浪之水浊兮，可以濯吾足"；谈抱负有"达则兼济天下，穷则独善其身"；说做官有"用之则行，舍之则藏，""邦有道，则仕；邦无道，则卷而怀之"……这些论述所体现的，就是反对"执一"，反对"溺古"，主张根据具体的现实情况采取相应对策的现实思维方法。在中国文化中，刻舟求剑、买履求度、按图索骥、守株待兔等成语故事，讽刺的都是那种不知变通的行为，是从反面的角度强调现实思维方法。

值得指出的是，商鞅的老师李克是子夏的学生，韩非则直接师承荀子。为什么这些被后代称为法家的代表人物却出自儒家门下呢？事实上，他们倡导的"法"，表面上看与先儒的主张不同，然而从思维方法而言，恰恰是他们继承了孔、孟开创的儒学的真传，即坚持现实思维方法，从实际出发选择治国的方略。倒是那些只知背诵圣贤语录，用经典裁剪现实的人，虽有儒学之名却丧失了儒学的基本精神。

要点四　现实思维方法是中国传统文化中重要的思维方法，由于对儒学的神化和外来本体思维方法的影响，唐朝以后现实思维方法在中国文化中逐渐失去了主流地位，当前弘扬传统文化，重要的是要认识和弘扬传统文化中优秀的思维方法

综上所述，现实思维方法是中国文化中重要的思维方法。现实思维方法的特点是把现实作为思维的基础，其要点在于：思维的问题必须来自现实，从身边的问题开始；思维必须从现实具体情况出发，以现实为

---

① （唐）赵蕤：《反经》，中国言实出版社 2002 年版，第 217 页。

依据；思维不能从抽象的理念出发，不能拘泥于一成不变的道理，不能用前人的、书本的和以往的经验裁剪现实。

中国历史上，大体而言，唐朝以前现实思维方式在社会中居主流地位，此后本体思维方式逐渐占了上风。究其原因，一是从汉代起，儒学逐渐被统治者神化，人们在盲目遵从先儒教诲的同时，却忘记了其基本的思维方法，进而走到了其反对面。二是外来文化的影响。张岱之指出，佛教给中国文化带来"本体"观念，"这样的思维方法被宋代理学家程颢、程颐和朱熹所吸取和改造，并使之与儒家和道家的思想相融合，认为'天理'（道德的精神化）才是世界的真实本体"①。明代王阳明反对朱熹的"天理"，主张"心学"，然而从思维方法上讲，只不过是用一种本体代替另一种本体。近代以来，西方各种学科全面进入我国教育，由于对本民族思维方法研究的缺失，西方本体思维方法在中国文化中便取得了绝对的主流地位。尽管有毛泽东倡导"实事求是"，邓小平倡导"解放思想"，但现实思维方法始终未引起学界重视。学界用本体的思维方法看待马克思主义，进而将其神化、僵化。这种状况，使得现代中国的发展过程中，学术失去对现实的前瞻引导，倒是政治家屡屡从现实出发，创造出新的理论。然而这些新理论因为缺乏学理的支持，在现实中不仅总是遇到较大的阻力，而且始终停留在政治层面，不能影响和成为人们的思维方法。诸如邓小平提出的"猫论"和"摸论"（"不管白猫黑猫，逮住老鼠就是好猫"和"摸着石头过河"），堪称是运用现实思维方法的典范。然而尽管在实践中取得了很好的效果，但至今尚未从学理上得到普遍的认同，更遑论成为人们的思维方式。

纵观中西文化的发展过程，中国经历的是从现实思维方法为主流到以本体思维方法为主流的变化过程，西方则相反，走的是逐渐摆脱本体思维方法的过程。中国社会发展的历史证明，当社会发展从现实出发而不是从抽象理念、书本、圣贤等一成不变的道理出发时，社会发展就会呈现勃勃生机，反之则会停滞不前。从历史的经验教训出发，当今弘扬传统文化，重要的不应该是诵经、祭圣，更不能搞什么"国教"。把传统

---

① 张岱之：《中国人文精神》，西北大学出版社1997年版，第111页。

文化送上神坛，不仅扼杀了传统文化的生命，为现代人增加了枷锁，而且违背了传统文化最基本的思维方法。弘扬传统文化的目的是在前人的武库中为今日社会的发展寻找工具，也是反思和认识我们自己。前人的思维成果是前人为自己做的衣服，今人没有必要硬穿在身上。但前人做衣服的方法，却可以给今人以借鉴和启示。事实上，传统文化中的思维方法一直在影响着我们。弘扬传统文化的一个重要任务，就是要认识和总结中国传统文化的思维方法，提高民族文化的自觉性。